『十二五』國家重點出版規劃項目

主編 陳智超

陳垣全集

CHEN YUAN QUANJI

第二十一册

通鑒胡注表微

北京师范大学出版集团
BEIJING NORMAL UNIVERSITY PUBLISHING GROUP
安徽大学出版社

圖書在版編目(CIP)數據

陳垣全集.第21册,通鑑胡注表微/陳垣著.—合肥:安徽大學出版社,2009.8(2021.3重印)

ISBN 978-7-81110-388-5

Ⅰ.①陳… Ⅱ.①陳… Ⅲ.①陳垣(1880～1971)—全集 ②中國—古代史—編年體 ③資治通鑑—注釋 Ⅳ.①C52 ②K204.3

中國版本圖書館CIP數據核字(2009)第155414號

陳垣全集 第二十一册

通鑑胡注表微

陳 垣 著 陳智超 主編

安徽大學出版社出版發行

(合肥市肥西路3號 郵編230039 電話0551-65107716

網址 www.ahupress.com.cn)

合肥遠東印務有限責任公司印製

責任總編輯 楊應芹 彭君華

本册編輯 馬曉波 封面設計 孟獻輝

開本 880×1230 1/32 印張 12.875 字數 250千

2009年12月第1版 2021年3月第3次印刷

ISBN 978-7-81110-388-5

定價 2480.00圓(全二十三册)

摄于 1944 年

摄于 1945 年 6 月

陳垣全集之三十一

通鑑胡注表微

安徽大學出版社

内容提要

資治通鑑注是胡三省所作，他是南宋遺民，是愛國史學家，與文天祥、陸秀夫、謝枋得是同年進士，宋亡後隱居不仕，杜門著書，宋史無傳，故其生平事跡，知者甚少，學者只認爲他長於地理考證，故通鑑注成書後六百六十年，前三百六十年沉埋於若無若有之中，後三百年掩蔽於擅長地理之名之下，至於他的愛國思想和治學精神，很少有人注意。本書乃將通鑑注加以分析研究，對胡三省的生平抱負和學術成就，作了具體詳盡的介紹和闡發。全書分二十篇：前十篇講史法，後十篇講史事，引書二百五十餘種。書中並對研究歷史的基礎知識多所講述，對於從事歷史科學研究者有很大幫助，並且是研究通鑑及通鑑注的重要參考論著。

胡三省跋宋高宗書徽宗文集序墨跡

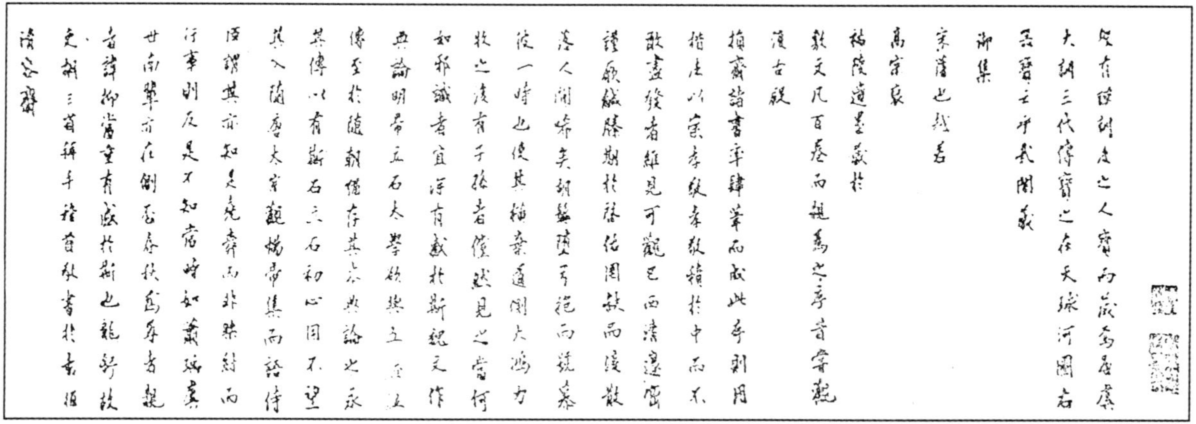

跋無年月，而云書於袁桷清容齋，宋亡，桷才十一歲，此跋當在宋亡以後。又清容集師友淵源録，言身之乙酉歲留袁氏塾，則跋當作於是時，時清容年二十，身之年五十六，即撰通鑑注序之年也，説詳表微解釋篇。此墨跡曾刻入玉虹鑒真帖，此照片則苑北草堂主人所贈也。後第十一乙酉冬日，新會陳垣。

目次

通鑑胡注表微

胡三省跋宋高宗書徽宗文集序墨跡

小引

頻年變亂，藏書漸以易粟，唯胡氏覆刻元本通鑑，尚是少時讀本，不忍棄去；且喜其字大，雖夾注亦與近代三號字型無異，頗便老眼。杜門無事，輒以此自遣。一日，讀後晉紀開運三年胡注有曰：「臣妾之辱，唯晉宋爲然，嗚呼痛哉！」又曰：「亡國之恥，言之者痛心，矧見之者乎！此程正叔所謂真知者也，天乎人乎！」讀竟不禁淒然者久之。因念胡身之爲文、謝、陸三公同年進士，宋亡隱居二十餘年而後卒，顧宋史無傳，其著述亦多不傳。所傳僅鑑注及釋文辨誤，世以是爲音訓之學，不之注意。故言浙東學術者，多舉深寧、東發，而不及身之。自考據學興，身之始以擅長地理稱於世。然身之豈獨長於地理已哉，其忠愛之忱見於鑑注者不一而足也。今特輯其精語七百數十條，爲二十篇，前十篇言史法，後十篇言史事，其有微旨，並表而出之，都二十餘萬言。庶幾身之生平抱負，及治學精神，均可察見，不徒考據而已。鑑注成於臨安陷後之九年，爲至元二十二年乙酉；表微之成，相距六百六十年，亦在乙酉，此則偶合者耳！

一九四五年七月　新會陳垣識於北平興化寺街寓廬

本朝篇第一

本朝謂父母國。人莫不有父母國，觀其對本朝之稱呼，即知其對父母國之厚薄。胡身之今本通鑑注，撰於宋亡以後，故四庫提要稱之爲元人。然觀其對宋朝之稱呼，實未嘗一日忘宋也。大抵全書自四十卷至二百三十二卷之間，恒稱宋爲「我朝」或「我宋」，而前後則率稱「宋」或「宋朝」，吾頗疑爲元末鏤版時所改，其作内詞者，身之原文也。試順全書卷次，條舉其例如下：

秦二世二年，陳嬰爲楚上柱國，封五縣，與懷王都盱眙。

注曰：班志盱眙縣屬臨淮郡。史記正義曰：「今楚州。」宋屬泗州。卷八

漢高帝五年，漢王還至定陶。

注曰：班志定陶縣屬濟陰郡，古之陶邑，宋爲廣濟軍理所。卷十一

此二條在開篇前數卷，皆單稱「宋」，不類本朝人語，身之對父母國，似已漠然矣。然以後文例之，原稿當稱「我宋」，刻版時去「我」字耳。提要引黄溥簡籍遺聞謂是書元末刊於臨海，而不明著爲何年。然元統二年纂成之元文類已載胡三省新注通鑑序，則其刊

布必在元文類纂成之前。序中「宋英宗皇帝」云云，今鑑注序作「宋朝英宗皇帝」。疑本作「我朝」，刻版時改爲「宋朝」，蘇天爵復删「朝」字。猶之元文類本名國朝文類，後人改爲元朝文類，又稱元文類也。至正三年詔修宋史時，胡注已刊布十餘年，而宋史藝文志不載者，以爲元人也。千頃堂書目史學類著録通鑑釋文辨誤，以胡爲宋人；而編年類著録胡注通鑑，亦以爲元人。

漢武帝征和四年，匈奴馳言：「秦人，我匄若馬。」

注曰：據漢時匈奴謂中國人爲秦人，至唐及國朝，則謂中國爲漢，如「漢人」、「漢兒」之類，皆習故而言。卷二二

全注稱宋爲「國朝」者絶少，必謂身之爲元人，此「國朝」本可指元，因元時亦稱中國爲漢也。

漢元帝初元二年，賈捐之棄珠崖疏。

注曰：採珠蜑丁，死於採珠者多矣，此我太祖皇帝所以罷劉氏媚川都也。卷二八

媚川都南漢劉氏置，定其課，令人入海五百尺採珠，見宋史四八一南漢世家。宋太祖罷之。此稱宋太祖爲「我太祖」，身之之忠於宋，可謂深切著明矣，夫誰得而元之！

漢光武帝建武元年，大軍進至安次，連戰破之。

注曰：賢曰：「安次縣名，屬渤海郡，今幽州縣也。」按我朝霸州文安縣，本漢安次縣地。卷四〇

全注稱宋爲「我朝」者始見於此。然此我朝亦可指元，因元時亦有霸州文安縣也。

漢獻帝建安十三年，孫權分其地爲新都郡。

注曰：權分歙縣爲徙新、新定、休陽、黎陽，並黟爲六縣，置新都郡；晉武帝太康元年，更名新安郡；唐睦州是也；皇宋改徽州。卷六五

全注稱「皇宋」者只此，此可斷爲改刻所遺者也。元史九世祖紀，至元十四年，曾命中書省檄諭中外：「江南既平，宋宜曰亡宋。」身之山中注書，或未之知，或知之而不忍改也。周密癸辛雜識別集上，言：「方回昔受前朝高官，今乃動輒非罵，以『亡宋』稱之。是可忍也，孰不可忍也！」方回與身之同時，而對父母國之稱如此，取悦新朝耳。

魏明帝太和二年，吴王以吕範忠誠，厚見信任，以周谷能欺更簿書，不用也。

注曰：周世宗之待周美，我朝太祖之重竇儀，事亦類此。卷七一

竇儀見宋史二六三，竇燕山五子之一。此「我朝」不得指爲元矣。

魏邵陵厲公嘉平三年，司馬懿爲書諭王淩，已而大軍掩至百尺。

注曰：杜佑曰：「百尺在陳州宛丘縣。」我朝析汝陰之百尺鎮，置萬壽縣。卷七五

晉穆帝永和三年，日南太守夏侯覽貪縱，林邑王攻陷日南，殺覽，檄交州刺史朱蕃，請以郡北横山爲界。

注曰：今邕州南界有横山，其山横截江河，我朝置横山寨，及買馬場。此横山自在日南郡北界，非今邕州之横山。卷九七

此二條「我朝」亦皆指宋。潁州萬壽縣，開寶六年置，見九域志。邕州横山寨買馬場，紹興初置，見宋史兵志「廣馬」條。

晉海西公太和四年，大司馬温至金鄉。

注曰：金鄉縣後漢屬山陽郡；晉屬高平郡；隋屬濟陰郡；唐屬兖州；我宋屬濟州。一〇二

全注稱「我宋」者始見於此。以前文例之，此「我」字亦刊削未盡者。

晉安帝義熙四年，乞伏熾磐築城于嵻峎山而據之。

注曰：丁度曰：「嵻峎山在西羌。」予據乞伏氏據苑川，其地西至枹罕，東極隴坻，北限赫連，南界吐谷渾，嵻峎山當在苑川西南。宋朝西境盡秦渭，嵻峎山始在西羌中。一一四

全注稱「宋朝」者始見於此。據下文迭稱「我朝」，則此「宋朝」本亦稱「我朝」也。

義熙六年，桓謙屯枝江。

注曰：枝江縣自漢以來屬南郡，春秋之羅國也。江水於縣西别出爲沱，而東復合於江，故曰枝江。我朝熙寧六年，省枝江爲鎮，入松滋縣。一一五

宋文帝元嘉三年，梁、南秦二州刺史吉翰，遣始平太守龐諮據武興。

注曰：武興，漢武都郡之沮縣也；蜀以其地當衝要，置武興督以守之；宋立東益州；梁立武興蕃王國；西魏改東益爲興州，因武興郡爲名；至我本朝以吴曦之變，改爲沔州。一二〇

「我朝」中間，忽夾入「本」字，此爲僅見，且嫌不詞。元本「我」字適在行末，疑當時欲改爲「本朝」，而未去「我」字耳。然「我朝」例改「宋朝」，此獨改爲「本朝」者，以上文適言劉宋立東益州，不便復言「宋朝改沔州」也。

齊武帝永明元年，張敬兒弟恭兒，常慮爲兄禍所及，居於冠軍。

注曰：冠軍縣自漢以來屬南陽郡；唐爲鄧州臨湍縣；我朝建隆初，廢臨湍入穰縣。一三五

永明六年，魏桓天生棄平氏城走。

注曰：平氏，漢縣，屬南陽郡；晉宋屬義陽郡。縣西南有桐栢山，淮源所出也。五代志：「淮安郡平氏縣，魏置漢廣郡。」我朝開寳五年，省平氏縣爲鎮，入唐州泌陽縣。一三六

齊東昏侯永元二年，蕭穎胄與武寧太守鄧元起書。

注曰：晉安帝隆安五年，桓玄以沮漳降蠻立武寧郡，屬荆州。五代志：「竟陵郡樂鄉縣，舊置武寧郡。」劉昫曰：「樂鄉漢鄀縣地。」我宋廢縣爲樂鄉鎮，入長林縣。一四三

全注稱「我宋」者此其二，其他見避諱篇及感慨篇。

梁武帝天監四年，魏邢巒表魏主，請乘勝進取蜀。

注曰：李雄、譙縱取蜀，東不能過墊江；以苻秦兵力之盛，取梁、益如反掌，墊江以東，苻秦不能有也。邢巒之圖蜀，亦規墊江以西而已，蓋地利足恃也。我朝自紹定失蜀，彭大雅遂城渝爲制府，支持四蜀且四十年。渝，古墊江之地也。一四六

紹定四年，元兵破蜀口諸郡，彭大雅知重慶，大興城築，僚屬諫不從，彭曰：「不把錢作錢看，不把人作人看，無不可築之理。」既而城成，僚屬請立碑紀之，大雅以爲不必，但立四大石于四門之上，大書曰：「某年某月，彭大雅築此城，爲西蜀根本。」其後蜀之流離者多歸焉，真西蜀根本也。語見三朝野史。大雅即撰黑韃事略之人。

天監十五年，魏崔亮攻硤石，上使左衛將軍昌義之與直閤王神念泝淮救之。崔亮遣將軍崔延伯守下蔡，以竹絙貫車輪，塞梁水路，義之、神念不得進。

注曰：嗚呼！吾國之失襄陽，亦以水陸援斷而諸將不進也！一四八

全注稱「吾國」者只此。失襄陽在宋咸淳九年，提要謂身之爲元人，則必作「吾國之得襄陽」而後可也，豈不悖哉！夫提要宋元人之分，大約以曾否入仕爲斷。故焦竑國史經籍志，列衛宗武秋聲集入元人，提要譏之，謂：「宗武實未仕元，當從陶潛書晉之例。」然身之亦何嘗仕元！若以入元已久爲言，則牟獻之、熊勿軒，均後卒於身之者垂十年，提要皆以爲宋人，何也！

中大通四年，魏主使驃騎大將軍高隆之，帥步騎十萬，會丞相歡于太原，因以隆之爲丞相軍司，歡軍於武鄉。

注曰：晉置武鄉縣，屬上黨郡；石勒分置武鄉郡；唐爲武鄉縣，屬潞州；我朝屬威勝軍。一五五

以下各卷，連稱宋爲「我朝」，皆改刻未及之證。

中大通六年，魏侯莫陳悅還入隴，屯水洛城。

注曰：我朝以渭州籠竿城置德順軍，水洛城在軍西一百里。一五六

大同元年，元慶和攻東魏城父。

注曰：魏收志，陳留郡浚儀縣有城父城。至隋改浚儀爲城父縣，屬譙郡。五代志：「譙郡城父縣，宋置浚儀縣。」又考沈約志，陳留浚儀縣，並寄治譙郡長垣縣界。則知諸志所

謂浚儀，非我朝開封府之浚儀也；魏收志梁州陳留郡浚儀縣，則我朝開封之浚儀也。真宗改浚儀曰祥符。所謂城父，則今亳州之城父縣是也。一五七

大同三年，時洛陽荒廢，人士流散，惟河東柳虯在陽城。

注曰：陽城縣漢屬潁川郡；晉屬河南尹；魏孝昌二年置陽城郡，屬洛州；隋廢郡爲陽城縣；唐登封元年，將有事嵩山，改爲告成縣；我朝屬西京登封縣界。一五七

梁簡文帝大寶元年，東魏司馬子如逆齊王洋於遼陽。

注曰：遼陽縣自漢末以來屬樂平郡；隋開皇十一年改曰遼山縣；我朝爲遼州治所。一六三

又，初，燕昭成帝奔高麗，使其族人馮業，以三百人浮海奔宋，因留新會。自業至孫融，世爲羅州刺史。

注曰：五代志：「高涼郡石龍縣，舊置羅州。」我朝爲化州治所。一六三

又，湘東王繹以南平王恪爲武州刺史，鎮武陵。

注曰：武陵唐爲朗州，至我朝改爲鼎州。一六三

陳文帝天康元年，巴州萬榮郡民反。

注曰：五代志：「清化郡梁置巴州，所領永穆縣，舊置萬榮郡。」唐志永穆縣屬通州，我朝

改通州爲達州。一六九

陳宣帝太建八年，齊主欲自向北朔州。

注曰：後齊置朔州於古馬邑城，於西河郡置南朔州，故謂馬邑爲北朔州。大元以朔州置順義節度，領鄯陽、窟谷二縣，而以馬邑縣置固州。一七二

全注稱「大元」者始見於此。所據蓋陳元靚事林廣記乙集之文也。稱宋曰我，稱元曰大，我者親切之詞，大者功令之詞。元史七：「至元八年十一月乙亥詔：建國號曰大元。」是「大元」二字本連用。輟耕錄五「碑志書法」條，言：「嘗聞諸大老云，古碑刻中單書國號曰漢曰宋者，蓋其建國號曰漢曰宋也。我朝『大元』二字，在詔旨不可單用」云云。則當時已有單用者矣，然非功令也。

隋煬帝大業二年，命蘇威等六人與吏部參掌選事，虞世基獨專之，受納賄賂，多者超越等倫，無者注色而已。

注曰：注其入仕所歷之色也。宋末參選者具脚色狀，今謂之根脚。一八〇

此言「宋末」，宋亡後之詞也。所謂「今」，元初也。根脚猶言履歷。朝野類要三，載：「宋時脚色狀，崇、觀間加『不是元祐黨籍』，紹興間加『不是蔡京、童貫、朱勔、王黼等親戚』，慶元間加『不是僞學』。」元初根脚，則謝疊山集四，有上丞相劉忠齋書，劉忠齋即

降臣留夢炎，書言：「當日中書行省勒令福建有官不仕人呈文憑根脚者，又從而困辱之。」此疊山所身受。身之與疊山同榜進士，國亡同隱居不仕，何能獨免，身之蓋深苦於不斷呈寫根脚乎！

唐高祖武德二年，先是上遣右武侯將軍高靜奉幣使於突厥，至豐州。

注曰：豐州，漢朔方臨戎縣地；隋開皇五年置豐州，大業廢州爲五原郡；唐復爲州；大元以豐州置天德軍節度，屬大同府路。一八七

此條亦稱「大元」，爲日知錄所未引。日知錄十三「本朝」條，言：「宋胡三省注通鑑，書成於元至元時。注中凡稱宋皆曰『本朝』，曰『我宋』；其釋地理皆用宋州縣名。惟一百九十七卷蓋牟城下，注曰『大元遼陽府路』；遼州城下，注曰『今大元遼陽府』。以宋無此地，不得已而書之也。」亭林此言，誠得身之微意。然謂注中稱宋皆曰「本朝」，曰「我宋」，則殊未盡然。蓋全注稱「本朝」及「我宋」者不過數條，餘皆稱「我朝」、「宋朝」，或單稱「宋」。其稱「大元」，亦不自一百九十七卷始也。

唐中宗景龍三年，崔湜、鄭愔，俱掌銓衡，傾附勢要，贓賄狼藉。數外留人，授擬不足，逆用三年闕。

注曰：選法之壞，至於我宋極矣。吏部注擬，率一官而三人共之，居之者一人，未至者一

人，伺之者又一人。稍有美闕，伺之者又不特一人也，豈止逆用三年闕哉！二〇九

全注稱「我宋」者至此而止，以後各卷不復見有此稱。然則亭林所謂皆稱「我宋」者，未嘗統計之也。

唐睿宗景雲二年，上召天台山道士司馬承禎。

注曰：臨海記：天台山超然秀出，山有八重，視之如一，高一萬八千丈，周回八百里。又有飛泉，垂流千仞。時屬台州唐興縣界，我朝太祖建隆元年，始改唐興縣爲天台縣。二一〇

此卷以後，有稱「有宋」者，有稱「宋氏」或「宋人」者，皆一二見，不具舉。身之字景參，台州寧海人，有寶祐四年登科錄自填脚色狀可據。十七史商榷因其自署「天台身之父」，而浙江通志則云「寧海人」，四明陳著本堂集又稱其字曰景參，以是爲疑。不知景參係舊字，天台係郡之統名，非指天台縣。方正學與身之同邑，其撰王華川集後序，自稱「天台方孝孺」；其撰蚊對，且自號「天台生」，不足異也。因注言天台，特附論於此，以解西莊之惑。

唐玄宗天寶六載，高仙芝爲節度使，即署封常清判官。仙芝出征，常爲留後。

注曰：唐諸使之屬，判官位次副使，盡總府事。又節度使或出征，或入朝，或死而未有

代，皆有知留後事，其後遂以節度留後爲稱。至我朝遂以留後爲承宣使資序未應建節者爲之。二一六

唐肅宗乾元元年，顔杲卿子泉明，爲王承業所留，因寓居壽陽。

注曰：晉置壽陽縣，屬樂平郡。後魏廢樂平郡，以壽陽縣屬太原郡。九域志：「在太原府東一百八十里。」然本朝太原府已移治陽曲。二二〇

全注稱宋爲「本朝」者，自避諱篇外，始見於此。

唐代宗廣德元年，子儀請太子賓客第五琦爲糧料使。

注曰：糧料使，主給行營軍食，我宋朝隨軍轉運使即其任。二二三

全注稱「我宋朝」者只此。元本「我宋」二字擠刻，似欲由「我朝」改爲「宋朝」而未去「我」字者。

唐德宗貞元二年，吐蕃又寇夏州，亦令刺史托跋乾暉帥衆去，據其城。

注曰：托與拓同。托拔起於鮮卑之裔，自謂「托天而生，拔地而長」，故以爲姓，此後魏所本者也。若唐時党項諸部，亦自有拓拔一姓，我朝西夏其後也。二三二

全注稱宋爲「我朝」者，至此而止。以後悉稱「宋朝」，或單稱「宋」，不具舉。

唐武宗會昌二年，回鶻烏介可汗帥衆過杷頭烽南，突入大同川，驅掠河東雜虜牛馬數萬，轉

鬬至雲州城門。

注曰：宋白曰：「雲州，古平城之地，北至長城三百里，即蕃界。」今大元大同府治大同縣，領雲中、白登二縣。又有雲内州，領柔服、鑾川二縣。二四六

此條稱「大元」，亦爲日知録所未引。元至元二十五年，改西京大同府爲大同路，此所據蓋在未改路以前。「鑾川」元史五八地理志作「雲川」，因形近而異也。

唐昭宗光化三年，靜江節度使劉士政，聞馬殷悉平嶺北，遣副使陳可璠屯全義嶺以備之。

注曰：武德四年，分始安置臨源縣；大曆三年，更名全義，屬桂州；國朝改全義爲興安縣。二六二

全注稱宋爲「國朝」者此其二。自二百三十二卷後，「我朝」悉改「宋朝」，此仍稱「國朝」，其爲改刻所遺無疑也。

後梁均王乾化三年，晉周德威拔燕順州。

注曰：金人疆域圖：「順州至燕京一百十五里。」匈奴須知：「順州南至燕京九十里。」其載道里遠近不同，今並存之。宋白曰：「幽州東北至順州八十里。」大元順州領懷柔、密雲二縣，屬大同府路。二六八

此條稱「大元」，爲日知録所已引。然順州元初沿金舊，屬中都路，不屬大同府路，此疑

誤。其餘稱「大元」已見日知録者不録。

後梁均王貞明三年，及周德威爲盧龍節度使，恃勇不修邊備，遂失渝關之險。契丹每芻牧於營、平之間。

注曰：金虜節要曰：「燕山之地，易州西北乃金坡關，昌平縣之西乃居庸關，順州之地乃古北口，景州之東北乃松亭關，平州之東乃渝關，渝關之東，即金人來路也。此數關皆天造地設，以分蕃漢之限，一夫守之，可以當百。本朝復燕之役，若得諸關，則燕山之境可保。」二六九

此「本朝」蓋引金虜節要之言，三朝北盟會編廿二引作「朝廷」。

後唐莊宗同光二年，伶人周匝涕泣言曰：「臣之所以得生全者，皆梁教坊使陳俊、内園栽接使儲德源之力也。」

注曰：梁内園栽接使，猶唐之内園使也。宋白曰：「栽接使貞元中已有之。」職官分紀：「五代有内園栽接使，國朝止名内園使。」二七三

此「國朝」蓋引職官分紀之言。

後唐明宗長興四年，帝登極之年已踰六十，每夕於宫中焚香祝天曰：「某胡人，因亂爲衆所推，願天早生聖人，爲生民主。」

注曰：范仲淹曰：「我太祖皇帝應期而生。」二七八

此「我太祖」蓋引范氏之言，故均仍而不改。

後晉高祖天福元年，石敬瑭表至契丹，契丹主大喜，白其母曰：「兒比夢石郎遣使來，今果然，此天意也。」

注曰：自是之後，遼滅晉，金破宋，□□□□□□□□□□□□□□今之疆理，西越益寧，南盡交廣，至於海外，皆石敬瑭捐割關隘以啓之也，其果天意乎！二八〇

「金破宋」下，元本闕十六字，蓋刻板時剷去，陳仁錫本同。日知錄十九「古文未正之隱」條言：「文信國指南錄序中『北』字，皆『虜』字也，後人不知其意，不能改之。謝皋羽西臺慟哭記，本當云『文信公』，而謬云『唐魯公』；本當云『季宋』，而云『季漢』，凡此皆有待於後人之改正者也。胡身之注通鑑，至石敬瑭以山後十六州賂契丹之事，『金破宋』下，闕文一行，謂元滅金取宋，一統天下，而諱之不書，此有待於後人之補完者也。」

亭林以爲所闕者身之諱言，吾則以爲所闕者鏤板時剷去。何也？蓋身之全書，立言謹慎，忠憤所發，不能已於言者，亦只有痛於宋，而無懟於元，觀感慨篇可知。一九三二年，北平廠肆發見舊鈔本日知錄，爲滄縣張氏所得。錄中「本朝」、「國朝」字，今本悉改

爲「明朝」，見黄侃氏校記。「執柯伐柯，其則不遠」，亭林處境與身之同；清初之刻日知錄，亦與元末之刻胡注同。不過日知錄卷帙少，易於遍改；胡注卷帙繁，故但改前後耳。此條之闕文，蓋鏤板時偶檢點及此，認爲有礙而去之，非身之諱而不書也。文津閣庫本通鑑，乃於「金破宋」下補十六字云：「南北分裂，兵連禍結，凡數百年，而定於元。」果如所云，又何必諱。且全注稱元皆曰「大元」，無單稱「元」者，與其妄補，毋寧仍史闕文之爲愈矣。

後晉齊王開運元年，以河陽節度使苻彦卿爲馬軍左廂排陳使。

注曰：苻當作符。鄭樵氏族略曰：「魯頃公爲楚所滅，頃公之孫公雅，爲秦符節令，因以爲氏。後漢有符融；皇朝有符彦卿，望出琅邪。」非苻秦之「苻」也。二八三

此「皇朝」蓋引鄭氏之言，故仍而不改。然今本氏族略已改爲「宋」矣。

後周世宗顯德六年，導汴水入蔡水。

注曰：魏收地形志曰：「汴水在大梁城東，分爲蔡渠。」九域志曰：「浚儀縣之琵琶溝，即蔡河也。」□朝會要曰：「惠民河與蔡河一水，即閔河也。建隆元年，始命陳承昭督丁夫導閔河，自新鄭與蔡水合，歷陳、潁，達壽春，以通淮右，都下利之。至開寶六年，始改閔河爲惠民河。」二九四

此爲通鑑末卷。「朝」上闕一字，陳仁錫本同。蓋所引者國朝會要，以書名不便改，故闕之也。然國朝文類後人既可改元文類，此國朝會要，獨不敢改宋朝，蓋其慎也。由是推之，今注中稱「國朝」者少，稱「宋朝」者多，以及二百三十二卷以後，不見復稱「我朝」，必有由「國」由「我」改刻爲「宋」者矣，以故後刻之釋文辨誤，亦不復稱「我朝」也。

又，立皇弟宗讓爲曹王，更名熙讓，熙謹爲紀王，熙誨爲蘄王。

注曰：更「宗」爲「熙」，避帝名也。歐史曰：「本朝乾德二年十月，熙謹卒。熙讓、熙誨，不知所終。」蓋諱之也。二九四

此「本朝」歐史二十作「皇朝」。據北平圖書館藏元本通鑑殘帙，「朝」上亦闕一字，豐城熊羅宿氏校記所見元本同，此蓋據陳仁錫本補。或疑温公著通鑑，於末四卷述宋太祖在後周時事，均稱「太祖皇帝」，跳行題頭，元人覆刻通鑑，行款悉仍其舊，不以爲嫌，何獨於胡注之「我朝」、「國朝」，有所改避？曰：温公書著於北宋，可信其無礙於元；胡注撰於宋亡以後，不敢必其無懷舊之念。且當時曾檄諭中外，稱宋宜曰「亡宋」；元貞元年七月，又曾詔毁江南諸路道觀所奉宋太祖神主，均見元史本紀。則「我朝」、「我宋」之語，自觸忌諱。胡注刻於元末，其時國力已弱，不復當年氣勢，故身之原注，猶得大體保全，此則後學之幸也。

書法篇第二

通鑑書法，不盡關褒貶，故不如春秋之嚴。温公謙不敢法春秋，而志在續左氏傳，有所感觸，亦仿左氏設辭「君子曰」而稱「臣光曰」以發之。餘則據事直書，使人隨其時地之異而評其得失，以爲鑑戒，非有一定不易之書法也。舊傳温公修書前例一卷，公曾孫伋曾梓行之，然脱落已甚，不皆可據。兹篇所録，則身之推論通鑑之書法爲多，其有關全書義例及史文構造、史料採取，亦隸焉，固與通鑑綱目等之所謂書法，涵義頗殊也。

周威烈王二十三年，初命晉大夫魏斯、趙籍、韓虔爲諸侯。

注曰：此温公書法所由始也。三家者世爲晉大夫，竊晉之權，暴蔑其君，剖分其國，王法所必誅也。威烈王不惟不能誅之，又命之爲諸侯，是崇奬奸名犯分之臣也。通鑑始於此，其所以謹名分歟！卷一

又，初，智宣子將以瑶爲後，至豫讓爲智伯報仇。

注曰：自智宣子立瑶，至豫讓報仇，其事皆在威烈王二十三年之前，故先以「初」字發之。温公之意，蓋以天下莫大於名分，觀命三大夫爲諸侯之事，則知周之所以益微，七雄之所

以益盛；莫重於宗社，觀智、趙立後之事，則知君臣之義，當守節伏死而已；觀豫讓之事，則知策名委質者，必有貳而無貳。其爲後世之鑑，豈不昭昭也哉！卷一

文、謝、陸三公之殉國，所謂「守節伏死，有貳無貳」者也，故身之以此自勵。或疑身之鑑注序撰於至元二十二年乙酉，疊山被逼入燕而死，在至元二十六年己丑，身之何能預知？曰：身之卒於大德六年壬寅，書成後經十六七年而後卒，此十六七年中，自必續加修訂。光緒寧海志載身之子幼文所撰墓誌，言身之「舊注通鑑，中經散逸，購求他本爲注，手自鈔錄，雖祁寒暑雨不廢，諸子以年高不宜爲言，則曰：『吾成此書，死而無憾。』一日晨興，言笑自若，忽曰：『吾其止此乎！』寢至三日而歿，年七十有三。」若乙酉自序之年，僅五十六耳，未足爲年高也。

周安王五年，日有食之。

注曰：朱元晦曰：「此則繫乎人事之感，蓋臣子背君父，妾婦乘其夫，小人陵君子，夷狄侵中國，所感如是，則陰盛陽微，而日爲之食矣。是以聖人於春秋每食必書，而詩人亦以爲醜也。」今此書年而不書月與晦朔，史失之也。卷一

此引朱子詩集傳十月之交注。日食本有一定之躔度，而先儒必以當時之政治勘合之，以爲有關於君相之措置，此古代政治家之妙用，讀史者深知其意焉可矣。

周顯王三十三年，孟子曰：「君何必曰利。」「君曰何以利吾國。」

注曰：通鑑於此段前後書「王」，因孟子之文也。中間叙孟子答魏王之言，獨改「王」曰「君」，不與魏之稱王也。卷二

此亦謹名分之意，身之因其與孟子異文而推論之如此。

周慎靚王元年，衛更貶號曰君。

注曰：顯王二十三年，衛已貶號曰侯。介於秦魏之間，國日以削弱，因更貶其號曰君。卷三

顯王四十六年，趙武靈王不肯稱王，令國人謂己曰君，至是又有衛貶號曰君之事。知温公之改稱梁惠王曰君，不爲無意也。

漢宣帝神爵元年，於是諸降羌及歸義羌侯楊玉等怨怒，無所信鄉。

注曰：師古曰：「恐中國汎怒，不信其心而納嚮之。」仲馮曰：「恐怒，且恐且怒也。羌未有變，而漢吏無故誅殺其人，故楊玉等謂漢無所信鄉，於是與他族皆叛也。」余謂恐怒，仲馮説是。無所信嚮，不信漢，不嚮漢也。作「怨怒」者，通鑑略改班書之文，成一家言。卷二六

史作「恐怒」，鑑作「怨怒」，故身之釋之如此。凡引書聲明引自古人者，可略而不可改，

裴松之之三國注是也。未聲明引古人而用其語者，可檃括成一家言，范蔚宗之後漢書是也。温公之通鑑，蓋范書之類，亦即班書用史記之類。

漢平帝元始三年夏，安漢公奏車服制度，吏民養生、送終、嫁娶、奴婢、田宅、器械之品，立官稷。

注曰：元始元年，莽號安漢公，至是始書以冠事，表其所從來者漸矣。通鑑凡書權臣例始此。卷三六

王莽居攝元年，春正月，王莽祀上帝於南郊，又行迎春大射養老之禮。

注曰：上無天子，通鑑不得不以王莽繫年。不書假皇帝，而直書王莽者，不與其攝也。及其既簒也書莽，不與其簒也。吕后、武后書太后，其義亦然。卷三六

王莽始建國元年，春正月朔。

注曰：去年十二月莽改元，以十二月爲歲首。通鑑不書，不與其改正朔也。卷三七

通鑑不書莽改正朔，身之因其闕文，而推論之如此。

漢光武帝中元元年。

注曰：洪氏隸釋曰：「成都有漢蜀郡太守何君造尊楗閣碑，其末云『建武中元二年六月』。按范史本紀，建武止三十一年，次年改爲中元，直書爲中元元年。觀此所刻，乃是

雖別爲中元，猶冠以建武。又祭祀志載封禪後赦天下詔，明言云『改建武三十二年爲建武中元元年』。宋莒公紀元通譜云：『紀志俱出范史，必傳寫脱誤，學者失於精審，以意删去。梁武帝大同、大通，俱有「中」字，是亦憲章於此。』司馬公作通鑑，不取其説。」余按考異，温公非不取宋説也，從袁、范書「中元」者，從簡易耳。卷四四

漢桓帝延熹四年六月，京兆扶風及涼州地震。庚子，岱山及博尤來山並穨裂。

注曰：岱山在博縣西北。賢曰：「徂來山，一名尤來山。博，今博城縣。」余據二山並在博縣界，而先書岱山，以尤來山繫之博者，岱宗人皆知之，而尤來山則容有不知其在博縣界者，故書法如此。卷五四

此史文之構造，亦謂之書法，固與褒貶無關，身之所釋甚精。

魏文帝黄初二年，温公正閏論曰：臣今所述，止欲叙國家之興衰，著生民之休戚，使觀者自擇其善惡得失，以爲勸戒。非若春秋立褒貶之法，「撥亂世反諸正」也。正閏非所敢知，然天下離析之際，不可無歲時月日以識事之先後，非尊此而卑彼，有正閏之辨也。

注曰：温公紀年之意，具於此論。卷六九

因有此論，而知前此之不書莽改正朔，亦未必有意闕之。温公謙不敢法春秋，可於此論見之也。

黄初七年，帝殂。

注曰：通鑑書法，天子奄有四海者書「崩」，分治者書「殂」，惟東晉諸帝，以先嘗混一，書「崩」。卷七〇

然則續通鑑者，於南宋諸帝，亦可以先嘗混一書「崩」。身之蓋思及本朝，而心痛國力之不振也。

魏明帝景初二年，蔣濟諫帝寵任劉放、孫資。

注曰：自此以前，皆非此年事。通鑑因放、資患失之心，以誤帝託孤之事，遂書之於此以先事。卷七四

魏高貴鄉公正元元年。

注曰：是年嘉平六年也，冬十月，高貴鄉公方改元正元。通鑑以是年繫之高貴鄉公，因書正元元年。卷七六

古時改元，並從下詔之日爲始，未嘗追改以前之月日也。通鑑患其棼錯，乃創新例，必取末後一號冠諸正月之上，當時已有議之者，説詳日知録「史書一年兩號」條。余撰二十史朔閏表，凡在年中改元者，不書其元年，而書其二年，覩二年即知有元年，而前元之末年，不致被抹摋也。

晉簡文帝咸安元年，吐谷渾王辟奚入貢于秦。

注曰：辟奚之死，視連之立，其事非皆在是年。通鑑因辟奚入貢于秦，遂連而書之，以見辟奚父子天性仁孝，不可以夷狄異類視之也。一〇三

天性仁孝，何族蔑有，夷狄而中國，則中國之也。

晉安帝元興元年，春正月，庚午朔。

注曰：是年三月，元顯敗，復隆安年號。桓玄尋改曰大亨，玄篡又改曰永始，元興之元，改於是年正月。通鑑自是年迄義熙初元，皆不改元興之元，不與桓玄之篡，「撥亂世返之正」也。一一二

此亦身之推論之如此。然亂臣賊子可以筆削懼；敵國外患不可以議論弭。兩宋之所以不亡於臣子，而皆亡於敵國也！悲夫！

宋文帝元嘉元年，裴子野營陽王論。

注曰：裴子野究言宋氏亡國之禍，通鑑載之於此，欲使有國有家謹於其初也。一二〇

元嘉三十年，沈慶之即命內外勒兵，旬日之間，內外整辦，人以爲神兵。

注曰：宋帝紀曰：「三月乙未，建牙于軍門。是時多不悉舊儀，有一翁班白，自稱少從武帝征伐，頗悉其事，因使指麾，事畢忽失所在。」余謂沈慶之甚練軍事，西征北伐，久在兵

間，安有不悉舊儀之理，或者舉義之時，託武帝神靈以昭神人之助順，啓諸方赴義之心也。通鑑不語怪，故不書。一二七

通鑑不書，而身之書之，所以解釋「神兵」二字耳。

宋明帝泰始元年，先是帝遊華林園，使宮人倮相逐，一人不從命，斬之。夜夢有女子罵曰：「帝悖虐不道，明年不及熟矣。」帝於宮中求得一人似所夢者斬之。又夢所殺者罵曰：「我已訴上帝矣！」

注曰：通鑑不語怪，而獨書此事者，以明人不可妄殺，而天聰明爲不可欺也。一三〇

通鑑何嘗不語怪，特以不語怪爲原則，故載者較少。

宋順帝昇明元年，裴子野論袁粲曰：「受付託之重，智不足以除姦，權不足以處變，蓋蹈匹夫之節，而無棟梁之具矣。」

注曰：裴子野之論，有春秋責備賢者之意，故通鑑取之。一三四

以袁粲爲「蹈匹夫之節」，則必以褚淵爲識時之俊傑矣。子野之論，抑揚過當，故身之以責備賢者緣飾之。

梁武帝天監三年，魏主幸伊闕。

注曰：自南北分治，人主出行所至，通鑑皆曰「如」，自此以後，率書「幸」，未曉義例所由

變，蓋一時失於刊正也。一四五

曰「如」曰「幸」，無關宏旨，蓋據舊史書之。所謂通鑑書法不若春秋之嚴者，此其一端也。然誠如身之言，則續通鑑者於建炎以後，警蹕所至，書「如」乎？書「幸」乎？身之固以爲可援東晉諸帝先嘗混一書「崩」之例書「幸」也。

梁武帝大同四年，東魏高歡朝于鄴。

注曰：既解丞相，遂不書官而書姓。通鑑紀實，非如春秋之有所褒貶也。一五八

梁武帝中大同元年，東魏丞相歡如鄴。

注曰：自晉陽朝于鄴，而書「如鄴」，言其威權陵上，若列國然。一五九

此所謂因文見義也。高歡前以沙苑之敗，請解丞相，不久復舊。至是又書「如鄴」，而不書「朝」，略無人臣禮，亦紀實也。

梁簡文帝大寶元年九月，岳陽王詧還襄陽。

注曰：自朝魏而還也。前已書詧梁王矣，今復書詧舊爵，以義例言之，合改正。一六三

梁諸王骨肉相殘，各向外求援。去年十一月，岳陽王詧求援於魏。本年六月，魏册詧爲梁王。七月，梁王詧朝於魏。九月，邵陵王綸請和於齊，齊亦以綸爲梁王，同月詧還襄陽，是時有兩梁王。通鑑之復書詧舊爵殆爲此乎！

梁元帝承聖二年，上使侍中王琛使於魏。太師泰陰有圖江陵之志，梁王詧聞之，益重其貢獻。

注曰：梁王詧欲倚魏以報河東王譽之讎。通鑑至此，復書梁王詧。一六五

大寶二年二月，魏圍汝南，執邵陵王綸殺之，投尸江岸，岳陽王詧取而葬之，是梁王葬梁王也。梁之事亦醜矣！君子違不適讎國，梁諸王乃以内争之故，屈膝讎國，圖報私恨，開石敬瑭之先例，此中國罪人也。齊梁王死，魏梁王至此復書梁王。

隋恭帝義寧元年，淵之起兵也，留守官發其墳墓，毁其五廟。至是衛文昇已卒，執陰世師、骨儀等，數以貪婪苛酷，且拒義師，俱斬之。

注曰：按隋書稱「陰世師少有節概，性忠厚，多武藝」；「骨儀性剛鯁，有不可奪之志。于時朝政浸亂，濁貨公行，天下士大夫莫不變節，儀獨厲志守常，介然獨立」，如此，則皆隋之良也。唐公特以其發墳墓，毁家廟，拒守不下而誅之，數以貪婪苛酷，非其罪也。觀通鑑所書，可謂微而顯矣。一八四

以私恨斬前代忠良，唐開國典型如此，宜其季年，有張文蔚、蘇循等六臣，北面稽首奉册寶於梁王而不敢拒也，蓋唐公有以詔之矣。

唐高宗龍朔三年，李義府多取人奴婢，及敗，各散歸其家。故其露布云：「混奴婢而亂放，

各識家而競入。」

注曰：此姑述時人快義府之得罪而有是，通鑑因采而誌之，以爲世鑒。學者爲文，類有所祖。漢高帝爲太上皇營新豐，後人誌其事，其辭云：「混雞犬而亂放，各識家而競入。」此語所祖，有自來矣。二〇一

唐玄宗開元八年，左散騎常侍褚无量卒。

注曰：按通鑑例，惟公輔書「薨」，偏王者公輔書「卒」。今書褚无量「卒」，以整比羣書未竟，改命元行沖，故書以始事。二一二

開元九年，安州別駕劉子玄卒。子玄即知幾也，避上嫌名，以字行。

注曰：劉子玄卒，重史臣也，例猶褚无量。上名隆基，知幾犯嫌名。二一二

劉子玄爲唐代第一流史學者，至宋而其書不顯。容齋五筆六，歷舉以「通」爲名之書，謂「唯白虎通、風俗通僅存」。黄氏日鈔四九，謂：「劉知幾、吴兢，號唐史巨擘，然後世無述。」人愛其同類，故温公、身之，均注意其卒焉。

開元十二年，命南宫説測南北日晷極星。

注曰：温公作通鑑，不特紀治亂之跡，至於禮樂歷數，天文地理，尤致其詳。讀通鑑者如飲河之鼠，各充其量而已。二一二

通鑑之博大，特於此著明之。清儒多謂身之長於考據，身之亦豈獨長於考據已哉！今之表微，固將於考據之外求之也。

唐玄宗天寶四載，安禄山奏：「臣討契丹至北平郡，夢先朝名將李靖、李勣從臣求食。」遂命立廟。又奏：「薦奠之日，廟梁產芝。」

注曰：通鑑不語怪，而書安禄山飛鳥食蝗、廟梁產芝之事，以著禄山之欺罔，明皇之昏蔽。二一五

劉豫亦有門產瑞禾、漁者得鱣之異，見於史傳。自古叛賊之興，多託於符瑞也。

唐德宗建中二年，盧杞引太常博士裴延齡爲集賢殿直學士，親任之。

注曰：爲盧杞以姦邪致亂張本。然杞爲建中厲階，人皆知之，其引裴延齡以樹黨，其禍蔓延，迄於貞元之末年，人未知其罪也，故通鑑著言之。二二六

唐憲宗元和十年，柳宗元善爲文，嘗作梓人傳，又作種樹郭橐駞傳。

注曰：梓人傳以諭相，種樹傳以諭守令，故温公取之，以其有資於治道也。二三九

唐文宗太和八年，時李德裕、李宗閔各有朋黨，上患之，每歎曰：「去河北賊易，去朝廷朋黨難。」温公論之曰：文宗苟患羣臣之朋黨，何不察其所毁譽者爲實爲誣，所進退者爲賢爲不肖，其心爲公爲私，其人爲君子爲小人。乃怨羣臣之難治，是猶不種不芸，而怨田之蕪也。

注曰：温公此論，爲熙、豐發也。二四五

古人通經以致用，讀史亦何莫非以致用。温公論唐事，而身之以爲「爲熙、豐發」，陳古證今也。昔孔子居衛，衛君據國拒父，冉有曰：「夫子爲衛君乎？」子貢曰：「諾，吾將問之。」入曰：「伯夷叔齊何人也？」曰：「古之賢人也。」曰：「怨乎？」曰：「求仁而得仁，又何怨。」出曰：「夫子不爲也。」不問衛事而問夷齊，賢夷齊兄弟讓國，即知其不爲衛君父子争國，此史學方法也。

唐宣宗大中元年，勑應會昌五年所廢寺，有僧能營葺者，聽自居之，有司毋得禁止。是時君相務反會昌之政，故僧尼之弊，皆復其舊。

注曰：觀通鑑所書，則會昌、大中之是非可見矣。二四八

大中五年，上以南山、平夏党項久未平。考異曰：唐年補録曰：「松州南有雪山，故曰南山。平夏，川名也。」

注曰：余按唐年補録，乃末學膚受者之爲耳。今不欲復言地理，姑以通鑑義例言之，考異者，考羣書之同異，而審其是，訓釋其義，付之後學。南山之説，既無同異之可考，今引之，疑非考異本指也。二四九

通鑑考異三十卷，爲温公創作，凡史料之去取，均於考異説明之。今胡注幾將考異全

部收入，惟陳仁錫評本不知考異爲温公撰，頗屬異事。陳仁錫能將全鑑並胡注評點一遍，其精力遠過王勝之。然於一八九卷考異不信革命記所載李世勣事，評云「注爲世勣護敗」，又於二七七卷考異不信五代史闕文所載安重誨事，評云「注妙」，似均誤認考異爲胡注。夫考異既已散入注中，認爲胡注，未嘗不可。惟於十二卷考異不信四皓能制漢祖使不敢廢太子事，評曰：「胡公有史學，亦有史識。」是果以考異爲身之撰也。

今因注論考異，特附正於此。

大中七年，度支奏：「自河湟平，每歲天下所納錢九百二十五萬餘緡，內五百五十萬餘緡租稅，八十二萬餘緡榷酤，二百七十八萬餘緡鹽利。」考異曰：續皇王寶運錄，具載是歲度支支收之數，舛錯不可曉，今特存其可曉者。

注曰：温公拳拳於史之闕文，蓋其所重者制國用也。二四九

唐僖宗乾符五年，平盧軍奏節度使宋威薨。

注曰：老病而死，固其宜也。史書威死，以爲握兵玩寇不能報國之戒。二五三

書死者多矣，身之推論之如此，所謂「以意逆志」也。趙紹祖通鑑注商以爲胡注多事，是使讀史者不能自由運用其心思也。

唐昭宗乾寧二年，王建遣簡州刺史王宗瑤等，將兵赴難，軍于綿州。

注曰：春秋之法，書救而書次者，以次爲貶。貶者以其頓兵觀望不進，無救難解急之意也。王建遣兵赴難，而軍于綿州，何日至長安邪！二六〇

此有慨於宋末襄陽之圍，援兵遲遲不進也。

乾寧四年，右拾遺張道古上疏稱：「國家有五危二亂，臣雖微賤，竊傷陛下朝廷社稷，始爲姦臣所弄，終爲賊臣所有也。」上怒，貶道古施州司户，仍下詔罪狀道古，宣示諫官。道古，青州人也。

注曰：昭宗處艱危之中，猶罪言者，其亡宜矣。張道古見於通鑑者惟此事，著其州里，蓋傷之。二六一

著州里者衆矣，「傷之」云云，亦身之推論之也。

後梁太祖開平元年，阿保機背盟，更附于梁，晉王由是恨之。

注曰：通鑑於唐紀書「李克用」，君臣之分也；於梁紀書「晉王」，敵國之體也。吴、蜀義例同。二六六

後唐莊宗同光三年，勅有司改葬昭宗及少帝，竟以用度不足而止。

注曰：後唐自以爲承唐後，終不能改葬昭宗、少帝；後漢自以爲纂漢緒，而長陵、原陵，終乾祐之世，不沾一奠。史書之以見譏。二七三

宋亡，西僧楊璉真加發南宋會稽諸陵，遺民王修行、唐玉潛、林霽山、鄭樸翁等，收拾遺骨，造六石函葬蘭亭山後，種冬青樹爲識，義聲播閭里，謝皋羽所爲撰冬青樹引也。身之注鑑至此，覺同光、乾祐君臣，尚不如有宋諸遺民耳。

後唐明宗天成元年，任圜將征蜀兵二萬六千人至洛陽，明宗慰撫之，各令還營。

注曰：以通鑑書法言之，「明宗」二字，當書「帝」字。此因前史成文，偶遺而不之改耳。二七五

後唐潞王清泰元年，孔妃尚在宮中，潞王使人謂之曰：「重吉何在。」

注曰：以通鑑書法言之，潞王於此當書「帝」。蓋承前史，偶失於修改也。二七九

凡史之駁文，多由雜采諸書，未及改歸一律。

後晉高祖天福三年，立左金吾衛上將軍重貴爲鄭王，充開封尹。

注曰：通鑑封子姪爲王，多書「封」，亦或書「立」，蓋因當時史官成文書之，無義例也。二八一

後晉齊王開運元年，或謂帝曰：「陛下欲禦北狄，安天下，非桑維翰不可。」

注曰：請罷馮道，請用桑維翰，蓋出一人之口。前史謂維翰倩人以言於帝，通鑑皆曰「或」者，疑其辭。二八四

後周太祖廣順二年，太子賓客李濤之弟澣，在契丹爲勤政殿學士，與幽州節度使蕭海真善，澣説海真内附，因定州諜者田重霸齎絹表以聞。且與濤書，言：「契丹主童騃專事宴遊，無遠志，非前人之比。朝廷若能用兵，必克；不然，與和必得，二者皆利於速。」會中國多事，不果從。

注曰：北不得燕雲，西不得河鄯靈夏，宋人以爲千古之恨。觀温公書此事，則元祐初棄米脂等四寨，知中國之力不足也。二九〇

契丹侵略燕雲，西夏盤據靈鄯，國力不足，不可輕挑釁端。温公書此事，所以伸其主張，是也。然何由而後得國力足乎？十年二十年，應有計畫，乃終宋之世，積弱如故，當時君相不能辭其責也。

校勘篇第三

校勘爲讀史先務，日讀誤書而不知，未爲善學也。吾昔撰元典章校補釋例，曾借元典章言校勘學，綜舉校勘之法有四：曰對校，以祖本相對校也；曰本校，以本書前後互校也；曰他校，以他書校本書也；曰理校，不憑本而憑理也。胡身之精校勘學，其注通鑑，名音注，實校注也。其自序言：「咸淳庚午，延平廖公禮致諸家，俾讐校通鑑，以授其子弟，爲著讐校通鑑凡例。」今其例不傳，然由注中鈎稽，尚可窺其所用之方法，以理校爲多，他校次之，用本校對校者較少。然其所謂理校，非只憑空想，而多由追憶，故以現存宋本勘之，往往奇中，與對校無異。其他校之詳者，則幾於考證學範圍矣。茲以次述之，皆校勘學常識也。

周顯王十七年，秦大良造伐魏。

注曰：索隱曰：「大良造即大上造。」余謂大良造，大上造之良者也。按史記秦紀：「孝公十年，衛鞅爲大良造，將兵圍魏安邑，降之。」又按六國年表，秦孝公之十年、顯王之十七年所謂「大良造伐魏」，即衛鞅將兵也。但大良造之下，當有「衛鞅」二字，意謂傳寫通

鑑者逸之。卷二

校勘當先用對校法，然對校貴有佳本。身之釋通鑑二十年，初稿丁亂散失，亂定復購新本注之，又十年而成。據舒閬風集一，言：「丙子兵禍，自有宇宙，寧海所未見。」則身之所藏各本通鑑，恐已隨注稿俱燬。故今見於注中者，只有蜀本，其稱杭本者僅一見，餘俱云「某字當作某」，而不明著爲何本，蓋從亂後追憶，非持本相對也。如此條云：「大良造之下，當有『衛鞅』二字。」現存涵芬樓影宋本，正有此二字。然身之此條所用是理校兼他校，而非對校也。

秦昭襄王五十二年，荀卿曰：「商之服民，所以養生之者，無異周人。」

注曰：以上下文觀之，「商周」二字，恐或倒置。卷六

此條是純理校。今本荀子議兵篇，與通鑑所引者不殊，通鑑「殷」作「商」避宋諱耳。而身之以爲「商周」二字，恐或倒置，意別有在也。荀子言「所以養生之者，無異周人」，謂待新服之民，無異周人也。身之欲易爲「無異商人」，則謂無異其在故國時，蓋深感變於夷，不若仍爲夏也。其説甚美，然無所據，故謂之純理校。同時謝疊山與留夢炎書有曰：「殷之亡也，多士多方，依然不忘舊君者三十年。成王、周公以忠厚之心，消其不平之氣，曰『商王士』，曰『有殷多士』，曰『殷逋播臣』，未敢以我周臣民例視之。太

平君相待亡國臣民，何如此其厚也！」此即身之之意，蓋寧爲亡國遺民，亦不願爲異國新民也。

秦二世元年，陳守尉皆不在，獨守丞與戰譙門中，不勝，守丞死，陳勝乃入據陳。

注曰：師古曰：「守丞，謂郡丞之居守者。一曰郡守之丞，故曰守丞。」原父曰：「秦不以陳爲郡，何庸有守，守謂非正官，權守者耳。」余按秦分天下爲郡縣，郡置守、尉、監，縣置令、丞、尉。原父以此守爲權守之守，良是。遷、固二史作「守令皆不在」，此作「守尉皆不在」，蓋二史「令」下缺「尉」字，而通鑑「尉」上缺「令」字也。卷七

此以遷、固二史校通鑑，所謂他校法也。

漢文帝二年，罷衛將軍。

注曰：按班紀，詔曰：「朕既不能遠德，故憪然念外人之有非，是以設備未息。今縱不能罷邊屯戍，又飭兵厚衛，其罷衛將軍軍。」通鑑傳寫，逸一「軍」字耳。卷一三

以班紀校通鑑，亦他校法。

漢成帝綏和元年，莽母病，公卿列侯遣夫人問疾，莽妻迎之，衣不曳地，布蔽膝，見之者以爲僮使，問知其夫人。

注曰：此下依漢書，有「皆驚」二字，文意乃足。他本皆有此二字。卷三二

此先用他校，而後用對校。身之亂後重注通鑑成，曾至鄞留袁氏塾，當爲借觀藏書。「他本皆有此二字」云云，蓋注成後得見他本，續行添入者也。他本指諸宋本，今涵芬樓影宋本即有此二字，可證身之所據以爲重注者，是元燕京興文署新刊本。此本不知刻於何年，卷首有王磐序。據元名臣事略，王磐以至元二十一年致仕，時年八十三矣。鐵琴銅劍樓書目、儀顧堂題跋，均謂「至元二十七年正月，立興文署，刻通鑑」，非也。元史世祖紀：「至元二十七年正月，復立興文署。」今略去一「復」字，殊乖史實。據元祕書監志：「至元十三年十二月，興文署併入翰林院。」其刻通鑑，必在至元十三年以前。是年爲丙子，即臨安陷没之年。身之亂後所得者，當爲此本，故即據以爲注，取其通行而易得，猶吾人今日之用蘇鄂兩局本也。元末刻胡注時，亦用此本正文，故今本胡注，仍冠以興文署王磐序。此事觀堂集林曾辨之。

通鑑自宋元祐初在杭州鏤版後，覆刻者不止一本。若不論其支派，而論其單傳，則元祐杭州本爲祖本；紹興初餘姚覆刻元祐本，爲第一傳；元至元初燕京興文署覆刻紹興本，爲第二傳；元末臨海刻胡注，即用興文署本正文，爲第三傳；清嘉慶末鄱陽胡氏重雕胡注，爲第四傳。因此本王磐序稱興文署新刊資治通鑑，遂認胡注爲興文署本，是誤以第三傳爲第二傳也。光緒間長沙胡元常刻通鑑全書序，謂「元初興文署用胡身之注刊行」，其誤即由於此。應作「元末胡身之注用興文署本正文刊行」，方得其實也。

漢淮陽王更始元年，初，茂陵公孫述爲清水長，有能名，遷導江卒正，治臨邛。漢兵起，南陽宗成、商人王岑，起兵徇漢中，以應漢。述遣使迎成等。成等至成都，虜掠暴橫，述召郡中豪傑謂曰：「天下同苦新室久矣，故聞漢將軍到，馳迎道路。今百姓無辜，而婦子係獲，此寇賊，非義兵也。」乃選精兵西擊成等，殺之。

注曰：按臨邛在成都西南。述兵自臨邛迎擊宗成等，非西向也。此承范史之誤。卷三九

此亦理校，而兼正范史之譌。

漢獻帝建安元年，曹操表郭嘉爲司空祭酒。

注曰：陳壽三國志作「司空軍祭酒」，此逸「軍」字。晉志曰：「當塗得志，尅平諸夏，初置軍師祭酒，參掌戎律。」卷六二

建安二年，司空曹操東征袁術，术聞操來，棄軍走，留其將橋蕤等於蘄陽以拒操。

注曰：賢曰：「蘄水出江夏蘄春縣北山。水經注云：『即蘄山也，西南流逕蘄山，又南對蘄陽，注于大江，亦謂之蘄陽口。』」余據三國志：「术時侵陳，操東征之，术留蕤等拒操，蕤等敗死，术乃走渡淮。」則蓋戰於淮外也，安得至江夏之蘄陽哉！此蓋沛國之蘄縣，范

史衍「陽」字，而通鑑因之耳。卷六二

此二條均以三國志校通鑑，亦他校法。

魏文帝黄初二年，温公正閏論曰：晉氏失馭，五胡雲擾。宋魏以降，南北分治，南謂北爲索虜，北謂南爲島夷。

注曰：索虜者，以北人辮髮，謂之索頭也。卷六九

豐城熊氏校記謂：「元本『索虜』字空缺，元人爲國諱故然。」余謂此特偶然耳。他處「虜」字及「韃靼」等字，並不空缺，足證元末刊胡注時，未嘗通勘全書，一一剜避，偶見之認爲有礙，遂去之，如本朝篇所舉二百八十卷之空缺一行，即其例也。因言胡注校勘，附識於此。

晉惠帝永熙元年，散騎常侍石崇。

注曰：前書侍中石崇，此作散騎常侍，必有一誤，蓋因舊史成文也。卷八二

此以本書前後互校，所謂本校法也。吴縝新唐書糾謬，即用此法。

晉懷帝永嘉五年，諸名士相與登新亭遊宴，周顗中坐歎曰：「風景不殊，舉目有江河之異！」

注曰：言洛都遊宴，多在河濱，而新亭臨江渚也。卷八七

此條趙紹祖通鑑注商曾有所校勘，曰：「晉書王導傳，本作『有江山之異』，此大概言神州陸沉，非復一統之舊，故諸名士聞之傷心，相視流涕。通鑑偶易作『江河』，注遂爲之傅會，乃使情味索然。」又云：「按世説新語作『山河之異』，世説是當時人書，愈足見此是大概説也。」

「江河」世説新語作「山河」，太平御覽一九四所引同。晉書王導傳，宋本作「江河」，明監本及汲古閣本、清殿本均作「江山」。趙君讀誤本晉書，先入爲主，故以「江山」爲是，以「江河」爲情味索然。不知温公、身之所據之晉書，自作「江河」，何得謂通鑑偶易！又何得謂胡注傅會！校書當蓄異本，豈可輕誣古人！假定世説原文果作「山河」，改易之者亦是晉書而非通鑑。趙君既誣通鑑，又誣胡注，皆株守一書，不講求異本之過也。至謂世説是當時人書，亦有語病。世説是當時人書，吾人所見之世説不是當時人本，蓋不知幾經傳寫矣，特辨之以爲輕於立言者戒。

晉成帝咸和三年，監軍部將李根，請築白石壘。

注曰：是時同盟諸將，無監軍事者，竊意李根蓋郗鑒軍部將也。前史既逸「郗」字，後人遂改「鑒」爲「監」。卷九四

晉安帝義熙二年，秃髮傉檀求好於西涼，西涼公暠許之。沮渠蒙遜襲酒泉，至安珍。

注曰：安珍，即漢酒泉郡安彌縣也。後人從省書之，以「彌」爲「弥」，傳寫之訛，又以「弥」爲「珍」。一一四

右二條均理校，其説甚精。

晉恭帝元熙元年，刺劉道憐司空出鎮京口。

注曰：刺者，「勅」字之誤也。「司空」之上，又當逸「以」字。一一八

此條亦理校，然涵芬樓影宋本，「刺」字正作「勅」字，是與對校無異。嚴衍通鑑補乃譏之曰：「按宋書道憐傳：『高祖平定三秦，方思外略，徵道憐還爲侍中，都督徐兖青三州揚州之晉陵諸軍事，守尚書令，徐兖二州刺史。元熙元年，解尚書令，進位司空，出鎮京口。』則通鑑於『刺』字之上，逸『以徐兖二州』五字，『刺』字之下逸『史』字，『道憐』之下逸『爲』字，遂使讀者疑而不解。此特傳寫之誤，非温公之意也。而胡身之立意不改通鑑原文，每每將錯就錯以解之，其誤人不淺矣。今特從本傳改正」云。按嚴氏所用者是他校法，身之所用者是理校法，各有攸當。謂身之「將錯就錯」，身之不任也。惟身之不改原文之例甚嚴，可於嚴氏之譏評證之。夫嚴氏之所譏，即吾人之所善，此則兩家治學方法不同耳。

宋文帝元嘉十六年，安定胡叟有俊才，魏主以爲虎威將軍，賜爵始復男。

注曰：按地名無始復。漢書地理志，越巂郡有姑復縣，或者「始」字其「姑」字之誤乎。一二三

此理校與他校並用。魏書五二稱：「胡叟善爲典雅之詞，又工鄙俗之句。」叟固白話文學家也，故曰「有俊才」。李越縵盛稱之，曰：「胡叟箕潁風流，去人不遠，密雲巖邑，有此寓公，宜入隱逸傳，雖賜散勳散爵，未嘗一日仕。魏收以其與趙逸等俱來自他國，遂以同傳，然叟未嘗受姚氏及沮渠氏官也。」語見越縵堂日記卅七。叟蓋北人之不肯仕於夷者。

元嘉二十九年，魯爽至長社，魏戍主禿髡幡棄城走。

注曰：禿髡，恐當作「禿髮」。魯爽父子兄弟先居長社，以南兵來，聲勢既盛，禿髮幡恐其有内應，故不能守而走。一二六

此雖理校，然宋書七四魯爽傳，正作「禿髮」，則兼用他校也。

宋明帝泰始二年，兗州刺史殷孝祖之甥、司法參軍葛僧韶，請徵孝祖入朝。

注曰：據南史，「司法參軍」當作「司徒參軍」，「請」下當有「徵」字。一三一

此據南史三九孝祖傳。以爲「請」下當有「徵」字，他校法也。然今本正文已有「徵」字，則刻板時照注添入者耳。葛僧韶南史作「荀僧韶」，通鑑據宋書八六孝祖傳作「葛僧

詔」。僧詔是潁川人，恐當作「荀」，荀固潁川著姓也，身之偶未及舉正耳。

齊武帝永明八年，魏帝曰：「朕賴蒙慈訓，常親致敬。今昊天降罰，人神喪恃，賴宗廟之靈，亦輟歆祀。」

注曰：「賴」蜀本作「想」，當從之。否則「賴」字衍。一三七

此所謂對校法也。蜀本即釋文辨誤所稱之費本，南宋初，蜀廣都費氏進脩堂刻，於正文下附音釋，俗稱「龍爪通鑑」，皕宋樓藏書志所誤爲北宋本者也。身之重注通鑑時所用以校新本者，大抵皆此本。長洲章鈺氏校記，謂「胡氏又有注明傳寫本者」，非也。注只言「通鑑傳寫有誤」，非謂其所據者爲「傳寫本」也。如本篇所舉十三卷之「罷衛將軍」一條是。

齊東昏侯永元二年，蕭懿遣裨將胡松李居士帥衆萬餘屯死虎。

注曰：杜佑通典曰：「死虎地名，在壽州壽春縣東四十餘里。」以此證之，足知宋明帝泰始三年，劉勔破劉順於宛唐，宛唐即死虎，字之誤也。一四三

以通典校通鑑，亦他校法。泰始三年，應作「二年」。

梁武帝天監三年，上遣寧朔將軍馬仙琕救義陽。仙琕兵勢甚鋭，元英結壘於上雅山。

注曰：「上雅山」當作「士雅山」。據水經注，義陽之東有大木山，即晉祖逖將家避難所居

也。逖字士雅，後人因以之名山。一四五

此本理校，以晉書六二祖逖傳字士稚，而證當作「士稚山」也。據豐城熊氏校記，則此條正文及注，備極糾紛，略言之，則元本正文誤作「十雅」，故注謂當作「士稚」，今鄱陽胡氏覆刻元本正文誤作「上雅」，注又誤作「士雅」，所謂理絲而棼也。

梁武帝普通六年，魏高平鎮人胡琛反，遣其大將萬俟醜奴、宿勤明達等寇魏涇州。

注曰：「萬」當作「万」，音莫北翻。俟，渠之翻。万俟虜複姓，北史曰：「万俟，其先匈奴之別也。」一五〇

万俟之「万」，不當作「萬」，猶之党項之「党」，不當作「黨」。此爲校勘常識，初學不可不知也。

梁武帝大同元年，東魏太州刺史韓軌等攻潼關。

注曰：按韓軌傳爲秦州刺史。又考魏收志，東魏置秦州於河東，領河東、北鄉二郡。史蓋誤以「秦」爲「泰」，緣「泰」之誤，又以「泰」爲「太」。一五七

此亦校勘常識。

梁簡文帝大寶元年，祖皓起兵廣陵，殺董紹先。皓，暅之子。

注曰：祖暅見一百四十七卷武帝天監十二年。諸本作「暅之之子」者，衍一「之」

字。一六三

此用本校法。以本書一百四十七卷之祖晅，證一百六十三卷之祖晅，不作「晅之」也。諸本指諸宋本。可見校書當蓄異本，不可囿於一書。然「諸本」二字，全注僅一見，此是身之重注通鑑時追憶所及，不能指定爲何本也。今涵芬本亦衍一「之」字。天監十二年，應作「十三年」。

梁元帝承聖三年，魏宇文泰命侍中崔猷開回車路以通漢中。

注曰：按北史崔猷傳：「泰欲開梁漢舊路，乃命猷開通車路，鑿山堙谷，五百餘里，至于梁州。」此特因舊路開而廣之以通車耳。前史蓋誤以「通」字爲「迴」，傳寫者又去其傍爲「回」也。一六五

此亦校勘常識。

陳宣帝太建三年，齊琅邪王儼，欲殺和士開，令治書侍御史王子宜表彈士開罪，請禁推，侍中馮子琮雜佗文書奏之，帝主不審省而可之。

注曰：「主」字衍。據北齊書琅邪王儼傳云「後主不審省而可之」。通鑑就舊史删潤，以成一家言，本云「帝不審省而可之」，書吏繕寫，因舊史之文，遂衍「主」字。杭本作「齊主」。一七〇

北齊書作「後主」，通鑑誤本作「帝主」，身之以爲「主」字衍，此他校參用理校也。然通鑑杭本實作「齊主」，故注末復添入一句，蓋注成後始得見杭本也。其實作「齊主」者長，他校費力而未必中，不如對校之省力而得其真，往往如此。然未得祖本以前，只可用他校。此條所謂杭本，通鑑祖本也，亦全注僅一見。頗疑身之所見之杭本爲一殘本，或非自有之書，故注中少及之。然今涵芬本亦作「齊主」也。

太建九年，齊上皇度河入濟州，幼主禪位於大丞相任城王湝，又爲湝詔：尊上皇爲無上皇，幼主爲宋國天王。

注曰：齊氏於傾危之際，不應改國號爲宋，「宋國」當作「宗國」。一七三

此亦純理校。爲談允厚通鑑補後序及趙紹祖通鑑注商所譏，曰：「北齊書帝紀本作『守國天王』，通鑑誤『守』爲『宋』，胡氏不考而妄爲之説。」夫北齊書非僻書，且前條才用之，身之豈未之見！因其所誤者爲「宋國」，復有感於幼主，故曰「宋國當作宗國」，其志亦可哀已！顧千里序通鑑刊誤補正，謂「梅磵雖熟乙部，間有望文生義，乃違本事」，即指此類。不諳身之身世，不能讀身之書也。身之身世於出處篇詳之。

太建十二年，十二月癸亥，周詔諸改姓者宜悉復舊。

注曰：宇文泰以諸將補九十九姓，見一百六十五卷梁元帝承聖三年。上書十二月庚辰，

此書癸亥，自庚辰至癸亥，四十四日，庚辰必誤。按長曆，周陳十二月皆壬子朔，恐是丙辰。一七四

此亦理校。壬子朔不能有庚辰，然癸亥是十二日，丙辰是五日，庚申是九日，安知庚辰非庚申之誤邪！

隋煬帝大業十二年，隋將帥敗亡者相繼，唯虎賁中郎將蒲城王辯數有功。

注曰：按隋官制，無中郎將。王辯傳：「自鷹揚郎將遷虎賁郎將。」「中」字衍。一八三

隋諱中，可以理校知其誤，更以王辯傳證明之，則兼用他校也。

唐高祖武德四年，褒州道安撫使郭行方攻蕭銑鄀州，拔之。

注曰：「褒州」當作「襄州」，詳見辨誤。一八九

此亦理校。據此則通鑑釋文辨誤似撰在音注之前，然辨誤序在注序後二年，蓋撰注時即預備撰辨誤，非辨誤撰在注前也。趙紹祖通鑑注商於光武帝建武十五年條，謂「釋文辨誤撰在音注之前」，非是。

武德九年，命長孫無忌、李靖伏兵於幽州以待之。

注曰：「幽州」當作「豳州」。自渭北北歸，歸路正經豳州，此史書傳寫誤耳。開元十三年，以「豳」字類「幽」，改曰邠州，則當時亦病此矣。一九一

此亦理校。

武后萬歲通天元年，以春官尚書梁王武三思爲榆關道安撫大使。

注曰：榆關在勝州界，與突厥接，非所以備契丹也。營州城西四百八十里，有榆關守捉城，所謂臨渝之險也。「榆」當作「渝」。史於此以後多以「渝」作「榆」，讀者宜詳考。二〇五

榆關在北，以備突厥；渝關在東，以備契丹。史家傳寫，往往混淆無別。此校勘也，而幾於考證學範圍矣。

唐中宗景龍三年，三月戊寅，以太常卿鄭愔爲吏部尚書、同平章事。

注曰：案下書「吏部侍郎、同平章事鄭愔」。又考新書本紀，是年是月是日，書「太常少卿鄭愔守吏部侍郎、同中書門下平章事」，則知傳寫通鑑者誤以侍郎爲尚書也。二〇九

此條本校與他校兼用。

唐玄宗開元十三年，太子嗣謙更名鴻；徙郯王嗣直爲慶王，更名潭；陝王嗣昇爲忠王，更名浚；鄫王嗣真爲棣王，更名洽。

注曰：讀通鑑至此，可以知前此「嗣直」之誤爲「嗣真」矣。二一二

嗣直帝之長子，嗣真帝之第四子。而前卷云「嗣真上之長子」，讀至此知其誤矣。此所謂本校法。

唐玄宗天寶十載，户部郎中吉温，見禄山有寵，附之，約爲兄弟。説禄山曰：「李右丞相雖以時事親三兄，不必肯以兄爲相。」

注曰：天寶元年，改侍中爲左相，中書令爲右相。李林甫時爲右相，中書令之職也，「丞」字衍。安禄山第三。二一六

此理校法。

天寶十一載，秋八月乙丑，上復幸左藏，賜羣臣帛。

注曰：蜀本作己丑，當從之。八載已嘗幸左藏，賜羣臣帛矣，故此書「復」。二一六

此對校法。是年八月乙亥朔，無乙丑。己丑是十五日，今涵芬本亦作「己丑」。

唐代宗大曆四年，涪州守捉使王守仙，伏兵黄草峽。

注曰：水經注：「涪州之西，有黄葛峽，山高險絶，無人居。」意即此峽也。按杜甫詩有「黄草峽西舡不歸」之句，注云：「黄草峽在涪州之西」。二二四

以唐人詩句，證水經注傳本之誤字，亦他校法也。

唐德宗建中三年，二月癸卯，李納遣其判官房説，以其母弟經及子成務入見。

注曰：通鑑本文作癸卯，然自上文二月戊午，推至下文三月乙未，其間不容有癸卯，當作己卯。二二七

此亦理校。然可知其誤，不易知其爲何誤。本年二月甲寅朔，戊午五日；三月癸未朔，乙未十三日。然從二月戊午，推至三月癸未朔，中間有癸亥十日、丁卯十四日、癸酉二十日、己卯二十六日。曰「當作己卯」，安知非癸亥、丁卯、癸酉乎！非更有他證，不能信爲己卯也。

唐德宗貞元元年，馬燧謂李懷光守將曰：「汝曹自祿山已來，徇國立功，四十餘年。」

注曰：天寶十四載，安祿山反，郭子儀、李光弼皆以朔方軍討賊，立大功。其後回紇、吐蕃，深入京畿，諸鎮叛亂，外禦内討，亦倚朔方軍以成功。至是年凡三十一年，今曰「四十餘年」，「四」字誤也，當作「三」。二三二

此理校也，亦幾於考證學矣。

唐懿宗咸通三年，仍發許、滑、徐、汴、荆、襄、潭、鄂等道兵各三萬人。

注曰：各三萬人，則八道之兵爲二十四萬，不既多乎！疑「各」字誤，否則「萬」字誤。蜀本作「合三萬人」，良是。二五〇

此對校法。

唐昭宗天復元年，給事中韓偓言：「帝王之道，當以重厚鎮之，公正御之。至於瑣細機巧，此機生則彼機應矣，終不能成大功，所謂理絲而棼之者也。況今朝廷之權，散在四方，苟能

先收此權，則事無不可爲者矣。」上深以爲然，曰：「此事終以屬卿。」

注曰：嗚呼！世固有能知之言之，而不能究于行者，韓偓其人也。二六二

據此注是身之有憾於韓偓，此鄱陽胡氏覆刻元本臆改注文之誤也。王深寧晚歲自撰誌銘曰：「其仕其止，如偓如圖。」圖者司空圖，偓即韓偓。吾始疑深寧與身之同境遇，深寧以偓自況，而身之對偓獨有微詞，苦思不得其旨，固不疑注之被妄改也。偶閱豐城熊氏校記，云：「元本『而不能』作『而不行』，『行』字句絶，校者誤連下讀，故臆改『行』字爲『能』，而不知其義大反矣。胡注豈詈偓，偓豈有可詈哉！如此校書，真是粗心浮氣」云云。乃恍然注之被改，而非身之果有憾於偓也。鄱陽胡氏覆刻通鑑，主其事者爲顧千里，著名之校勘學者也，而紕謬若此。夫無心之失，人所不免，惟此則有心校改，以不誤爲誤，而與原旨大相背馳，熊氏詆之，不亦宜乎！且陳仁錫評本不誤，而覆刻元本乃誤，不覩元刻，豈不以陳本爲誤耶！顧氏譏身之望文生義，不知身之望文生義，只著其説於注中，未嘗妄改原文也。顧君覆刻古籍，乃任意將原文臆改，以誤後學，何耶！事關尚論古人，不第校勘而已，故不惜詳爲之辯。

解釋篇第四

解釋者，以今言解古言，以今制釋古制，其意義即爲注，然注備衆體，解釋不過注之一端，廣而言之，則全注均可謂之解釋也。胡注之前，通鑑有釋文數種，皆簡略。身之始爲廣注九十七卷，亦仿釋文體，亂後重注，將注散入正文，是爲今本。前四史雖有舊注，不盡可從，自晉以至五代，則皆身之創爲之。且每針對當時，以寓規諷，尤得以鑑名書之義。兹篇所謂解釋，雖不過注之一端，亦足見其志之所存也。

周赧王二十三年，楚襄王迎婦於秦。温公論曰：甚哉秦之無道也，殺其父而劫其子；楚之不競也，忍其父而婚其讎。

注曰：謂楚襄王父死於秦，是仇讎之國也，忍恥而與之婚。卷四

此有憾於宋高宗之忘讎也。宋高宗父死於金，忍恥而與之和。朱子文集七五序魏元履編次紹興八年戊午讜議曰：「君父之讎，不與共戴天，而爲之説者曰，復讎可盡五世，則又以明夫苟未及五世之外，猶在乎必報之域也。雖然，此特庶民之事耳。若夫有天下者，承萬世無疆之統，則亦有萬世必報之讎，非若庶民五世則親盡服窮而遂已

也。」此明爲南宋君臣言之，身之之解釋，亦猶是耳。

周赧王四十九年，應侯使須賈歸告魏王曰：「速斬魏齊頭來，不然，且屠大梁！」

注曰：屠，殺也。自古以來，以攻下城而盡殺城中人爲屠，亦曰洗城。卷五

屠城之義甚淺，而重言以釋之者，有痛於宋末常州之屠也。德祐元年十一月，元兵圍常州，知州姚訔、通判陳炤、都統王安節，力戰固守，皆死焉。伯顔命盡屠其民。文文山指南錄常州詠曰：「山河千里在，煙火一家無，壯甚睢陽守！冤哉馬邑屠！蒼天如可問，赤子果何辜？脣齒提封舊，撫膺三歎吁！」明丘濬世史正綱亦論之曰：「作元史者謂伯顔下江南，不殺一人。嗚呼！常州非江南之地邪？伯顔前此潛兵渡漢，固已屠沙洋矣。至是攻常州，忿其久不下，城陷之日，盡屠戮之，止有七人伏橋坎獲免。殘忍至此，而中國之人秉史筆者，乃亦曲爲之諱，至比之曹彬，豈其倫哉！或曰：所謂不殺，謂入臨安之時也。嗚呼！伯顔至自皋亭，謝太后即遣使奉璽迎降，寂無一人敢出一語。當是之時，苟具人心者，皆不殺也，豈但伯顔哉！」丘濬生異代，猶爲此論，文山、身之，接於耳目，其感愴爲何如耶？

秦昭襄王五十二年，荀卿曰：「故亂者樂其政，不安其上，欲其至也。」

注曰：亂國之民，樂吾之政，故不安其上，惟欲吾兵之至也。卷六

孟子言：「諸侯之寶三：土地、人民、政事。」徒擁有廣土衆民，而不能澄清内治，是之謂亂國。亂國之民，不能禁其不生異心也。

又，周民東亡。

注曰：義不爲秦民也。卷六

史記注家多矣，「周民東亡」一語，周秦二紀皆載之，迄無注者，身之獨釋之曰「義不爲秦民」。區區五言，非遇身之之時，不能爲是注也。昔宋亡，謝皋羽撰西臺慟哭記及冬青樹引，語多不可解。明初張孟兼爲之注，明亡黄梨洲重注之，曰：「余與孟兼所遇之時不同，孟兼去皋羽遠，余去皋羽近，皋羽之言，余固易知也。」然則諸家不能注，而身之獨能注之者，亦以諸家去秦遠，身之去秦近耳！

漢高帝十一年，陸賈説尉佗曰：「足下中國人，親戚昆弟墳墓在真定，今足下反天性，棄冠帶。」

注曰：背父母之國，不念墳墓宗族，是反天性也。椎髻以從蠻夷之俗，是棄冠帶也。卷一二

此爲宋末諸降人言之。

漢武帝征和四年，匈奴得漢降者，常提掖搜索。

注曰：師古曰：「搜索者，恐其或私齎文書也。」余謂恐其挾兵刃。卷二二

舊注既謂「恐其私齎文書」，身之何以謂「恐其挾兵刃」？蓋有見於元時漢人持兵刃之禁甚嚴，不啻三令五申也。當時漢人許持弓矢者，僅汪惟和一家。元史世祖紀載：「至元二十六年六月，鞏昌汪惟和言：『近括漢人兵器，臣管内已禁絶。自今臣凡用兵器，乞取之安西官庫。』帝曰：『汝家不與他漢人比，弓矢不汝禁也，任汝執之。』」嗚呼汪氏！何以得此於元世祖哉！十駕齋養新録九曰：「汪世顯仕金，官至鎮遠軍節度使。據金史忠義郭蝦蟆傳，世顯背國嗜利，乃小人之尤。久通款於元，不待闊端兵至，即率衆降」云。惟和固世顯孫也。

漢光武帝建武七年，司空掾陳元疏言：「至乃陪僕告其君長，子弟變其父兄。」

注曰：王莽時，開吏告其將，奴婢告其主。變者，上變告之也。陪僕，猶左傳所謂陪臺也。卷四二

凡易姓之際，新舊勢力移轉，則平日受壓迫之人即思報復，故上變告密之事恒有。陳著本堂集八十與袁竹初書言：「某等如章甫已敝，不足以薦履，恐萍齏荳粥之家，皆奴輩仇噬所及。」即指當時以告變之章，大捕四明遺老，以爲欲迎二王也。竹初名洪，即袁桷清容之父。清容集卅三先大夫行述，言：「德祐乙亥冬，臨安奉表降，旁郡邑相屯

堡未散，舊不快意於衣冠者，爭上變入爵。參議官陳允平，素與王姓讎，讐言新從福州航海來，見陳爲書蘇都統，約以九月乘颿下慶元，當出兵以迎。又言禮部尚書高衡孫而下三十餘人，皆聯署勸進。復言奉化昌國某大家，以故王爲名，一從台州黄巖來，一從海上來。」因此人心危疑，懼連染者至相率投拜以自保。清容之父，亦從降臣趙孟傳朝燕京，覲新朝皇帝，謂得「天語褒獎」，載之行述以爲榮。嗚呼！深寧、身之杜門不出，正爲此也。

漢和帝永元四年，華嶠論班固不叙殺身成仁之爲美。

注曰：謂不立忠義傳。卷四八

此條有章懷注不用，而別注曰「謂不立忠義傳」。吾始疑忠義傳前四史皆無之，何能獨責班固！繼思漢志陰陽家有于長天下忠臣九篇，師古引劉向別録云：「傳天下忠臣。」是固之先本有忠臣傳，特固不之採耳。且忠臣傳應列春秋家，何以列陰陽家？王深寧曰：「七略劉歆所爲，班固因之。歆，漢之賊臣，其抑忠臣也則宜。」語見困學紀聞十二。深寧所論，足與身之相發明，此宋季浙東學説也。異日李鄴嗣撰西漢節義傳、萬季野撰宋季忠義録，皆此説有以發之。

永元十一年，魯丕上疏言：「説經者傳先師之言，難者必明其據，説者務立其義。」

注曰：漢儒專門名家，各守師說，故發難者必明其師之說以爲據，答難者亦必務立大義，以申其師之說。卷四八

曰「務立大義」，明不專爲破碎之考據也。

漢安帝建光元年，翟酺上疏曰：「昔竇、鄧之寵，傾動四方，兼官重紱，盈金積貨，至使議弄神器。」

注曰：賢曰：「神器謂天位也。老子曰：『天下神器，不可爲也。』」余謂威福人主之神器，此言弄威福耳。卷五〇

此爲史、賈輩言之。

晉武帝太康十年，淮南相劉頌上疏曰：「夫創業之勳，在於立教定制，使遺風繫人心，餘烈匡幼弱。後世憑之，雖昏猶明，雖愚若智，乃足尚也。」

注曰：言法制脩明，雖後嗣昏愚，有所據依，則其治猶若明智之爲也。此言蓋指太子不能克隆堂構，而帝又無典則以貽子孫也。然苟非其人，道不虛行，以劉禪之庸，而輔之以諸葛亮，則昭烈雖死，猶不死也。孔明死，則孔明治蜀之法制雖存，禪不能守之矣。卷八二

劉頌言貴有治法，身之言貴有治人，二者不可偏恃也。

晉元帝大興元年，焦嵩、陳安舉兵逼上邽，相國保遣使告急於張寔，寔遣金城太守竇濤，督

步騎二萬赴之。軍至新陽，聞愍帝崩，保謀稱尊號。破羌都尉張詵言於寔曰：「南陽王，國之疏屬，忘其大恥，而亟欲自尊，必不能成功。晉王近親，且有名德，當帥天下以奉之。」

注曰：君父皆死於賊手，保之大恥也。保宣帝之從曾孫，故曰「疏屬」，帝宣帝之曾孫，故曰「近親」。卷九〇

君父死於賊，不以爲大恥，而亟欲自尊，是安其危而利其災，故知其必敗，亦有憾於忍恥忘讎者也。

晉成帝咸和四年，陶侃、温嶠之討蘇峻也，移檄征鎮，使各引兵入援。湘州刺史益陽侯卞敦，擁兵不赴，又不給軍糧，遣督護將數百人隨大軍而已。朝野莫不怪歎。

注曰：不料其如此，而乃如此，故怪之。又念其平昔爲何如人，而今乃爲此，故歎之。卷九四

晉成帝咸康七年，燕王皝遣長史劉翔等來獻捷，翔疾江南士大夫，以驕奢酣縱相尚，嘗因朝貴宴集，謂何充等曰：「四海板蕩，奄踰三紀，宗社爲墟，黎民塗炭，斯乃廟堂焦慮之時，忠臣畢命之秋也。而諸君宴安江沱，肆情縱欲，以奢靡爲榮，以傲誕爲賢，謇諤之言不聞，征伐之功不立，將何以尊主濟民乎！」充等甚慚。

注曰：板蕩，刺周厲王之詩也。板板，反也，言厲王爲政，反先王與天之道，天下之民盡

病也。蕩蕩，法度廢壞之貌，言天下蕩蕩，無綱紀文章也。惠帝永興元年，劉淵肇亂，至是三十六年矣。卷九六

靖康亂後，由丁未以至壬午，高宗在位，凡三十六年。而君臣歌舞湖山，任其板蕩，形勢尚不如東晉，此志士所爲扼腕也。然由永興元年甲子，至咸康七年辛丑，實三十八年，注蓋因高宗在位之數而誤耳。

晉穆帝永和二年，會稽王昱與殷浩書曰：「即時之廢興，則家國不異。」

注曰：言國興則家亦與之俱興，國廢則家亦與之俱廢也。卷九七

公羊僖廿一年傳：「宋公謂公子目夷曰：『子歸守國矣，國子之國也。』公子目夷復曰：『君雖不言國，國固臣之國也。』」仲尼弟子列傳載：「夫子謂門弟子曰：『夫魯墳墓所處，父母之國。國危如此，二三子何爲莫出！』」人與國同休戚，夫子之訓也。

永和五年，蔡謨曰：「觀今日之事，殆非時賢所及，必將經營分表，疲民以逞。」

注曰：言必不能長驅以定中原，勢須隨所得之地，分列屯戍，畫境而守，疲民以逞其志也。一説分音扶問翻，言人之才具，各有分量，收復中原，非當時人才所能辦也。經之營之，過於其分量之外，則不能成功。丁壯苦征戰，老弱困轉輸，疲民以逞而不能濟也。其後殷浩之敗，卒如蔡謨所料。卷九八

蔡謨爲當時穩健派，其持論近悲觀，不幸而言中也。身之此條所釋，頗費思力。蓋晉宋以下諸注，皆創爲之，非如前史之有所憑藉。吾獨怪近世注五代者，猶間取胡注與地；而注晉書者，乃不甚取胡注，何也？

永和十二年，桓温自江陵北伐，與寮屬登平乘樓，望中原歎曰：「遂使神州陸沉，百年丘墟，王夷甫諸人，不得不任其責。」

注曰：以王衍等尚清談而不卹王事，以致夷狄亂華也。一〇〇

晉雖尚清談，其國力未爲甚弱。困學紀聞十三曰：「僭號之國十六，而晉敗其一，苻堅是也；滅其三，李勢、慕容超、姚泓是也。不可以清談議晉。」此宋人自傷其不如晉也。

晉海西公太和四年，祕書監孫盛作晉春秋，直書時事。大司馬温見之，怒謂盛子曰：「枋頭誠爲失利，何至如尊君所言！若此史遂行，自是關君門户事。」其子遽拜謝，請改之。時盛年老家居，諸子共號泣稽顙，請爲百口切計，盛不許，諸子遂私改之。盛先已寫別本傳之外國，及孝武帝購求異書，得之於遼東人，與見本不同，遂兩存之。

注曰：史言桓温雖以威逼改孫盛之書，終不能没其實。一〇二

不能統一，國之不幸也。然專制之甚，使人無所喘息，孫盛之書，又何由得傳別本乎！

晉孝武帝太元十二年，秦主登以乞伏國仁爲大將軍、大單于苑川王。

注曰：杜佑曰：「苑川在蘭州五泉縣，近大小榆谷。」余謂杜佑以意言之。一〇七
以意言之，不專恃考據，所以能成一家之言，此身之自道也。

晉安帝元興二年，劉裕破盧循於永嘉，追至晉安。

注曰：武帝太康三年，分建安立晉安郡，今泉州南安縣即其地。宋白曰：東晉南渡，衣冠士族，多萃此地，以求安堵，因立晉安郡。隋爲泉州。一一三

又，楚王玄上表請歸藩，使帝作手詔固留之。又詐言「錢塘臨平湖開，江州甘露降」，使百僚集賀，用爲己受命之符。又以前世皆有隱士，恥己時獨無，求得西朝隱士安定皇甫謐六世孫希之，給其資用，使隱居山林，徵爲著作郎，使希之固辭不就，然後下詔旌禮，號曰高士，時人謂之充隱。

注曰：實非隱者，而以之備數，故謂之充隱。一一三

凡非自有而假之謂之充，非自願而强之謂之使。史文連用四「使」字，曰使帝作手詔，使百僚集賀，使隱居山林，使固辭不就，明皆非自願也。假造民意之事，自古有之矣。既宋文帝元嘉二十九年，尚書令何尚之，以老請置仕，退居方山，議者咸謂尚之不能固志。既而詔書敦諭者數四，尚之復起視事。御史中丞袁淑，錄自古隱士有跡無名者，爲真隱傳以嗤之。

注曰：有跡無名，如晨門、荷蕢、荷蓧、野王二老、漢陰丈人之類。一二六

余謂身之亦庶幾有跡無名之隱士也。身之宋亡後謝絶人事，凡二十六年而後卒。今考身之行跡，僅袁桷清容集及陳著本堂集，有一二詩文可據，其他撰述，鮮及之者。清容集因其甲申、乙酉間，曾爲借觀藏書，一留袁氏塾；本堂集則因其晚年曾爲子求婚於陳氏。陳氏亦甬人，且爲進士同年，然由本堂集可知其留甬上時，並未與陳晤面。鮚埼亭集外編十八胡梅磵藏書窖記，謂：「身之在甬上，未嘗與深寧商榷，其故爲不可曉。」不知此正足見身之之不輕與人往來也。王梓材校刊宋元學案，不列身之於涑水私淑，乃據道光初陳僅所撰深寧年譜，列身之爲深寧門人，實爲輕信。深寧撰赤城書堂記，雖曾一及身之，曰：「台之寧海，其先賢赤城先生羅公德業，爲元祐名臣。邑之宿儒前進士胡君元叔，即公游息之地，創書堂，合鄉之俊秀子弟而淑艾之。延前進士舒君岳祥爲之長，前進士孫君鈞、趙君孟禮、胡君三省，前太學陳君應嵩、劉君莊孫爲之錄」云云。胡元叔者，身之從父，與孫鈞同舉景定三年進士，孫鈞即爲身之墓誌填諱之人。據此記謂深寧知有身之則可，謂身之爲深寧門人則不可。又宋景濂撰通鑑綱目附釋序，雖曾以胡三省與史炤並稱，而方正學撰劉莊孫樗園文集序，歷數寧海前輩，乃不及身之，曰：「寧海在宋爲詩書文物之邑，去南渡國都爲近，故士之顯聞于世者甚

衆。樗園劉先生少游錢塘，學于宋太學，所尊善者惟同邑閬風舒公景薛、南山陳先生壽；所友而敬者則剡源戴公帥初、鄞袁公伯長。袁公後仕元爲顯官，名稱海内；戴公文亦傳于時。閬風、南山與先生，皆自謂宋遺人，不屑仕，故文行雖高，而不大彰於世，傳而知之者惟邑人而已。」閬風即舒岳祥，南山即陳應嵩。二人雖不大彰於世，而尚有邑人知之，身之則並邑人而不知之矣。

由宋史之無傳，知元時其名不著；由元史之無傳及方正學之無稱，知明初其名亦不著。成化間謝鐸輯尊鄉錄，黃溥簡籍遺聞譏其漏身之名。弘治間謝修赤城新志，有身之小傳矣，然宋史新編、南宋書仍不爲補傳；焦竑國史經籍志亦不著録通鑑胡注，知明季其名亦不著也。元明學風，治綱目者多，治通鑑者少。自考據學興，身之始以擅長輿地見稱於世。然厲陸兩家輯宋詩紀事，凡六七千人；顧選元詩亦數千人，而不能得身之一詩。元史類編及省府縣志爲身之補傳，而不能於鑑注及釋文辨誤兩序外，得身之一文。孔繼涑刻玉虹鑒真帖，宋高宗書徽宗文集序，有龍舒故吏胡三省跋，可謂鳳毛麟角矣。跋稱「書於袁桷清容齋」，當爲留袁氏塾時所作。後此序歸張茂實，有文徵明跋，茂實張丑父也。後又歸王儼齋，故孔繼涑刻之，繼涑儼齋孫壻也。而各家著録此帖，多載文徵明跋，而不載身之跋。文跋雖曾述身之名，而各刻本甫田集此文

「胡」字下名獨闕。清河書畫舫、式古堂書考、佩文齋書譜等，載文徵明跋，又皆將胡三省誤作胡珵。珵字德輝，毗陵人，劉元城弟子，梁谿漫志恒稱道之。楊誠齋集七九有胡德輝蒼梧集序，言「陳少陽上書，德輝視其草，投畀蒼梧」，鼠璞亦言「張魏公曾奏胡珵筆削東書」。是珵先身之百餘年，何能與清容相值！繆誤如此，使不見原帖者，終莫知龍舒故吏爲胡三省。足證終明之世，其名尚不著也。以故凌迪知撰萬姓統譜，兩出胡珵，而不及身之；萬季野撰宋季忠義錄，有陳應嵩、劉莊孫，而不及身之；錢竹汀擬南宋儒學傳目，有王應麟、黄震，亦不及身之；四庫清容集提要，謂「桷少從王應麟、舒岳祥、戴表元諸遺老游」，亦不及身之。一若身之於擅長地理外，言論行誼，舉無足述者。嗚呼！鑑注全書具在，豈特長於地理已哉！鑑注成書至今六百六十年，前三百六十年沉埋於若無若有之中；後三百年掩蔽於擅長地理之名之下，身之殆可謂真隱矣。曾廉撰元書，由類編儒學傳改入隱逸傳，有以也夫！宋元學案補遺謂：「戴剡源集十八，題蕭子西詩卷後，有胡元魯，即身之。」尚無他證。閬風集一有同年黄東發贈楮衾詩，二有酬胡元魯惠松石詩，而不稱同年。又身之從父名元叔，而身之別號元魯，亦似乎不類。温公胞兄旦字伯康，而温公子名康，豈當時不以爲嫌乎！當更考。因釋真隱，並及身之事跡之隱晦如此。

梁武帝天監十一年，魏尚書右丞高綽、國子博士封軌，素以方直自業。

注曰：業，事也。以方直爲事，所謂彊作之也。作之不已，乃成君子。一四七

中庸謂：「或安而行之，或利而行之，或勉强而行之，及其成功一也。」以「彊作」釋「自業」，其説甚精。作之不已，則可由勉强以幾於自然，足見身之持躬之道也。

梁簡文帝大寶元年，齊主簡練六坊之人，每一人必當百人，謂之百保鮮卑。

注曰：百保，言其勇可保一人當百人也。高氏以鮮卑創業，當時號爲健鬭，故衛士皆用鮮卑，猶今北人謂勇士爲霸都魯也。一六三

以「霸都魯」釋「百保鮮卑」，最適當。其名爲前此辭書所罕見，而身之能採用之，亦時代爲之也。元史九九兵志「宿衛」條，言「元時名忠勇之士曰霸都魯，勇敢無敵之士曰拔突」，其實一也。紀傳又時稱爲拔都，或八都兒，譯音無定字。宋史二七五，北宋初李繼隆，字霸圖，義亦取此。清人譯曰巴圖魯，故友英歛之名其長孫曰巴圖，歛之北人也。

陳武帝永定二年，帝怒臨漳令嵇曄及舍人李文思，以賜臣下爲奴。中書侍郎鄭頤私誘祠部尚書王昕曰：「自古無朝士爲奴者。」昕曰：「箕子爲之奴。」頤以白帝曰：「王元景比陛下於紂。」帝銜之。

注曰：此論語孔子之言，鄭頤誘王昕使言而陷之，「邦無道，危行言孫」，聖人包周身之防也如此。一六七

此蓋有感於方回、仇遠之事也。降臣方回古稀之歲，牟獻之與之同庚，其子撰文與乃翁爲慶，且徵友朋之詩。仇遠有句云：「姓名不入六臣傳，容貌堪傳九老碑。」又作方句云：「老尚留樊素，貧休比范丹。」因方嘗有「今生窮似范丹」之句也。於是方大怒仇褒牟而貶己，遂摭六臣之語，謂仇比上爲朱温，必欲告官殺之。諸友皆爲謝過，不從。仇遂謀之北客侯正卿，正卿訪之，徐扣曰：「聞仇仁近得罪於虚谷何邪？」方曰：「此子無禮，比上爲朱温，當告官殺之。」侯曰：「仇亦止言六臣，未嘗比上於朱温。今比上爲朱温者，執事也，告之官，則執事反得大罪矣。」方色變，侯遂索其詩元本，手碎之乃已。事見癸辛雜識別集上，仁近仇遠字，虚谷方回字。時元貞二年丙申，身之亦六十七矣，故以「危行言遜」爲子孫戒。

陳宣帝太建七年，周主謀伐齊，于翼諫益儲加戍，韋孝寬陳取齊三策。

注曰：自古以來，謀臣智士陳三策者，其上策率非常人所能行，中策亦必度其才足以行，然後能聽而用之。通鑑蓋謂于翼、韋孝寬所見略同也。一七二

此身之有感於江上之策不行也。鑑注自序言：「從軍江上，言輒不用。」袁清容祭梅澗

文亦言：「江上之策，不行於老奸。」錢塘遺事四，載：「咸淳間，汪紫原立信於襄危之際，以書抵賈相陳三策：一謂内地何用多兵，宜盡抽之過江，可得六十萬。或百里二百里置一屯，皆設都統，七千里江面，纔三十四屯，設兩大藩府以總攝運掉之，緩急上下流相應，必無能破吾聯絡之勢者，久之雖進亦可。二謂久拘使者在荆湖何益，不如遣使偕行，啗以厚利，緩其師期。半歲間我江外之藩垣成，氣象固，且江南之生兵日益矣。三謂若此兩説不可行，惟有准備投拜，其意蓋以激賈行二説也。賈得書大怒曰：『瞎賊敢爾妄語！』諷臺諫罷紫原。不數月北兵渡江，九江以下皆失守，乃以端明招討起公。過淮時，賈出督相遇，拊紫原背而哭曰：『端明端明！某不用公言，遂至此。』後有告伯顔以紫原曾獻三策者，伯顔驚歎：『江南有這般人，這般話，若遂用之，我得至此耶！』時人有詩曰：『厚我藩垣長彼貪，不然銜璧小邦男，廟堂從諫真如轉，竟用先生策第三。』」事並見宋史立信本傳及三朝政要。余頗疑此策或出身之，因身之充主管沿江制置司機宜文字時，沿江制置使正爲汪立信也。不過身之亂後深自韜晦，故知之者鮮耳。

太建十四年，隋主既立，待梁主恩禮彌厚。是歲納梁主女爲晉王妃，由是罷江陵總管，梁主始得專制其國。

注曰：西魏遷梁主詧於江陵，置助防曰防主，後遂置總管，今罷之。一七五

助防與駐防不同。駐防明言駐以防之，助防則名爲助之，實以防之，其名甚巧。此詧所以終不得自由而鬱邑以死也。傅沅叔跋姚士粦後梁春秋曰：「詧以骨肉猜貳，據地自王，與昭烈存漢，莊宗繼唐，寧可並論！又況倚恃北國，備位附庸，苟延殘喘。觀集中所載愍時賦有云：『悲晉璽之遷趙，痛漢鼎之移新，遂胡顏而苟免，謂小屈而或申，豈妖沴之無已，何國步之長淪！』又云：『余家國之一匡，庶興周而祀夏，忽縈憂而北屈，豈年華之天假！』其言悲憤沈鬱，終於發背而死，良可憫悼。姚氏乃欲以中興之運屬之，擬非其倫矣。嗚呼！當宗社覆滅，土宇淪潰之際，凡在藩侯宗子，或倡大義以討亂賊，或收餘燼以復舊疆，縱事業未成，後之君子，常欽其志，而假之以名。若夫乞援强鄰，受封上國，幸爲人所卵翼，稱帝號以自娛，政柄非己所能操，存廢聽人之措置，此石晉、劉齊之故轍，讀史者方憤歎痛惜之不暇，寧復從而崇奬之耶！」語見藏園羣書題記續集一。

陳長城公至德二年，突厥沙鉢略可汗數爲隋所敗，乃請和親，千金公主自請改姓楊氏，爲隋主女。隋主遣開府儀同三司徐平和使於沙鉢略，更封千金公主爲大義公主。

注曰：千金公主，宇文氏，請於沙鉢略，欲復讎。及兵敗於外，衆離於内，乃請爲隋主女。

更封以大義，非嘉名也，取「大義滅親」云爾，爲大義不得其死張本。一七六

自晉元渡江，訖宇文氏之滅，河北淪陷者，二百七十餘年，至是復歸中國。春秋大義，國讎百世可復，隋蓋爲中國復讎也。千金公主乃欲復宇文氏之讎，故隋以大義封而滅之。身之釋大義，其說新而切。

隋文帝開皇九年，時天下既壹，異代器物，皆集樂府。牛弘奏：「中國舊音，多在江左。」

注曰：典午南渡，未能備樂，石氏之亡，樂人頗有自鄴而南者。苻堅淮淝之敗，晉始獲樂工，備金石。慕容垂破西燕，盡獲苻氏舊樂。子寶喪敗，其鍾律令李佛等，將太樂細伎奔慕容德。德子超獻之姚秦，以贖其母。宋武平姚泓，收歸建康，故云「多在江左」。一七七

永嘉之亂，伶官樂器，皆没於劉、石，其後輾轉復歸江左，實分兩期：一由石趙、前燕、苻秦以歸於晉；一由後燕、南燕、姚秦以歸於宋。此所釋甚清晰，垂、寶後燕，德、超南燕也。

唐玄宗開元二十四年，補闕杜璡嘗上書言事，明日黜爲下邽令。

注曰：唐制，上縣令從六品上，補闕從七品上。以此言之，則非黜也。蓋唐人重内官，而品之高下不論也，況遺補供奉官，地居清要乎！二一四

唐德宗貞元五年，瓊州自乾封中，爲山賊所陷。

注曰：瓊州在海中大洲上，中有黎母山，黎人居之，不輸王賦。所謂「山賊」，蓋黎人也。宋白曰：瓊州北十五里，極大海，泛大船使西南風帆，三日三夜到地名崖山門，入江，一日至新會縣。二二三三

釋瓊州何爲涉及厓山？厓山在新會，爲宋丞相陸秀夫負少帝殉國處，書以誌痛也。厓山海中有奇石，張弘範磨崖大書「張弘範滅宋於此」，以自夸耀。明提學趙瑶詩：「鐫功奇石張弘範，不是胡兒是漢兒。」指此也。成化間御史徐瑁，始命工削去。事見道光新會志。張弘範刻石，身之未必知，都統蘇劉義等挾二王由浙入閩廣，終於厓山，癸辛雜識續集屢載之。胡、周同時，周既有所聞，胡不容不知也。

唐憲宗元和十一年，詔以易州刺史陳楚爲義武節度使。軍中聞之，掠渾鎬及家人衣，至於倮露。陳楚馳入定州，鎮遏亂者，斂軍中衣以歸鎬，以兵衛送還朝。楚定州人，張茂昭之甥也。

注曰：史言河朔之人，習於叛亂，知奉其帥之親黨而已。二二三九

唐宣宗大中十二年，上欲御樓肆赦，崔慎由曰：「陛下未建儲宫，四海屬望。若舉此禮，雖郊祀亦可，況於御樓。」時上餌方士藥，已覺躁渴，而外人未知，疑忌方深，聞之俛首不復言。

注曰：史言宣宗不早定國本，使王宗實得以立長而竊定策之功。二四九

韓侂胄之於寧宗，史彌遠之於理宗，賈似道之於度宗，皆以定策之功而肆其姦者也。彌遠死，其子孫爲製碑銘，且以「定策元勳」題其首焉。

唐懿宗咸通七年，上好音樂宴遊，殿前供奉樂工，常近五百人，每月宴設，不減十餘。

注曰：宴設，謂宫中置宴也，宋朝内臣謂之排當。二五〇

宋季三朝政要言：「理宗端平初，厲精爲治。在位久，嬖寵浸盛，宫中排當頻數，倡伎傀儡，得入應奉，端平之政遂衰。」今以「排當」釋「宴設」，明其弊不減於咸通也。錢塘遺事五，有專條記之云：「宫中飲宴名排當。理宗朝排當之禮，多内侍自爲之，一有排當，則必有私事密啓，度宗因之。故咸淳丙寅，給事陳宗禮有曰：『内侍用心，非借排當以規羨餘，則假秩筵以奉殷勤，不知聚幾許汗血之勞，而供一夕笙歌之費。』」其説可想矣。

後梁太祖開平二年，華原賊帥温韜，聚衆嵯峨山，暴掠雍州諸縣，唐帝諸陵，發之殆徧。

注曰：温韜傳：「韜在華原七年，唐諸陵在其境内者，悉發掘之，取其所藏金寶。而昭陵最固，韜從埏道下，見宫室制度閎麗，不異人間。中爲正寢，東西廂列石牀，牀上石函，中爲鐵匣，悉藏前代圖書，鍾王筆跡，紙墨如新，韜悉取之，遂傳人間。惟乾陵風雨不可發。」二六七

昭陵太宗陵，乾陵高宗陵。通鑑於此事略言之，注獨詳引歐史溫韜傳以釋之者，爲楊璉真加寫照耳。楊髡發宋諸陵事，當時通國皆知，故此不言而喻。

後晉高祖天福二年，義成節度使符彦饒，奏范延光遣兵度河，焚草市。

注曰：時天下兵争，凡民居在城外，率居草屋，以成市里。以其價廉功省，猝遇兵火，不至甚傷財以害其生也。此草市在滑州城外。二八一

百聞不如一見，非身親其事，不能言之親切。身之生亂世，故獨能了解兵争時事。

又，閩主以空名堂牒，使醫工陳究賣官於外。

注曰：堂牒，即今人所謂省劄。空名者，未書所授人名，既賣之得錢而後書填。二八一

癸辛雜識別集上，言：「降臣王積翁奉使，拘溫陵任氏舶，以好語官職誘之，且付以空頭總管文帖，反爲任所殺。」即此所謂空名省劄也。史言五代時中國不統一，故割據者胡行，民不堪其病矣。

後漢隱帝乾祐二年，以歸德牙内指揮使史德琉領忠州刺史。德琉，弘肇之子也，頗讀書。有舉人呼譟于貢院門，蘇逢吉命執送侍衛司，欲其痛箠而黥之。德琉言於父曰：「書生無禮，自有臺府治之，非軍務也。此乃公卿欲彰大人之過耳。」弘肇即破械遣之。

注曰：貢院門，禮部貢院門也。五季自梁以來，雖皆右武之時，而諸州取解、禮部試進

士，未嘗廢。唐明宗天成二年，勅新及第進士，有聞喜宴，今後逐年賜錢四百貫。其進士試詩賦文策，帖經對義。蓋朝廷猶重科舉之士，故史德琉雖將家子，亦愛護士流。二八八此有感元初士流之賤。凡淮蜀士被俘者，皆没爲奴，不如五季武夫，猶知愛護之也。

後周世宗顯德三年，李德明勸唐主割江北之地，唐主不悦，宋齊丘以割地爲無益。德明輕佻，言多過實，國人亦不之信。

注曰：國人，謂南唐通國之人。史言誕妄之士，雅不足以孚乎人，不惟喪身，且誤國事。二九三

李德明見陸游南唐書七，與鍾謨同傳。性輕佻反覆，朝士側目，號爲鍾李。德明嘗詣周軍，覩周軍容之盛，知非南唐所能敵，極力主張割地議和。唐君臣以其素行不孚，不信其説，德明猶攘袂大言，謂「周師必克」，故羣以賣國詆之，卒至被戮，而禍且中於國。故君子植品，貴在平日。

避諱篇第五

避諱爲民國以前吾國特有之體制，故史書上之記載，有待於以避諱解釋者甚衆，不講避諱學，不足以讀中國之史也，吾昔撰史諱舉例問世，職爲是焉。胡身之生避諱最盛之朝，熟諳避諱掌故。其撰通鑑釋文辨誤後序，謂：「海陵所刊公休釋文，以烏桓爲烏元。宋朝欽宗諱桓，靖康之初，公休没久矣，安得預爲欽宗諱！」即利用避諱以證史書僞託之一法。其注通鑑，以避諱爲訓釋者尤多。兹所採不過數十條，而避諱常識已略具於是矣。

周安王十一年，初，田常生襄子盤。

注曰：田常，即左傳陳成子恒也。温公避仁廟諱，改「恒」爲「常」。卷一

此避諱改前人名。然宋真廟諱恒，仁廟諱禎，此以避諱爲解釋在第一卷而即誤者。鑑注自序所謂「人苦不自覺，前注之失吾知之，吾注之失吾不能知也」。陳景雲、趙紹祖輩著書專糾胡注，對此亦無所舉正，何耶！

周顯王三十一年，一救荆禍。

注曰：秦諱楚，故其國記率謂楚爲荆。太史公取秦記爲史記，通鑑又因史記而成書，故亦以楚爲荆。卷二

此避諱稱異名。秦始皇父莊襄王名子楚，見司馬貞索隱。

周赧王元年，管叔監商。

注曰：古殷商通稱，商者以始封爲國號，殷者以都亳爲國號。按孟子陳賈只云「監殷」，今通鑑云「監商」，避宋廟諱也。卷三

此亦避諱稱異名。宋太祖父名弘殷。

周赧王四年，燕王請獻常山之尾五城以和。

注曰：常山即北嶽恒山也。漢文帝諱恒，改曰常山，置常山郡。卷三

此避諱改地名。漢文帝、唐穆宗、宋真宗，皆諱恒。漢改恒山爲常山，中經屢變，唐乾元間復爲恒州，元和間避穆宗諱，又改爲鎮州。其沿革複雜，半由避諱而然。

漢成帝永始三年，梅福上書曰：「孝武皇帝好忠諫，説至言，出爵不待廉茂。」

注曰：廉茂，孝廉秀才也。光武諱秀，改爲茂才。卷三一

此避諱改諸名號。

漢光武帝建武二十七年，帝舅壽張恭侯樊宏薨。

注曰：壽張縣屬東平國。春秋曰良，漢曰壽良，帝避叔父趙王良諱，改曰壽張。宏，帝舅也，謚敬侯，曰恭侯，温公避國諱也。卷四四

此條前半避諱改地名，後半避諱改前人謚。宋太祖祖名敬。

漢和帝永元九年，詔遣行征西將軍劉尚，越騎校尉趙世副之。考異曰：西羌傳作趙代，今從帝紀。

注曰：余謂唐太宗諱世民，賢注范史，偶檢點及此，遂改「世」爲「代」耳。卷四八

此避諱改前人名。「偶檢點及此」者，言非一定改也。「世民」二字不連稱，本可不避，所謂二名不偏諱也。

魏元帝景元四年，蜀光祿大夫譙周之主降魏也，曰：「若陛下降魏，魏不裂土以封陛下者，周請身詣京都，以古義争之。」

注曰：京都，謂洛陽魏都。晉景王諱師，晉人避之，率謂京師爲京都。蜀方議降，譙周已爲晉人諱矣。吁！卷七八

此避諱改常語。然「京都」云者，譙周原詞乎？抑晉史臣爲之改避乎？方蜀議降時，司馬氏尚未篡魏，安得晉諱而避之！惟譙周實鶩臣也，孫綽評曰：「爲天子而乞降請命，何恥之深乎！」孫盛評曰：「春秋之義，國君死社稷，況天子而可辱於人乎！」身之蓋

深有痌於德祐之北行也，身之豈不知此「京都」爲晉史臣所改哉，而故以是爲譙周之言者，惡周之辱國也。

晉惠帝太安元年，董艾陳兵宮西，縱火燒千秋神武門。

注曰：千秋神武門，宮西門也。東漢曰神虎，晉及南北諸史皆唐羣臣所定，唐太祖諱虎，避之改爲武。卷八四

此避諱改諸名號。神虎門亦改神獸門，梁書十一張弘策傳是也。

晉安帝隆安四年，以琅邪王師何澄爲尚書左僕射。

注曰：晉諸王置師友文學各一人，初避景帝諱，改「師」爲「傅」，後以祧廟不諱，復爲「師」。一一一

此已祧不諱。除所謂不祧之祖外，大抵七世以內則諱，七世以上則親盡，遷其主於祧，不復諱。然此非所論於趙宋。

晉安帝義熙四年，禿髮傉檀以世子武臺爲太子，錄尚書事。

注曰：武臺本名虎臺，唐人作晉書，避唐祖諱，改「虎」爲「武」，通鑑因之。一一四

此避諱改前人名。錢竹汀通鑑注辨正云：「通鑑第百十六卷，稱虎臺者十二，第百十九卷，稱虎臺者五，俱不作『武』字。蓋温公雜采他書，前後有駁文，注家不能舉正也。」

義熙七年，盧循晨至龍編南津。

注曰：交趾郡龍編縣，州郡皆治焉。水經注：「漢建安二十三年，立州之始，蛟龍蟠編於水南北二津，故改龍淵曰龍編。」余據二漢志皆作龍編，無亦師古、章懷避唐諱，因亦改「淵」爲「編」乎！一一六

此水經注三十七，葉榆河之文。身之蓋反言之，以見由「淵」改者，不必皆避唐諱也。酈注固在師古、章懷之前，即劉昭亦在顔、李之前也。

宋文帝元嘉三十年，劭、濬憂迫無計，以輦迎蔣侯神像置宫中，稽顙乞恩，拜爲大司馬，封鍾山王。

注曰：蔣侯，蔣子文也，廟食鍾山。吴孫氏以其祖諱鍾，改曰蔣山。一二七

此亦避諱改地名。劭元凶劭，濬始興王濬也。

宋孝武帝大明七年，上每因宴集，使羣臣自相嘲訐以爲樂。吏部郎江智淵，素恬雅，漸不會旨。嘗使智淵以王僧朗戲其子彧，智淵正色曰：「恐不宜有此戲！」上怒曰：「江僧安癡人，癡人自相惜。」僧安，智淵之父也。智淵伏席流涕。

注曰：古人畏聞父母名，惟君所無私諱。今人雖各有家諱，然稠人廣座中，往往不敢以爲諱。吾是以歎隋世以前人士猶爲近古也。一二九

此言避家諱。容齋續筆十一云：「唐人避家諱甚嚴，固有出禮律之外者。韓文公作諱辯，論之至切，不能解衆惑也。舊唐史至謂韓公此文爲文章之紕繆者，則一時横議可知矣。」容齋方歎避家諱者之拘執不通，而身之則轉歎今人之不避家諱，何也？時世已不同也。宋人避諱，嚴於有唐，識者恒以爲病，王觀國學林三，至稱之爲「酷諱」。春秋襄四年胡氏傳，亦謂：「愚者違禮以爲孝，諂者獻佞以爲忠，忌諱繁，名實亂，而春秋之法不行矣。」至元而一反之，因元諸帝名皆譯音，無定字，故國諱不避，而家諱亦漸廢弛，身之傷之。「隋世以前」云云，謂南北混一以前也。元混一南北，隋亦混一南北，故曰「隋以前人士」也。

然元時家諱廢弛，官諱仍然重視。周密癸辛雜識續集下，言：「葉亦愚之爲右丞相也，李漸泉班通書，題銜云：『門生中奉大夫、福建道宣慰使班。』蓋徑去自己之姓，以避其名，其苟賤不足道如此。漸泉在前朝爲省元，爲從官，爲督府參謀。所守如此，宋安得不亡！」葉亦愚名李，元史一七三有傳。「不愛其親而愛他人者謂之悖德，不敬其親而敬他人者謂之悖禮」，孝經蓋爲若輩言之耶！此身之所爲長歎也。

宋明帝泰始二年，吴喜進逼義興。

注曰：義興，今常州之宜興也。我朝太平興國元年，避太宗御名，改爲宜興。一三一宋太宗初名匡義，又名光義。

齊東昏侯永元二年，前建安戍主安定席法友等。

注曰：北史曰：魏正光中，羣蠻出山，居邊城、建安者八九千户。邊城郡治期思，則建安戍亦當相近。隋改期思縣爲殷城縣。我宋建隆元年，改殷城爲商城，避宣祖諱也。後省爲鎮，入光州固始縣。一四三

此二條之「我朝」、「我宋」，可與本朝篇參照。

齊和帝中興元年，蕭衍遣從弟寧朔將軍景鎮廣陵。

注曰：景本名昺，李延壽作南史，避唐廟諱，改「昺」爲「景」，通鑑因之。一四四

此避諱改前人名。唐高祖父諱昞，南北史於「丙」皆作「景」，今日學子，殆無不知，而在昔時，則名家猶有未曉者，故注中及之。黄朝英撰靖康緗素雜記，學海類編著錄考據類，其書爲四庫提要所稱。然野客叢書九，言：「古今書籍，字文換易，往往出於避諱。漢書注以『景』代『丙』，如『景科』、『景令』之類，晉書與唐人文字亦然，緗素雜記亦莫曉而可，僕考之，蓋唐初爲世祖諱耳」云云。今學海本緗素雜記闕此條，然由野客叢書證之，則「景」爲「丙」之避諱，當時未必夫人皆知也。

梁武帝普通五年，魏加李崇使持節、開府儀同三司、北討大都督。命撫軍將軍崔暹、鎮軍將

軍廣陽王深，皆受崇節度。

注曰：按魏收魏書作「廣陽王淵」，李延壽北史作「廣陽王深」，蓋避唐諱，通鑑承用之。一五〇

此因避諱，一人二史異名。

梁武帝中大通二年，魏中書侍郎邢子才之徒。

注曰：邢劭，字子才，避魏主兄彭城王劭諱，故以字行。本傳云：「少時有避，遂不行名。」一五四

此避諱稱其字。唐劉知幾避玄宗嫌名，以字行，亦其例也。然宋人清人皆諱玄，又復稱爲知幾。

中大通六年，東魏遣恒農太守田八能。

注曰：恒農即弘農，後魏避顯祖諱，改「弘」曰「恒」，音常。一五六

「弘」爲數朝同諱，後魏顯祖、唐高宗太子，皆諱弘，宋太祖父諱弘殷，故魏改弘農爲恒農，唐亦一度改弘農爲恒農。而其後「恒」又爲唐宋同諱，故皆不稱恒農。事頗糾紛，史諱舉例五曾辨之。容齋三筆十一，言：「本朝尚文之習大盛，禮官討論，每欲其多，廟諱遂有五十字者，此風殆不可革。真宗諱从心从亘，音胡登切，若缺其一畫，則爲

「恒」，遂並「恒」字不敢用，而易爲「常」矣。」蓋欽宗諱桓，「恒」又犯其旁諱也。

隋煬帝大業九年，楊玄感與虎賁郎將王仲伯、汲郡贊治趙懷義等謀。

注曰：按隋志：「帝改州爲郡，郡置太守，罷長史司馬，置贊務一人以貳之。」贊務，即贊治也。隋書成於唐臣，避高宗名，故改「治」爲「務」。一八二

唐高祖武德元年，以禮部尚書竇璡爲户部尚書。

注曰：按六典，貞觀二十三年避太宗諱，始改民部尚書爲户部尚書。史家以後來官名書之也。一八五

此二條皆避諱改前代官名。

武德九年，温公論太宗之立曰：彼中、明、肅、代之傳繼，得非有所指擬以爲口實乎！

注曰：明皇不稱廟號而稱帝號者，温公避本朝諱耳。中宗、肅宗之季，玄宗、代宗並以兵清内難而後繼大統。一九一

温公以宋諱玄朗，故不稱唐玄宗，而稱明皇。注稱宋爲「本朝」，亦就温公言之。身之稱宋，大抵曰「我朝」，見本朝篇。

又，置弘文舘於弘文殿側。

注曰：唐會要，武德四年，於門下省置修文舘。至九年三月，改爲弘文舘。至其年九月，

太宗即位，於弘文殿聚四部書二十餘萬卷，於殿側置弘文館。貞觀三年，移於納義門西，即我朝之崇文館也。避宣祖諱，改「弘」爲「崇」。一九二

此避諱改諸名號。

唐太宗貞觀二十三年，以疊州都督李勣爲特進、檢校洛州刺史、洛陽宮留守。

注曰：李世勣去「世」字，避太宗二名也。一九九

此避諱去其名一字。

唐高宗龍朔二年，司憲大夫楊德裔，劾奏鄭仁泰等。

注曰：漢御史臺有二丞，掌殿内祕書，謂之中丞。漢末改爲御史長史，後漢復爲中丞。後魏改爲中尉正，北齊復曰中丞。後周曰司憲中大夫，隋諱中，改爲治書御史，唐因之，貞觀末避高宗名，改爲中丞。是年改爲司憲大夫。二〇〇

此避諱改官名。隋諱中，改爲治；唐諱治，又回改爲中。

唐高宗麟德元年，今日唯知准勅。

注曰：准與準同。本朝寇準爲相，省吏避其名，凡文書「準」字皆去「十」，後遂因而不改。二〇一

此「本朝」亦就寇公而言。以「准」爲避寇公諱，乃南宋時最流行之一說，故注中述之。

各家說部，如項氏家說、甕牖閒評、愛日齋叢鈔之屬，多曾討論及此。費兗梁谿漫志一，言：「省中出敕，舊用『準』字，輒去其『十』。或云蔡京拜相時，省吏避其父名。然王珪父亦名準，而寇萊公亦嘗作相，不知書敕避諱，自何時始也。近年稍稍復舊」云。然所謂近年者，漫志自序，作於紹熙三年。先是周益公知樞密，曾令吏輩復用「準」字，記其事於二老堂雜志三，言：「敕牒『準』字，去『十』爲『准』，或謂本朝因寇準爲相而改，又云曾公亮、蔡京父皆名準而避，其實不然。予見唐告已作『准』，又考五代堂判亦然。頃在密院，令吏輩用『準』字」云。蓋「準」「准」自古通用，以爲因避諱改者固非，然正因其通用，而避諱者遂以「準」爲「准」，凡諱準者皆可如此，不必定指一人以實之也。野客叢書十四，言：「今吏文用承准字，合書『準』，說者謂因寇公當國，人避其諱，遂去『十』字。僕考魏晉石本吏文，多書此承准字。又觀秦漢間書，與夫隸刻，平準多作『准』，知此體古矣」云。惟四庫野客叢書提要，謂「以『準』爲『准』，始於呂忱字林，見郭忠恕佩觿所引」，譏王楙「泛舉唐碑，爲千慮一失」。夫呂忱爲西晉初人，王楙所引者魏晉石本，及秦漢間書，與夫隸刻，明在呂忱之前，何嘗涉及唐碑一語。提要欲張字林之說，矜爲創獲，故抑楙書，遂不惜舞文以入其罪。然野客叢書具在，焉可誣也。

唐玄宗開元二十年，起居舍人王仲丘，請依明慶禮。

注曰：明慶即顯慶也，避中宗諱，改曰明慶。二一三

此避諱改年號，顯慶唐高宗年號也。

唐僖宗中和三年七月，李克用爲河東節度使。考異曰：賈緯唐年補錄：「五月制，李諱可同平章事，充河東節度使。」

注曰：按薛史：「晉天福六年二月，賈緯撰唐年補錄上之。」賈緯，真定獲鹿人，歷事唐、晉、漢、周，故不敢稱克用名。二五五

此避諱空字。或作空圍，或闕其字而不書，或旁注諱字，注家每誤作他人，學者不可不知也。詳史諱舉例四。

唐昭宗景福二年，以嗣覃王嗣周爲京西招討使。考異曰：按順宗子經封郯王，嗣周當是其後。會昌後，避武宗諱，改「郯」作「覃」。

注曰：按武宗諱瀍，後改諱炎。如考異所云，蓋避「郯」字旁從「炎」字也。二五九

諱有新舊，知其一不知其二，則莫識其何所避矣。新唐書糾繆十九，言：「古之封一字王者皆國名，至唐則有以州名，而其内有封覃王者，不知此國名耶？州名耶？或潭之誤耶？」吳氏蓋不知其避武宗新諱，改「郯」爲「覃」也。豈特吳氏不知，王西莊亦不知。十七史商榷八七云：「裴炎請還政豫王旦，爲御史崔察誣奏死，新舊唐書同，其事甚

明。孫樵可之文集第五卷孫氏西齋録云『崔察賊殺中書令裴者何。』裴下注云：『名犯武宗諱。』按武宗諱瀍，孫氏云云，未詳。」西莊蓋只知武宗舊諱，不知新諱，故反譏孫氏爲謬也。然兩唐書武宗紀，開篇即云「帝諱炎」，西莊蓋失之眉睫耳。

唐昭宗天復三年，温公宦官論曰：崔昌遐無如之何。

注曰：崔胤字昌遐，通鑑稱其字，避宋朝太祖廟諱也。二六三

此避諱稱其字。新唐書公主傳，駙馬程昌胤，楊貴妃傳作程昌裔，吴縝糾繆以爲未知孰是，亦因避「胤」爲「裔」，致有異文耳。

又，朱全忠遣曹州刺史楊師厚，追及輔唐。

注曰：薛史地理志曰：「密州輔唐縣，梁開平二年改爲安丘；唐同光元年復舊名；晉天福七年改爲膠西，避廟諱也。」宋復曰安丘。二六四

石敬瑭亦避諱改地名，所謂沐猴而冠也。

後梁太祖開平三年，湖州刺史高澧以州叛，附于淮南，舉兵焚義和臨平鎮。

注曰：九域志，杭州仁和縣有臨平鎮。按仁和縣本錢塘縣，宋朝太平興國初，改錢塘縣曰仁和，蓋亦先有義和地名，又避太宗藩邸舊名，遂改曰仁和也。二六七

錢塘、仁和，人所共知，義和則知之者鮮矣。

開平四年，自是鎮、定復稱唐天祐年號，復以武順爲成德軍。

注曰：鎮、定臣梁，稱開平年號，避梁廟諱，改成德軍爲武順軍。今既與梁猜阻，故年號軍號，皆復唐之舊。二六七

鎮指王鎔，定指王處直。避諱與奉正朔相等，服則避，不服則不避，五代時其例特著。晁氏讀書志「石經尚書」條云：「經文有『祥』字，皆闕其畫，而亦闕『民』字，蓋孟氏未叛唐時所刊也。」又「石經論語」條云：「闕唐諱，立石當在孟知祥未叛之前。」又「石經左氏傳」條云：「按文不闕唐諱，而闕『祥』字，當是孟知祥僭位後刻石也。」此並以避諱叛服定刻石時代之先後。

後梁太祖乾化元年，以劉守光爲河北道採訪使，遣閤門使王瞳、受旨史彦羣，册命之。

注曰：受旨，蓋崇政院官屬，猶樞密院承旨也。梁避廟諱，改「承」爲「受」。二六八

此避諱改官名。

後唐明宗天成元年，前直指揮使平遥侯益，脱身歸洛陽。

注曰：劉眗曰：「平遥即漢平陶縣，魏避國諱，改陶爲遥。」唐屬汾州。宋白曰：「後魏以太武帝名燾，改平陶爲平遥。」二七五

劉眗、宋白二説皆不確，史諱舉例六曾辯之。魏地形志，濟陰郡有定陶；陽平郡有館

陶；鉅鹿郡領縣四，廮陶與廮遥並列；南安陽郡有中陶。皆不避諱，何獨平陶避諱。身之特循舊説云爾。

後漢高祖天福十二年，初，杜重威既以晉軍降契丹。

注曰：杜重威初避晉主重貴名，去「重」單名威，及晉既亡國，重威即復舊名。其忘恩背主，此特末節耳。二八六

重威避帝名，去「重」字止稱「威」，見二百八十三卷，天福八年注。重威貪暴鄙夫，本不足道。歐史五十二言：「晉之事醜矣，使重威等不叛以降虜，亦未必不亡。蓋天下惡之如彼，晉方任之如此，所謂臨亂之君，各賢其臣。」晉主實自取之，非重威等能亡之也。

又，李達以其弟通知福州留後。

注曰：李仁達降唐，唐賜名弘義，編之屬籍。及其叛唐，爲唐所攻，求救於吴越，而「弘」字犯吴越諱，改名爲達。其弟先名弘通，亦止名通。二八七

此因避諱，一人而數名。李達先名仁達，唐賜名弘義；既叛唐，自稱威武留後，更名弘達，奉表請命於晉；及爲唐所攻，又更名達，奉表乞師於吴越。見二百八十五卷。達蓋一反覆之徒，擁兵以爲利者。今薛史輯本八四，晉少帝紀有「權知威武軍節度使李

宏達」，即其人。蓋清人亦諱「弘」，館臣改寫爲「宏」，於是一人而五名矣。史之不易讀如此。

後漢隱帝乾祐三年，徙折從阮爲武勝節度使。

注曰：按五代會要，周廣順二年三月，始改鄧州威勝軍爲武勝軍，避周太祖名也。史以後來所改軍名書之耳。二八九

避諱有先時者，史以後來所改之名書之，篇中屢見。然避諱亦有後時者，今人講板本，每以諱字定時代之先後，不盡可據也。孔齊至正直記三，言：「經史中往往承襲故宋俗忌避諱，字畫減省，如匡字貞字，敬字恒字，朂字玄字，殷字構字朗字，皆不成文。以讓爲遜，玄爲元，慎爲順，桓爲威，匡爲康，弘爲洪，貞爲正，敬爲恭，又追改前代人名，甚是紕繆。國朝翰林院及諸處提舉司儒學教授官，當建言前代之失，合行下書坊，訂正所刻本，重新校勘，毋致循習舊弊可也。」至正直記小序，成於至正二十年庚子，去元之亡僅七年，其言如此，則元時板本之避宋諱者多矣，豈能以是爲準。蓋避諱之本意爲敬慎，其後定爲功令，又其後成爲習慣，至成爲習慣，則有不知其然而然者矣。辛亥革命至今三十四年，其曆數已超過齊、陳、周、隋諸史，而清諱玄、弘、寧、詝等字，尚有闕末筆者，豈盡出於敬慎哉，相承以熟耳。

後周太祖廣順元年，郭崇威更名崇，曹威更名英。

注曰：皆避帝名也。二九○

避諱改名，本普通之例，然改名後不知其舊名，則不知其避何人之諱矣。永樂大典引薛史曹英傳云：「舊名犯太祖廟諱。」册府元龜八二五所引同，薛史仍周實録之文也。今殿本薛史一二九周書曹英傳，乃作「舊名犯今上御名」，館臣蓋不知英舊名威，又不悟周書之太祖自是郭威，乃誤以爲宋太祖；又以爲薛史成於開寳，不應豫稱太祖，故改爲「今上」。然則英舊名匡或名胤也，豈不繆哉，其弊在不參考通鑑胡注耳。

後周世宗顯德五年，唐主避周諱，更名景。下令去帝號。

注曰：避周信祖諱也。二九四

郭威之高祖諱璟，南唐李璟既降周，故更名景。信乎避諱與否，足爲叛服憑證，此中國史特有之例也。

考證篇第六

胡注長於地理及考證，今日學者無不知。書名表微，非微何必表也？曰：考證爲史學方法之一，欲實事求是，非考證不可。彼畢生從事考證，以爲盡史學之能事者固非；薄視考證以爲不足道者，亦未必是也。兹特輯存數十條，以備史學之一法，固知非大義微言所在也。

周赧王五十五年，秦前後斬首虜四十五萬人，趙人大震。

注曰：此言秦兵自挫廉頗至大破趙括，前後所斬首虜之數耳。兵非大敗，四十萬人安肯束手而死邪！卷五

考證貴能疑，疑而後能致其思，思而後能得其理。凡無證而以理斷之者，謂之理證。朱子語類一三四，言：「趙卒都是百戰之士，豈有四十萬人肯束手受死，決不可信。」又言：「恐只司馬遷作文如此，未必能盡坑得許多人。」此理證也。身之之言蓋本於朱子。

秦二世二年，李斯上書，言：「趙高劫陛下之威信，其志若韓玘爲韓安相也。」

注曰：索隱曰：「玘一作起，並音怡，韓大夫弑其君悼公者。然韓無悼公，或鄭之嗣君。案表：韓玘事昭侯，昭侯以下四世至王安。斯説非也。」余觀李斯書意，正以胡亥亡國之禍，近在旦夕，故指韓安以其用韓玘而亡韓之事警動之。韓安之時，其臣必有韓玘者，特史逸其事耳。李斯與韓安同時，而韓安亡國之事，接乎胡亥之耳目，所謂殷鑒不遠也。索隱於數百載之下，議其説爲非，可乎！卷八

史闕無徵，即以李斯書爲徵，並可以補史之闕也。

漢成帝綏和二年，議郎耿育上書寃訟陳湯曰：「甘延壽、陳湯，爲聖漢揚鉤深致遠之威，雪國家累年之恥，討絶域不羈之君，系萬里難制之虜，豈有比哉！先帝嘉之，仍下明詔，宣著其功，改年垂曆。」

注曰：師古曰：「謂改年爲竟寧也。不以此事，蓋當其年上書者附著耳。」余按元紀詔曰：「匈奴郅支單于背叛禮義，既伏其辜，呼韓邪單于修朝保塞，邊垂長無兵革之事，其改元爲竟寧。」則改年亦以此事，非附著也。卷三三

竟寧謂究竟安寧，猶今言到底勝利也。師古以爲適合，身之以爲非適合，引元紀詔爲證，是之謂書證。

王莽始建國二年，立國將軍孫建奏：「陳良、終帶，自稱廢漢大將軍，亡入匈奴。」

注曰：廢漢，言漢氏已廢滅也，孫建之言云爾。卷三七

陳良、終帶，反王莽而亡入匈奴者也。自稱「大漢將軍」則有之，豈有自稱「廢漢」之理！孫建述其言而改之以媚莽，遂不覺其不詞。身之蓋有見於當時「亡宋」之稱，故知此爲莽將軍孫建之言耳。

始建國三年，沛國陳咸，以律令爲尚書。莽輔政，多改漢制，咸心非之，歎曰：「易稱『見幾而作，不俟終日』，吾可以逝矣！」即乞骸骨去職。及莽篡位，召咸爲掌寇大夫，咸謝病不肯應。時三子參、欽、豐皆在位，咸悉令解官歸鄉里，閉門不出。

注曰：中興之後，沛方爲國，此由范史以後來所見書之也。陳咸，後漢陳寵之曾祖。卷三七

以後來之名加諸前，在史家爲慣例。若文物本身而有此，則真僞問題生矣。中興之後，沛方爲國，莽時安得有沛國之名乎！注特斥言之，促學者以實事求是之精神，當於細微處加之意耳。

漢淮陽王更始二年，蕭王復與銅馬餘衆，大戰於蒲陽。

注曰：賢曰：「前書音義曰：『蒲陽山，蒲水所出，在今定州北平縣西北。』」余按此乃班書地理志中山曲逆縣下分注，非音義也。卷三九

以漢書本注爲音義，乃偶誤。此條與前條，皆史家正名之法。

漢光武帝建武二年，李寶倨慢，禹斬之。考異曰：更始柱功侯李寶，時爲劉嘉相，此蓋別一人同姓名。

注曰：余參考范書，究其本末，漢中王嘉，即以更始柱功侯李寶爲相，禹誅之，非別一人也。卷四〇

考異有誤，不爲之諱，胡注所以爲通鑑功臣。

建武十四年，大中大夫梁統疏：「丞相王嘉，輕爲穿鑿，虧除先帝舊約成律。」

注曰：按嘉傳及刑法志，並無其事。統與嘉時代相接，所引固不妄矣，但班固略而不載也。卷四三

史略不載，即以梁統疏爲證，並可以補史之略。

建武十七年，拜馬援爲伏波將軍，以扶樂侯劉隆爲副，南擊交趾。

注曰：賢曰：「扶樂縣名，屬九真郡。」余謂賢説誤矣，九真郡未嘗有扶樂縣。隆初封亢父侯，以度田不實免，次年封爲扶樂鄉侯。則扶樂乃鄉名，非縣名，賢考之不詳也。水經注：「扶樂城在扶溝縣，砂水逕其北。」卷四三

晉志九真郡有扶樂縣，謂「九真郡未嘗有扶樂縣」者，指漢志也。賢以晉地理釋漢地

理，故胡注以爲誤。

漢明帝永平十六年，諸國皆遣子入侍。西域與漢絶六十五載，至是乃復通焉。

注曰：王莽天鳳三年，焉耆擊殺王駿，西域遂絶，至此五十八載耳。此言與漢絶六十五載，蓋自始建國元年數之，謂莽篡位而西域遂與漢絶也。卷四五

考史當注意數字，數字有不實，則當稽其不實之由。王莽初年，西域雖與中國通，而對手者實爲莽，故曰「與漢絶」。其義甚精，非好學深思，不能得其解也。

漢和帝永元十五年，是歲初令郡國以日北至按薄刑。

注曰：時有司奏，以爲夏至則微陰起，靡草死，可以決小事，遂令以日北至按薄刑。賢曰：「禮記月令曰：『孟夏之月，靡草死，麥秋至，斷薄刑，決小罪。』按五月一陰爻生，可以言微陰。今月令云『孟夏』，乃是純陽之月，此言『夏至』者，與月令不同。」余按安帝永初元年，魯恭言：「自永元十五年，按薄刑改用孟夏。」則夏至乃謂夏之初至。范史以「日北至」書之，其誤後人甚矣。卷四八

以夏初至爲日北至，此范史之偶誤，通鑑因之，賢注疑之。胡注稽其致誤之由，蓋誤解魯恭之疏，以孟夏之夏初至爲夏至，遂書爲「日北至」。此條亦史家正名之法。

漢獻帝初平元年，蓋勳曰：「昔武丁之明，猶求箴諫。」

注曰：賢曰：「武丁，殷王高宗也，謂傅説曰：『啓乃心，沃朕心。』説復于王曰：『惟木從繩則正，后從諫則聖。』」余謂蓋勳忠直之士，時卓方謀僭逆，不應以武丁之事爲言。據國語，楚左史倚相曰：「昔衛武公年數九十有五矣，猶箴儆於國曰：『毋謂我老耄而捨我，必恭恪於朝，朝夕以交戒我。聞一二之言，必誦志而納之，以訓道我。』及其没也，謂之叡聖武公。」勳蓋以衛武公之事責卓也。史書傳寫，誤以「公」爲「丁」耳。卷五九

此即校勘篇中之理校法。先以理斥其非武丁，然後據楚語以證其爲武公之誤。其説精切，然實一字之譌，以其詞繁，故隸本篇。

漢獻帝建安十年，畿在河東十六年，常爲天下最。

注曰：杜畿之子爲杜恕，恕之子爲杜預。其守河東，觀其方略，固未易才也。余竊謂杜氏仕於魏晉，累世貴盛，必有家傳，史因而書之，固有過其實者。卷六四

此提示人讀史必須觀其語之所自出也。南宋仕宦之貴盛，莫過於史氏，以史彌遠之姦，而宋史不以入姦臣傳，身之蓋有先見矣。

魏邵陵厲公正始八年，大將軍爽，用何晏、鄧颺、丁謐之謀，遷太后於永寧宫。

注曰：據後魏起永寧寺於銅駞街西，意即前魏永寧殿故處也。又據陳壽志，太后稱永寧宫，非徙也。意者晉諸臣欲增曹爽之惡，以「遷」字加之耳。晉書五行志曰：「爽遷太后

於永寧宮，太后與帝相泣而別。」蓋亦承晉諸臣所記也。卷七五

鮚埼亭集外編廿八讀魏志曹爽傳云：「舊史不平之事，有二大案焉：其一爲曹爽；其一爲王叔文王伾。爽以曹氏宗支，有見於司馬氏之難制，奪其官，思以張王室，不可謂非。而不自知駑馭奸雄之非其才也，委任何、鄧，而又非其才也，遂見覆於司馬氏。既覆，而司馬氏百端造謗以加之，史臣從而書之，居然下流之歸矣。叔文伾之事，范文正公頗昭雪之，而爽之冤，千古無言之者，嗚呼！八司馬當時幸而不死，皆有文章經術傳於世，故後人尚有昭雪之者，何、鄧實亦八司馬之流，浮躁率露則有之，其心豈有他哉！身罹重典，不復邀有心人之原諒，其可傷也！」潛研堂集二亦有何晏論，云：「陳壽之徒，以平叔與司馬宣王有隙，故傳記不無誣詞。」二家所論，意與胡注同。然胡注所用之方法是考證，二家則評論耳。

魏邵陵厲公嘉平三年，初，令狐愚爲白衣時，衆人謂愚必興令狐氏。族父弘農太守邵，獨以爲「必滅我宗」，愚聞之，心甚不平。及愚仕進，所在有名稱，從容謂邵曰：「先時聞大人謂愚爲不繼，今竟云何耶？」邵熟視而不答，私謂妻子曰：「公治性度，猶如故也。以吾觀之，終當敗滅。」邵没後十餘年，而愚族滅。

注曰：此晉人作魏史所書云爾。卷七五

愚附魏志廿八王凌傳，凌之甥也。與凌同討司馬懿而失敗，此明爲司馬氏謗愚之詞，讀史者當觀其語之所自出。

魏元帝景元三年，吴主喜讀書，欲與博士韋昭、盛沖講論。張布以昭、沖切直，恐其入侍，言己陰過，固諫止之。吴主曰：「孤之涉學，羣書略遍，但欲與昭等講習舊聞，亦何所損！君特恐昭等道臣下姦慝，故不欲令入耳。」布皇恐陳謝，且言「懼妨政事」。吴主曰：「王務學業，其流各異，不相妨也。不圖君今日在事，更行此於孤，良甚不取。」布拜表叩頭。

注曰：據陳壽志，自「孤之涉學」已下，皆詔答之語。布得詔惶恐，以表陳謝，重自序述，吴主又面答之。自「王務學業」以下，皆面答之語。所謂「今日在事，更行此於孤」，蓋比之孫綝，以綝擅權之時，不使吴主親近儒士也。於是布拜叩頭，未嘗再上表也，此「表」字衍。在事者，在官任事也。卷七八

有詔答，有面答，有表謝，有面謝。節引史書，宜細分析，不得混而無別，此示初學以引書之法則耳。

晉孝武帝太元七年，是歲秦大熟，上田畝收七十石，下者三十石，蝗不出幽州之境，不食麻豆，上田畝收百石，下者五十石。

注曰：物反常爲妖。蝗之爲災尚矣，蝗生而不食五穀，妖之大者也。農人服田力穡，至

於有秋，自古以來，未有畝收百石、七十石之理，而畝收五十石、三十石，亦未之聞也。使其誠有之，又豈非反常之大者乎！使其無之，則州縣相與誣飾以罔上，亦不祥之大者也。秦亡宜矣！一〇四

此以常理證其妄。

梁武帝普通四年，魏以尚書左丞元孚爲行臺尚書，持節撫諭柔然。孚，譚之孫也。

注曰：魏孝昌元年，元譚爲幽州都督，後此三年。按魏書，譚，太武之子。蓋魏宗室多有同名者。一四九

魏太武之子臨淮王譚，孚之祖也；趙郡王幹之子譚，爲幽州都督者也。二人皆魏宗室而同名，但相距數十年。錢竹汀魏書考異一，有「魏宗室多同名」條，蓋受胡注之啓發者。

梁武帝中大通三年，詔曰：「詔聞小能敵大，小道大淫。皇天無親，惟德是輔。」

注曰：「小能敵大，小道大淫」，左傳記隨大夫季梁之言也。「皇天無親，唯德是輔」，書蔡仲之命之辭也。段韶父子起於北邊，以騎射爲工，安能作書語！魏收以其於北齊爲勳戚，宗門彊盛，從而爲之辭耳。孟子曰：「盡信書，不如無書。」信哉！一五五

「小能敵大」二語見左桓六年傳，段韶見北齊書十六。通鑑注商以爲「北齊書非魏收

作，胡注誤也」。然北齊國史本修於魏收，故胡注云然。

梁簡文帝大寶二年，湘東王繹謂將佐曰：「賊若水步兩道，直指江陵，此上策也；據夏首，積兵糧，中策也；悉力攻巴陵，下策也。巴陵城小而固，僧辯足可委任。景攻城不拔，野無所掠，暑疫時起，食盡兵疲，破之必矣。」

注曰：湘東安能料敵如此，當時作史者爲之辭耳。一六四

所謂當時作史者，指蕭韶太清紀也。南史五一蕭韶傳：「太清初爲舍人，城陷西奔江陵。人士多往尋覓，令説城内事，韶乃疏爲一卷，客問便示之。湘東王聞而取看，謂曰：『昔王韶之爲隆安紀，説晉末之亂離。今之蕭韶，亦可爲太清紀矣。』韶既承旨撰著，多非實錄，湘東王德之，改韶繼宣武王，封長沙王。」是韶撰太清紀，多袒湘東，史已言之矣。

太清紀十卷，隋、唐志著錄，通鑑考異多引之，太平御覽宗親部亦引之。崇文總目云：「太清紀起太清元年，盡六年。」太清年號止三年，而云「盡六年」者，梁書元帝紀，大寶三年，元帝猶稱太清六年。是太清紀乃本湘東之意而作，其有利於湘東，自不待言。通鑑考異太清三年六月條，謂「此皆蕭韶爲元帝隱惡飾詞」，九月條又謂「此亦蕭韶之虚美」。身之所謂「當時作史者」，殆即指此。

張宗泰魯巖所學集一，不知此條是考證，非評論，乃謂：「胡三省注通鑑，多附史評。然有以輕於持論而失之者，如梁湘東王繹，當太清、大寶年間，置君父之仇於不問，而日與兄弟叔姪稱兵，其人原不足論，而其料事之明，則有不容没者。三省曰：『湘東安能料敵至此，當時作史者爲之辭耳。』湘東得國僅三年，國破家亡，身死敵手，史臣何所愛於湘東而爲之虚美！此則不曾參驗前後情事，而妄爲云云也。」魯巖之論如此，甚矣魯巖之輕於持論，不廣參他籍，而妄肆譏評也！豈必得國久而後有史臣爲之虚美哉！太清紀固撰在湘東未即位之前也。

陳宣帝太建八年，十月丙辰，齊主獵於祁連池，癸亥還晉陽，甲子齊集兵晉祠，庚午齊主自晉陽帥諸軍趣晉州，壬申晉州陷。齊主方與馮淑妃獵於天池，晉州告急，右丞相高阿那肱曰：「大家正爲樂，邊鄙小小交兵，何急奏聞！」至暮使更至，云：「平陽已陷。」乃奏之。齊主將還，淑妃請更殺一圍，齊主從之。

注曰：審如是，則晉州陷之日，齊主猶在天池。天池今在憲州静樂縣，至晉陽一百七十餘里，自晉陽南至晉州，又五百有餘里。齊主既以庚午違晉陽而南，無緣復北至天池。竊謂獵祁連池與獵天池共是一事，北人謂天爲祁連，故天池亦謂之祁連池。通鑑稡集諸書，成一家言。自癸亥排日書至庚午發晉陽，是據北齊紀；書高阿那肱不急奏邊報，是據阿那肱傳；書請更殺一圍，是據馮淑妃傳。合三者而書之，不能不相牴牾。一七二高似孫緯略十二，謂「通鑑一事用三四出處纂成」，此條即其例。然非逐一根尋其出處，不易知其用功之密，亦無由知其致誤之原也。

太建十一年，周主從容問鄭譯曰：「我脚杖痕，誰所爲也？」對曰：「事由烏丸軌、宇文孝伯。」因言軌捋須事。

注曰：受杖事見上卷八年。王軌蓋賜姓烏丸氏，故稱之。宇文孝伯何爲出此言也？欲自求免死邪？然終於不免也。捋須事見同上。一七三

周主之爲太子也多失德，王軌等嘗言於武帝杖之，故即位後有此問。據周書四十宇文孝伯傳：「鄭譯答曰：『事由宇文孝伯及王軌。』譯又因説王軌捋帝鬚事。」北史五七同。胡注因讀史管見以宇文孝伯屬下讀，故曰「宇文孝伯何爲出此言」？正以見此言之非出孝伯也。然因此遂爲通鑑補、日知錄、四庫提要、陳景雲、趙紹祖等所糾。惟此誤讀實始於胡明仲，而不始於身之。糾正明仲之誤者，有王志堅讀史商語；糾正胡注之誤者，有陳仁錫評本通鑑，亦不始於通鑑補、日知錄。身之此條，可謂箭瘢若粟矣。

考證之事，果未易言也。

太建十四年，隋行軍總管達奚長儒將兵二千，與突厥沙鉢略可汗遇於周槃。沙鉢略有衆十

餘萬，軍中大懼。長孺神色慷慨，且戰且行，爲虜所衝，散而復聚，四面抗拒，轉鬭三日，晝夜凡十四戰，五兵咸盡，士卒以拳毆之，手皆骨見。

注曰：孟子曰：「盡信書，不如無書。」五兵咸盡，士卒奮拳擊虜，以言死鬭則可，若虜以全師四面蹙之，安能免乎！史但極筆叙長孺力戰之績耳，觀者不以辭害意可也。一七五

此所謂肉薄之戰也。兵盡矢窮，偶一爲之，未嘗不可。然已至是，不敗亡者鮮矣，寧足誇乎！

唐高祖武德五年，唐使者王義童，下泉、睦、建三州。

注曰：睦州遂安郡，漢富春、歙縣地。劉昫曰：「武德四年，以建安郡之建安縣置建州。蓋隋置泉州建安郡，治閩縣；景雲二年，改爲閩州；開元十三年，改爲福州。聖曆二年，分泉州之南安、龍溪、莆田三縣置武榮州；景雲二年，更武榮州爲泉州。」是今之福州，乃唐初之泉州；今之泉州，乃景雲二年之泉州也。一九〇

泉州、福州之名頗糾紛。十駕齋養新錄十一曰：「景雲二年已前，凡曰泉州者，指今福州也。景雲二年之後，凡曰泉州者，指今泉州也。」語本輿地紀勝百三十，頗簡括，足與此注相發明。

唐憲宗元和十二年，李愬平蔡州。

注曰：余按李愬入蔡，誠爲奇功。史家稱述其與諸將揚榷用兵方略，所以取勝之由，遣文命意，實祖史漢韓信戰井陘事所書者。然愬平蔡之事，猶可以發揚，若唐末王式平裘甫事，則又祖李家述平蔡之功者也。若其所敵之堅脆，所規之廣狹，固不可以欺銜識者，文之過實者多，學者其於是察之。二四〇

唐穆宗長慶二年，軍士自采薪芻，日給不過陳米一勺。

注曰：經年之米爲陳米。周禮：「梓人爲飲器，勺一升。」按一升之勺，乃飲器也，非以量米。凡量，十勺爲合，十合爲升，十升爲斗。以量言之，則一人日給一勺之陳米，有餒死而已。作史者蓋極言其匱乏，猶武成「血流漂杵」之語。二四二

身之常提示學者以察虛之道，明書之不可盡信也。

唐懿宗咸通元年，命趣東南兩路軍會於剡，圍之。賊城守甚堅，攻之不能拔，諸將議絶溪水以渴之。

注曰：剡城東南臨溪，西北負山，城中多鑿井以引山泉，非絶溪水所能渴，作史者乃北人臆説耳。今浙東諸縣皆無城，獨剡縣有城，猶爲完壯。二五〇

考地理貴實踐，親歷其地，則知臆説之不足據。剡縣爲身之所親歷。曰「今浙東諸縣皆無城，獨剡縣有城」者，元初隳天下城池，剡得倖免耳。

又，王式平裘甫。

注曰：自至德以來，浙東盜起者再，袁晁、裘甫是也。裘甫之禍，不烈於袁晁。袁晁之難，張伯儀平之，通鑑所書，數語而已。今王式之平裘甫，通鑑書之，視張伯儀平袁晁事爲詳。蓋唐中世之後，家有私史。王式儒家子也，成功之後，紀事者不無張大，通鑑因其文而序之，弗覺其煩耳。容齋隨筆曰：「通鑑書討裘甫事用平剡錄。」蓋亦有見於此。考異三十卷，辯訂唐事者居太半焉，亦以唐私史之多也。二五〇

此因平裘甫事記載之詳，而推論通鑑唐事之詳由於私史之多，特於此發其凡也。容齋語見四筆卷十一。身之蓋有感於張魏公行狀之不無張大乎！魏公行狀，朱子撰，凡萬言，天下信之，以爲朱子無虛美也。然朱子嘗自言其不實矣，曰：「張魏公行狀，某只憑欽夫寫來事實做去。後見光堯實錄，其中煞有不相應處，故於這般文字，不敢輕易下筆。趙忠簡行實，向亦嘗爲看一過。或有一事，張氏子弟載之，以爲盡出張公，趙氏子弟載之，則以爲盡出趙公。某既做了魏公底，以爲出於張公，今又如何說是趙公耶？故某答他家子弟，令他轉託陳君舉，要他去子細推究，參考當時事實，庶得其實而無牴牾耳。」語見語類百三十一。袁清容集五十跋外高祖史越王尺牘，亦言：「朱文公作張忠獻公行狀，一出南軒之筆，不過題官位姓名而已。後考事實，始悔昔年不加審

覈，然已無及」云云。然則考史者遇事當從多方面考究，不可只憑一面之詞矣。張魏公浚，謚忠獻，子栻，號南軒，字敬夫，避諱作欽夫。趙忠簡鼎。陳君舉傅良。光堯實錄即高宗實錄。

唐僖宗乾符六年，以定州已來制置使王處存爲義武節度使，雁門關已來制置使康傳圭爲河東節度使。

注曰：四朝志，宣宗大中五年，以白敏中充招討党項行營都統制置等使。制置使之名始此。宋朝初不常置，掌經畫邊鄙軍旅之事。政和中，熙秦用兵，以內侍童貫爲之。迄南渡之後，江、淮、荆、蜀，皆置制置使，其任重矣。二五三

宋史宦者傳，童貫曾爲熙河蘭湟秦鳳路經略安撫制置使。南渡以後，有四川制置使，治成都，移治利州，又移治重慶。又有江淮制置使，治建康。後兩淮別立制府，遂稱沿江制置使。淮東制置治楚州，移治揚州；淮西制置治廬州。又有荆湖制置使，治江陵，移治襄陽，又稱京湖制置，蓋合京西湖北爲一路。此南宋制置使之大略也。語詳十駕齋養新錄八。

唐昭宗景福二年，市人又邀崔昭緯、鄭延昌肩輿訴之。

注曰：舊制，朝臣入朝皆乘馬。宋建炎播遷，以揚州街路滑，始許朝士乘擔子。觀此，則

唐末宰相亦有乘肩輿者矣。二五九

建炎播遷，始許朝士乘擔子，事見却掃編下及朝野雜記甲集三，愛日齋叢鈔一考之尤詳。十駕齋養新錄十六，謂「楊誠齋詩喜用轎字，而詩家罕用之」，是也；謂「轎子始於宋時」，則其説殊非。據漢書嚴助傳載淮南王諫伐閩越書，已有「輿轎而隃領」之言，是漢時嶺表早有轎子；據此條則唐時宰相已乘肩輿，何謂轎子始於宋！竹汀偶失檢耳。陔餘叢考廿七、癸巳類稿十四，均有專條論之。

唐昭宗乾寧三年，淮南兵與鎮海兵戰于皇天蕩。

注曰：大江過昇州界，浸以深廣，自老鸛觜渡白沙，横闊三十餘里，俗呼爲皇天蕩。是時淮南兵既敗浙兵於皇天蕩，遂圍蘇州，則非前所言皇天蕩矣。宋熙寧三年，崑山人郟亶上疏言水利，謂長洲縣界有長蕩黄天蕩，其水上承湖，下通海，正淮浙兵戰處也。二六〇

朝野雜記甲集十九，言：「建炎末，金兵犯江浙。兀朮焚臨安而去，韓忠武要之於黄天蕩，相持四十有八日，兀朮自建康潛鑿小河而遁。是役也，兀朮幾不得免，自是不復過江。」宋史韓世忠傳略同。金史宗弼即兀朮傳，則言：「宗弼自鎮江泝流西上，世忠襲之，將至黄天蕩，宗弼因老鸛河故道開三十里，通秦淮，一日一夜而成，乃得至江寧，渡江而北。」身之注鑑至此，謂此爲別一皇天蕩，而非韓兀相持之地也。二百六十七卷

注同。

唐昭宗光化二年，戰于洞渦。

注曰：洞渦水出沾縣北山，東流，南屈過受陽縣故城東，西過榆次縣南，此據水經注也。魏收地形志：「洞渦水一出木瓜嶺，一出沾嶺，一出大廉山，一出原過祠下，五水合流，故曰同過。」後語轉爲「洞渦」。按高歡建大丞相府于晉陽，魏收已策名霸府。齊受魏禪，以晉陽爲别都，魏收多從其主往來晉陽宮，宜知地名之的。二六一

考地理貴實踐，此信魏收之實踐也。

後梁太祖開平二年，晉王命立其子晉州刺史存勗爲嗣。考異不信五代史闕文武皇臨薨以三矢付莊宗之説，曰：按薛史契丹傳，莊宗初嗣位，亦遣使告哀於契丹。廣本，劉守光爲守文所攻，晉王遣將部兵五千救之。然則莊宗未與契丹及守光爲仇也。此蓋後人因莊宗成功，撰此事以誇其英武耳。

注曰：余按晉王實怨燕與契丹，垂没以屬莊宗，容有此理。莊宗之告哀於阿保機，與遣兵救劉守光，此兵法所謂「將欲取之，必固與之」也，其心豈忘父之治命哉！觀後來之事可見已。二六六

同一事也，身之與温公觀察不同。温公以爲因有後事乃僞造前事；身之則正因其後

事而信其前事。温公當平世，故主於息事；身之當亂世，故不主忘仇。乾隆中姚範讀歐史伶官傳論，謂：「晁公武論吴縝五代史纂誤云：『通鑑考異證歐史差誤，如莊宗還三矢之類甚衆。今縝書皆不及，惟證其字之脱錯而已。』余檢通鑑考異無其文，蓋考異有全書，而今附注於通鑑下者或芟略之也。」語見援鶉堂筆記卅四。莊宗還三矢事，歐史採自五代史闕文，通鑑考異所駁者亦五代史闕文，而非歐史。晁氏語未考，姚氏語更未考。蓋前輩得書難，姚氏既未細檢胡注，又未嘗見考異全書，故有此誤，附正於此。

後梁均王貞明四年，吴内外馬步都軍使、昌化節度使、同平章事徐知訓，威武節度使、知撫州李德誠。

注曰：案歐公之時，去五代未遠，十國僭僞，自相署置，其當時節鎮之名，已無所考，況欲考之於二三百年之後乎！今台州有魯洵作杜雄墓碑，云：「唐僖宗光啓三年，陞台州爲德化軍。」洵乃雄吏，時爲德化軍判官者也。又嘉定中黄巖縣永寧江有泅於水者，拾一銅印，其文曰：「台州德化軍行營朱記。」宋太祖乾德元年，錢昱以德化軍節度使、本路安撫使，兼知台州。台州小郡，猶置節度，其它州郡從可知矣。吴之昌化、威武，蓋亦置之境内屬城，但不可得而考其地耳。二七〇胡注考證，以書證爲多，理證次之，用物證者殊少。此條以新出土之金石證史，所謂物證也。

後晉高祖天福二年，應州馬軍都指揮使金城郭崇威，亦恥臣契丹，挺身南歸。

注曰：匈奴須知云：「應州東至幽州八百五十里，金城縣東北至朔州八百里。」如須知所云，應州與金城縣，似爲兩處。南北風馬牛不相及，未能審其是，又當從涉其地者問之。二八一

考證不徒據書本，身之蓋屢言之。時南北初統一，有涉其地之可能。故注及焉。

後漢高祖天福十二年，契丹主幽太后於阿保機墓。

注曰：胡嶠入遼錄曰：「兀欲囚述律后於撲馬山，又行三日，始至西樓。」歐史曰：「契丹於阿保機墓置祖州。」匈奴須知：「祖州東至上京五十里，上京，西樓也。」今並錄之，若其地名之同異，道里之遠近，必親歷然後能審其是。二八七

胡嶠書，歐史引作陷虜記，宋史藝文志同。此作入遼錄者，南宋新亡，「陷虜」二字有所忌耳。故亦作入遼記。

後周太祖顯德元年，以樞密直學士工部侍郎長山景範爲中書侍郎、同平章事、判三司。

注曰：景姓也。姓苑云：「齊景公之後。」余姑以春秋時言之，晉、宋皆有景公，何獨齊

哉！二九二

後周世宗顯德二年，供奉官齊藏珍，齎詔書責之。注曰：風俗通云：「凡氏之興九事，氏於國者，齊、魯、宋、衛是也。」余按左傳衛有大夫齊氏，此豈氏於國乎！二九二

凡姓氏書溯姓氏之所自出，多不可信，胡注恒辨之。表微始欲立氏族篇，以其辨不勝辨也，故删存一二條以示例。顔師古注漢書眭弘傳曰：「私譜之文，家自爲説，苟引先賢，妄相假託，寧足據乎！」容齋四筆九，亦言：「姓氏之書，大抵多謬。唐貞觀氏族志已亡，元和姓纂誕妄最多，國朝修姓源韻譜，尤爲可笑」云云。則氏族之學亦難言矣。直齋書錄解題八，「姓源韻譜」條言：「古者賜姓別之，黄帝之子得姓者十四人是也；後世賜姓合之，漢高帝命婁敬、項伯爲劉氏是也。惟其別之也則離析，故古者論姓氏，推其本同；惟其合之也則亂，故後世論姓氏，識其本異。自五胡亂華，百宗蕩析，夷夏之裔與夫冠冕輿臺之子孫，混爲一區，不可遽知，此周齊以來譜牒之學所以貴於世也。」直齋之論如此，然今又與直齋之時異矣。昔之言氏族者利言其別，所以嚴夷夏之防；今之言氏族者利言其合，然後見中華之廣。固不必穿鑿傅會，各求其所自出也。

辯誤篇第七

辯誤即考證中之一事，所以自爲一篇者，以皆取材於通鑑釋文辨誤也。通鑑釋文南宋時通行者三家，一爲司馬康釋文，刻於海陵，故謂之海陵本。康，温公子，字公休。直齋書錄解題著錄二十卷，宋志作六卷，今佚。二爲史炤釋文，直齋及宋志著錄三十卷，今存。三爲蜀費氏本通鑑，音釋附正文下，今傳有殘帙。據身之所考證，一、三兩本皆書估倩學究爲之，海陵本託之公休，費本則間附己見，皆蹈襲史炤者也。釋文辨誤以辯史炤書爲主，而海陵本、費本與史炤多同。海陵本宋末元初尚盛行，考古質疑六、及齊東野語十八「孟子三宿出晝」條，所引通鑑釋音，皆稱司馬康本。身之並闢之者，以其冒公休大名，播其誤於衆耳。兹特採其有關史學常識，及初學易犯者著於篇。

周赧王五十五年，秦武安君奇兵二萬五千人，絶趙軍之後，又五千騎絶趙壁間，趙軍分而爲二。史炤釋文曰：「間居棧切，間隔之也。」

辨誤曰：若從炤説，當以「間趙軍」爲句，與下句分而爲二，意頗重複。若以「又五千騎絶趙壁間」爲句，與上句「奇兵二萬五千人絶趙軍之後」，句法文意，殊爲停當，間讀如字。

每見爲句讀之學者，於一句之間，截而分屬上下，求發先儒之所未發，以見聖賢深意。若文意自來通順，而於一字兩字或四三字之間，創分句讀，以爲新奇，似不必爾。卷五

此宋人講義通病，故身之箴之。

漢獻帝初平二年，邴原性剛直，清議以格物。史炤釋文曰：「格古伯切，廢格之格，以清議廢人。又音閣。」海陵本同。

辨誤曰：格正也，言以清議正物也，格讀如字。炤以爲「廢格之格」，是知讀漢書而未曉文義。夫因文見義，各有攸當，不可滯於一隅，學問思辯，聖人之所以教人也。然聖人之所謂學問思辯，詎止此哉！觸類而長之，亦可以知學之無止法矣。卷六〇

邴原清議以格物，語本魏志十一管寧傳裴注引傅子，此「格」謂格正也。漢書四七梁孝王傳，言「大臣等有所關說，太后議格」，此「格」謂廢格也。史炤以廢格釋格正，故身之以爲「知讀漢書而未曉文義」，所謂知其一不知其二也。

魏高貴鄉公甘露二年，姜維出駱谷至沈嶺。時長城積穀甚多，而守兵少，鄧艾進兵據之以拒維。史炤釋文曰：「長城，方城山名。左傳所謂楚國方城以爲城者，在漢南陽、堵陽、葉縣之境，山自比陽連百里，號曰方城，亦曰長城。」海陵本同。

辨誤曰：余按姜維出駱谷至沈嶺，鄧艾據長城拒之，此長城當在郿縣之南，沈嶺之北，烏

得謂爲方城之長城乎！水經注：「駱谷水出鄠塢東南山駱谷，北流逕長城西，又北流注于渭。」此正鄧艾所據之長城也。凡注地理，須博考史籍，仍參考其地之四旁地名以爲證據，何可容易着筆乎！卷七七

古今地名同者多矣，此條所論，乃注地理者之通則也。

晉惠帝永康元年，成都治少城，益州治太城。史炤釋文曰：「少失邵切。少城治成都，太城治益州。漢武帝開西南夷，置益州郡，治滇池，更漢三國，分置改置不一。今太城治益州，未詳益州所置也。」海陵本同。

辨誤曰：余按成都有太城、少城，二城皆秦張儀所築。儀既築太城，後一年又築少城。太城成都子城也，少城唯西南北三壁，東即太城之西墉。秦置蜀郡，晉武帝太康中改曰成都國，改蜀郡太守曰成都内史。「成都治少城」者，成都内史治少城也；「益州治太城」者，益州刺史治太城也。史炤蜀人，豈無文獻之足徵，既不能尚友古人，又不能親師取友，求其説而不得，乃顛倒通鑑本文，以爲「少城治成都，太城治益州」，又泛引武帝所置之益州郡，終不得其説，疏謬甚矣。卷八三

容齋續筆五曾言：「晉益州刺史治太城，蜀郡太守治少城，皆在成都。故杜子美在蜀日賦詩，有『東望少城』之句。今人於他處指成都爲少城，非也」云云。則成都太城少

城之説，宋人已有數典而忘其祖者，故容齋辨之。然史炤眉山人，今釋文卷首題銜，爲「右宣義郎、監成都府糧料院史炤」，何以亦不諳鄉邦掌故！無惑乎身之之彈之也。

晉元帝大興元年，冬十月，劉曜至赤壁，即皇帝位。以石勒爲大司馬大將軍，加九錫，增封十郡，進爵爲趙公。史炤釋文趙公注曰：「劉曜字永明，元海之族子，僭即皇帝位于赤壁，國號趙，改元光初，始於此。」

辨誤曰：余按劉曜即皇帝位于赤壁，改元光初，國號仍舊曰漢，封石勒爲趙公。至二年，進石勒爵爲趙王，因斬勒使王脩，勒遂與曜爲讎敵之國。曜既還長安，其下奏言：「劉淵始封盧奴伯，曜又王中山，請改國號爲趙。」曜從之。石勒於是年冬十一月，亦即趙王位。自是以後，通鑑書劉曜則曰趙，書石勒事則曰後趙以別之。大興元年冬十月之趙公，石勒也，烏得以劉曜國號趙爲注邪！至下注「中山趙公」，想亦自知其誤，而不能改此誤，何也！卷九〇

劉曜、石勒，皆改國號曰趙，史家恐人易混，故稱前趙後趙以别之，豈意史炤復混石勒爲劉曜乎！

晉成帝咸康七年，詔實王公以下至庶人，皆正土斷白籍。史炤釋文曰：「白籍謂白丁之籍耳。」費本同。

辨誤曰：江左之制，諸土著實户用黄籍，僑户土斷白籍。琅邪南渡，凡中土故家以至士庶自北來者，至此時各因其所居舊土，僑置郡縣名，併置守令以統治之，故曰「正土斷」。不以黄籍籍之，而以白籍，謂以白紙爲籍，以別於江左舊來土著者也。若以爲白丁之籍，則王公豈白丁哉！卷九六

望文生義，爲訓詁家大病。東晉之初，政府方獎勵人南渡，如史炤言，是從王師南渡之王公，皆貶同白丁，豈政府優禮勳賢之意。其爲害義，何可勝言。

晉穆帝永和六年，姚弋仲據灄頭。史炤釋文曰：「灄水在西陽。」海陵本同。

辨誤曰：余按九十五卷成帝咸和八年，姚弋仲降于石虎，徙居清河之灄頭。史炤只據廣韻「灄水在西陽」，遂引以爲釋。西陽固自有灄水，然西陽今之黄州，時爲晉土。讀史須考本末，炤更不能省記姚弋仲所居之灄頭在清河，一時檢看廣韻，便引以爲注，是未足以語通鑑也。下卷下年「灄頭」注誤同。卷九八

因異地同名而誤注，爲史炤所常犯。「讀史須考本末」，學者藥石之言也。

晉安帝隆安五年，河西王利鹿孤遣騎襲沮渠蒙遜，執蒙遜從弟鄯善苟子。史炤釋文曰：「鄯善複姓，其先西域人，以國爲姓，苟子其名。」海陵本同。

辨誤曰：通鑑本文明以鄯善苟子爲蒙遜從弟，凡讀通鑑者不俟博考，已知鄯善之非姓

矣。是後沮渠鄯善復見於宋武帝永初二年，釋文之誤，愈不可揜。一一二

此極膚淺而幼稚之誤，注已辯之，復辯於此。海陵本同，司馬公休何至是，其爲僞託顯然矣。

晉安帝義熙四年，乞伏熾盤築城于嵻峎山而據之。史炤釋文曰：「嵻峎山在西羌。」

辨誤曰：炤説以丁度集韻爲據也。夷考當時乞伏氏據苑川，嵻峎山蓋在苑川西南。宋朝西境止於秦渭，故嵻峎山在羌中。丁度集韻以宋朝疆理爲據也，若引以注十六國地界，則疏矣。一一四

史炤釋通鑑，常以廣韻、集韻諸辭書爲據，而不能沿流溯源，究其首尾，所謂無本之學也。

宋武帝永初元年，宋王留子義康爲都督豫、司、雍、并四州諸軍事。史炤釋文曰：「雍州名，入南北系宋。按南北史無地理志，今用晉志，郡邑相統屬處，各於逐國土地合音釋者仍分所系。」海陵本、費本同。

辨誤曰：余按宋武削平關洛，隨失關中，雍州仍東晉之舊，還復僑治襄陽。此時古雍州之域，已屬赫連，安得系宋耶！炤又言「南北史無地理志，用晉志，各於逐國所有土地分系」，此鹵莽之説也。南北國地理，沈約宋書、魏收魏書、蕭子顯齊書，各有地志；梁、陳、

北齊、後周四朝地理，則長孫無忌等集於隋書，謂之五代志，曷嘗無可考乎！炤之淺妄，欲蓋而章。一一九

此爲史學常識，而史炤似不甚了了，故身之以爲淺妄。清乾嘉間，考據之學極盛，然周嘉猷撰南北史表，胡德琳爲之序，有曰：「李氏南北史及齊、梁、陳、北齊、北周之書，志且無之，況於表乎！」此其淺妄，較史炤又何如，蓋並蕭子顯書之有志而不知也。

齊高帝建元四年，南康公褚淵卒，世子賁，恥其父失節，以爵讓其弟蓁。史炤釋文曰：「賁，符非切，姓也，恥其名。」海陵本同。

辨誤曰：褚賁，淵子也，通鑑之文甚明。賁恥其父失節者，以淵奉宋氏社稷輸之於齊也，不當以賁爲姓，恥爲名。史炤之誤多類此。一三五

父賣國求榮而子恥之，此天理人心之正，乾坤賴以不息者此也。因史炤之誤解，使人特注意其事，豈不有功名教乎！

陳文帝天嘉三年，齊和士開善握槊。史炤釋文曰：「槊通作矟，矛長丈八者爲槊。」海陵本同。

辨誤曰：握槊，局戲也。李延壽曰：「握槊蓋胡戲，近入中國。」劉禹錫觀博曰：「握槊之器，其制用骨，觚稜四均，鏤以朱墨，耦而合數，取應日月，視其轉止，依以爭道。」史炤乃

以爲握丈八之槊，是但知槊之爲兵器，而未知握槊之爲局戲也。一六八

此誤敬齋古今黈四曾先身之而辨之，曰：「北齊高緯時，穆提婆韓長鸞聞壽陽陷，握槊不輟。通鑑注云：『槊長矛也。』治曰：槊雖得爲長矛，然言之齊事則非。此蓋棊槊之槊，長行局所用之馬也。長行局即今之雙陸」云。按李治刻本或誤作「冶」，金亡後入元，至元十六年卒，年八十八，見蘇天爵元名臣事略。李長身之三十八歲，卒時胡注尚未成。其所謂通鑑注，當爲司馬康或史炤釋文。四庫提要雜家類六，乃謂「敬齋古今黈曾辨通鑑胡三省注握槊之誤」，是僅知通鑑有胡注，不知胡注之前，通鑑注行世者有數家也。誠如提要言，非將胡注之成提前數十年，或將李治之卒移後數十年不可。然胡注釋握槊並未誤，且曾辯兩家釋文之誤，與敬齋同，何謂敬齋辯胡三省之誤乎！然則考證雖小道，亦未許輕心相掉矣。

陳宣帝太建八年，齊主獵於祁連池。史炤釋文曰：「祁連山之池也，在匈奴中。」辨誤曰：余謂此祁連池，汾陽之天池也，即後所謂獵於天池者也，史互言之耳。北人謂天爲祁連，故天池有祁連池之名，猶匈奴呼天山爲祁連山也。祁連山漢書音義釋之甚明；汾陽之天池，水經注言之甚詳，余悉取以注通鑑，能讀之者可考見也。一七二

天池之辨，已見考證篇。據此則注通鑑在前，釋文辨誤在後矣。然二百七十卷後梁均

王貞明四年，吴兵奄至虔州城下條，又注曰：「詳見辨誤」，則辨誤實與注同時撰，而辨誤後成也。

太建十二年，周殺代奰王達、滕聞王逌。史炤釋文曰：「代徒對切，姓也，奰平祕切，名也。玉音肅，姓也，達其名。」海陵本同。

辨誤曰：史炤以「代奰王達」爲二人姓名，則下文「滕聞王逌」亦二人姓名乎？釋文以古有玉姓，欲以稀姓愚後學。殊不思讀通鑑者詳味上下文，則代與滕其封國也，奰與聞其謚也，達與逌其名也，其姓則宇文，皆後周親王也。楊堅專周政而殺之，加以惡謚，炤既不能發，顧以「代奰王達」四字離析爲二人姓名，將以愚人，人有知識，其可愚乎！代音徒耐翻，王讀如字。十一家謚法：「色取行違曰聞，不醉而怒曰奰。」一七四

代奰王達，與滕聞王逌，皆周文帝子，周書有專傳，何至以「代奰王達」四字爲二人姓名！然則編人名索引者亦非易事矣。曰「海陵本同」，是司馬康釋文亦以此爲二人姓名也。司馬康承温公辟咡之教，不應荒謬至此，益可見海陵本之蹈襲史炤，而託之公休也。

唐高宗上元元年，勅文武官八品九品，並鍮石帶。史炤釋文曰：「鍮容朱切。」

辨誤曰：余按鍮石似金非金，今人多以藥物鍊銅爲鍮者，音託侯翻。宋時八品九品官猶

鍮石帶，史炤仕宋至京官，不知有鍮石帶，而妄爲之音，何耶！二〇二

鍮，據章氏熊氏校記，宋元本皆作「鍮」。顧千里爲胡氏覆刻通鑑時，以廣韻有託侯切之鍮，無容朱切之鍮，故據注意改從金。熊氏駁之曰：「元本作鍮，與無注本合。胡注未敢徑改正文，以就己説，是刻顧妄援注義改之，可謂多事矣。」顧字雙關，作「乃」字講可，作「顧氏」講亦可，隱指顧千里也。熊氏頗不滿於千里，其校記序謂：「鄉先輩胡果泉中丞影刻元本通鑑，承乏者師心輒改，大失中丞矜慎之旨」云云。「鍮」之改「鍮」，其一例也。

唐肅宗乾元元年，王仲昇斬党項酋長拓拔戎德。史炤釋文曰：「拓拔本代北元魏複姓。」辨誤曰：元魏之拓拔氏，起於代北；党項之拓拔氏，起於西陲。宋朝之西夏，党項拓拔之後也，寶元、康定之間，憑陵中國，慢書狎至，使其出於元魏，亦必張大而言之，而未嘗語及者，非其所自出也。二一〇

西夏之拓拔，與元魏之拓拔不同，是也。然寶元元年李元昊稱帝，曾遣使上表，言：「臣祖宗本出帝胄，當東晉之末運，創後魏之初基，遠祖思恭，受唐賜姓」云云。語見今宋史夏國傳，則謂其「未嘗語及」不可也。蓋當時撰表之臣，其識見與史炤等耳，彼惡知党項之拓拔非元魏之拓拔哉！

乾元二年，郭子儀等圍鄴城，壅漳水灌之。史炤釋文曰：「山海經曰：『漳水出荆山，南注于沮水。』」

辨誤曰：余按郭子儀壅鄴旁之漳水以灌城，非出荆山之漳水。九十七卷晉康帝建元二年，趙王虎投王波父子之尸于漳水，釋文之誤，正與此同，已辯於前矣。二百六十卷昭宗光化三年，漳水注復誤。蓋史炤讀書不多，只據廣韻以釋通鑑，又不能親師取友，以求聞所未聞，所以到底錯了。孤陋自是者其戒之哉！然余亦當自以此爲戒也。二二二

身之屢譏史炤不能親師取友，蓋深傷山中注書之孤陋，不能得諍友之益也。憤懣之餘，每不覺其言之過甚，遂來異日王西莊、趙紹祖諸人之反稽，亦必然之勢也。

唐德宗貞元元年，新州司馬盧杞遇赦，移吉州長史，陳京、趙需等争之不已，上大怒，左右辟易，京顧曰：「趙需等勿退。」史炤釋文曰：「京姓也。風俗通云：『鄭公子段封京城，其後因爲氏。』顧其名。」

辨誤曰：余按陳京、趙需等争盧杞移吉州長史事，德宗大怒，當時左右之臣，皆辟開而易其故處，陳京乃顧謂趙需等曰「勿退」。此一段，稍識文理者皆知京之爲陳京，顧之爲回顧也。史炤以京爲姓，顧爲名，大似不識文理。彼豈真不識文理哉！其病在於不詳觀通鑑上下文，而輕爲注釋，至於板行其書，以誑後學，不知乃所以自彰其繆妄也。二三一

陳京，舊唐書無傳。柳子厚集八，有故祕書少監陳京行狀載此事，作：「上變於色，在列者咸恟而退，公大呼曰：『趙需等勿退。』」新唐書二百儒學陳京傳採之，改作：「帝大怒，左右辟易，京正色曰：『需等毋遽退。』」通鑑則斟酌二家之文，改爲「京顧曰」。史炤遂誤以京顧爲人姓名，此温公所不及料也。明鄭瑗井觀瑣言曾辯之。今人動謂古書須加標點句逗，誠是矣。然標點句逗，亦豈易言哉！使史炤爲之，則鄯善爲複姓，賁恥、代㬎、京顧爲人姓名矣。而司馬康釋文亦同此誤，奇也。

貞元三年，李泌曰：「太子安有異謀，彼譖人者巧詐百端，雖有手書如晉愍懷，衷甲如太子瑛，猶未可信。」史炤釋文曰：「愍懷，謂晉愍帝、懷帝也。」海陵本同。

辨誤曰：李泌正引賈后譖殺愍懷太子遹事。通鑑於八十三卷晉惠帝元康九年，紀愍懷手書事甚詳，史炤且不能考，豈可釋通鑑以傳世乎！二三三

愍懷太子遹，乃惠帝太子，爲賈后所害，賈后既誅，追謚愍懷，見晉書五十三本傳。如果指愍帝、懷帝，則當稱「懷愍」，不當稱「愍懷」，懷武帝子，愍武帝孫，此史學常識也。且愍懷一人，懷愍二人，何至混而爲一。宋時史炤見於記載者有三人：十駕齋養新錄十二，言：「一眉山人，即撰通鑑釋文者；一潁昌人，文彥博嘗從受學；一咸淳中利路統制，見度宗紀。」鐵琴銅劍樓書目誤讀養新錄，謂「咸淳中官統制之史炤，即作釋文之

史炤」。按馮時行釋文序，撰於紹興三十年，云「史炤年幾七十」，至咸淳又越百餘年，然則史炤殆一百七十餘歲矣，此常理所不許也。史炤誤愍懷太子爲愍帝、懷帝，後人又誤紹興時史炤爲咸淳時史炤，辯誤之事，所以日出而無窮乎！

貞元十二年，以渾瑊、王武俊並兼中書令。史炤釋文曰：「渾户本切，本渾沌氏之後。」海陵本同。

辨誤曰：余按渾瑊，鐵勒九姓渾部之後，世爲皋蘭州都督，安得爲渾沌氏之後乎！自安史反，瑊從其父釋之在兵間，父子各立戰功。至德宗時，瑊之勞績尤爲顯著，通鑑蓋屢書不一書。史炤前固嘗釋渾瑊矣，至此方以爲渾沌氏之後，何邪！又按劉禹錫集有送渾大夫赴豐州詩曰：「鳳銜新詔降恩華，又見旌旗出渾家」，則「渾」字讀從上聲。無亦其時渾氏功名鼎盛，時人不敢言其出於藩落，而爲之諱，遂以爲渾沌氏之後邪？觀唐世言氏族者，本其所自出，必各引前世帝王公侯卿大夫士之著見者，或以國，或以邑，或以氏，或以謚，或以字，或以官，亦或以名者，往往多有傅會，今亦無從而辨正之也。二三五

氏族之傅會不勝辨，已於考證篇言之。此蓋有感於元時種人效漢姓者之多，而不可制止也。余曾於元西域人華化考禮俗篇有專條論之。

唐懿宗咸通九年，高郵岸峻而水深狹。史炤釋文曰：「高郵邑名，屬兖州。」

辨誤曰：余按高郵縣自漢以來，皆屬廣陵，隋改廣陵爲江都郡，又改爲揚州。唐書地理志，高郵縣亦屬揚州，史炤以爲屬兗州，何也？晉氏南渡，迄于梁、陳，於廣陵置南兗州，炤之所謂屬兗州，無亦以此爲據邪！但南兗州不可以爲兗州；晉、宋、齊、梁、陳之疆理，不可以釋唐之疆理。釋通鑑者當隨事隨時考其建置、離合、沿革也。二五一

身之此論甚精，四庫提要稱之，謂：「其言足爲千古注書之法，不獨爲史炤一人而設」云。

梁太祖乾化元年，南平襄王劉隱病亟。史炤釋文曰：「亟紀力切，敏疾也，又去吏切。」

辨誤曰：按禮記「夫子之病革矣」，革，讀與「亟」同，病亟言病勢危急也，不當以「敏疾」爲釋。若去吏切之「亟」，數數也，愈非病亟之義。史炤大抵只據廣韻爲釋文，更不尋繹通鑑文義，其敝至此。二六八

初學讀書，遇有疑難之字，翻閱字典，尚須詳觀上下文義，求一妥當之解釋，豈能任取一音，貿然爲之注乎！頗疑史炤此書，急於求售，無暇細繹，故有此病；又疑史炤此書乃倩人爲之，並非自撰，故有「賁恥」「京顧」諸笑柄而不知。馮時行序謂其「精力疲疚，積十年而書成」，殆不可信也。

後晉高祖天福五年，楚王希範自謂伏波之後。史炤釋文曰：「漢馬援封伏波將軍。」

辨誤曰：伏波將軍而言封，史筆有此義例否？其鄙陋無識，概可見矣。二八二

漢時將軍言拜不言封，曰「封將軍」，此俗説耳。一字之微，不肯放過如此，操觚家宜知所慎哉！

後晉齊王天福八年，楚王希範好自誇大，爲長槍大槊，飾之以金，可執而不可用。史炤釋文曰：「通俗文：『刬木傷盜曰槍。』」

辨誤曰：凡注書者發明正文大義，使讀者因而求之，無所凝滯也。如炤此注，於大義爲何如哉！二八三

此亦史炤草率成書，無暇細繹之證。

後漢高祖乾祐元年，蜀眉州刺史申貴擊漢箭筈安都寨破之。史炤釋文曰：「箭末曰筈，筈會也，謂與弦相會。通作括。」費本同。

辨誤曰：箭筈嶺名，有箭筈關，在鳳翔西南界上。宋高宗紹興元年，金將没立郎君自鳳翔攻箭筈關，吴玠遣將擊退之。蓋亦蜀口關隘處。史炤蜀人也，不知箭筈之爲地名，而泛言箭筈訓義，可見其孤陋寡聞矣。二八八

紹興元年，金將没立自鳳翔攻箭筈關，吴玠遣將擊退之，見今宋史三六六吴玠傳，語與三朝北盟會編一四七同，蓋均本之王綸撰吴玠墓銘也。宋史爲身之所不及見，此注蓋

亦采自吴玠墓銘，見北盟會編一九五。身之山中注書，時感史料缺乏，故每以孤陋寡聞爲戒，期與學者共勉之也。

評論篇第八

注中有論，由來尚矣，毛公之訓詩，安國之傳書，鄭君之釋禮，王弼之解易，皆有時參以論議。馬班而降，史論尤繁，荀悦曰論，陳壽曰評，裴松之引孫盛、徐衆之書，亦皆以評爲號，則評論實注家之一體也。胡注通鑑，評論亦衆，此篇之外，散見於史事各篇者，大抵皆評論也。自清代文字獄迭興，學者避之，始羣趨於考據，以空言爲大戒。不知言爲心聲，覘古人者宜莫善於此，胡明仲之管見，王船山之鑑論，皆足代表一時言議，豈得概以空言視之，通鑑注中之評論，亦猶是也。

周赧王三十二年，齊亡臣相與求湣王子法章，共立之以爲齊王，保莒城以拒燕。布告國中曰：「王已立在莒矣。」

注曰：其時樂毅以燕中軍鎮臨淄，田單自安平保即墨，奔敗之餘，猶可置之不問，法章布告國中，自言已立在莒，可安坐而不問乎！後人論樂毅，以爲善藏其用，吾未敢以爲然也。卷四

此深有感於帝昺厓山之敗也。魏夏侯玄太初撰樂毅論，見右軍帖，文中子讀而善之，

曰：「仁哉樂毅！善藏其用，智哉太初！善發其蘊。」身之駁之，不怪張弘範之不爲樂毅，而恨宋之無田單也。

周赧王五十三年，趙受韓上黨地。

注曰：秦有吞天下之心，使趙不受上黨，而秦得之，亦必據上黨而攻趙。故趙之禍不在於受上黨，而在於用趙括。卷五

此深有感於端平入洛之師也。元有吞天下之心，使宋無端平入洛之師，而元既滅金，亦必轉而攻宋。故宋之禍不在於欲復三京，而在於趙葵、趙范之先無預備。

秦昭襄王五十二年，荀卿曰：「操十二石之弩。」

注曰：沈括曰：「鈞石之石，五權之名，石重百二十斤。後人以一斛爲一石，自漢時已如此，于定國飲酒一石不亂是也。挽彊弓弩，古人以鈞石率之，今人乃以秔米一斛之重爲一石，凡石以九十二斤半爲法，乃漢秤三百四十一斤也。今之武卒，蹶弩有及九石者，計其力乃古二十五石，比魏之武卒，當二人有餘。弓有挽三石者，乃古之二十四鈞，比顔高之弓當五人有餘。此皆近世教習所致，武備之盛，前古未有其比。」案括之論詳矣，然用之則誤國喪師，不知合變，是趙括之談兵也。卷六

沈括語見夢溪筆談三，身之引而闢之，有感於舊兵器之不足恃也。括號稱博物，元豐

間知延州，獎勵邊人習射，得徹扎超乘者千餘人。然夏人陷永樂，徐禧等敗没，括不能救。宋末襄陽之役，元人創作新兵器巨石砲，用力少而所擊遠，更非弓矢所能敵。故徒守舊法，矜武勇，不知合變，無補於亡也。

漢宣帝甘露二年，營平壯武侯趙充國薨。

注曰：恩澤侯表，營平侯食邑於濟南。夫以趙充國之賢之功，而班史列之恩澤侯者，以其初封以定策功也。如衛青、霍去病本以破匈奴功封，而班史亦列於恩澤侯，以其由衛思后戚屬得進也。班史書法，猶有古史官典刑，後之爲史者不復知此矣。卷二七

衛青，漢武帝衛思后弟，霍去病則衛思后姊子也。王深寧曰：「外戚秉政，未或不亡。漢亡於王莽、何進，晉亡於賈謐，唐幾亡於楊國忠，石晉亡於馮玉。」語見困學紀聞三。歇後一語，則宋亡於賈似道也。身之此條，以爲趙充國之賢之功，猶祇列之恩澤侯，而況不如趙充國，並不如衛青、霍去病者乎！蓋亦有所指也。

漢哀帝建平二年，上欲令丁、傅處爪牙官，是歲策免左將軍淮陽彭宣，以關内侯歸家，而以光禄勳丁望代爲左將軍。

注曰：上策宣曰：「前有司數奏言：諸侯國人，不得宿衛，將軍不宜典兵馬，處大位。朕惟將軍任漢將之重，而子又前娶淮陽王女，婚姻不絶，非國之制，其上左將軍印綬。」余按

彭宣以連姻藩國而免官，丁、傅以戚黨而見用，卒之奪劉氏者非藩國，乃外戚也。丁、傅於國有大故之時，拱手授柄於王氏，而彭宣乃能辭三公位於王莽專權之初，任官惟賢材，烏得拘小嫌乎！卷三四

慨宋宗藩之不振，而外戚得以賈禍也。

漢安帝永初二年，詔鄧隲還師，留任尚屯漢陽，爲諸軍節度，遣使迎拜隲爲大將軍。既至，使大鴻臚親迎，中常侍郊勞，王、主以下，候望於道，寵靈顯赫，光震都鄙。

注曰：王、主，諸王及諸公主也。鄧隲西征，無功而還，當引罪求自貶以謝天下。據勢持權，冒受榮寵，於心安乎？君子是以知其不終也。卷四九

此蓋爲賈似道言之。開慶元年，忽必烈圍鄂州，似道督師漢陽，大敗，乃遣人議歲幣稱臣。會元憲宗殂，元兵拔砦而北，遂上表以諸路大捷，江漢肅清聞。帝謂其有再造功也，以少傅右丞相召入朝，百官郊勞，如文彥博故事。語見宋史似道本傳。其冒受榮寵，視鄧隲爲何如也？

漢獻帝建安二十四年，武陵部從事樊伷，誘導諸夷，圖以武陵附漢中王備。孫權以問潘濬，濬曰：「伷是南陽舊姓，頗能弄唇吻，而實無才略。」

注曰：今人以辨給觀人才，何其謬也！卷六八

由此條知身之爲寡言沉默之人，與卅四卷及一七五卷之不喜人幐口說，可互證也。見治術篇。

魏邵陵厲公正始五年，曹爽西至長安，發卒十餘萬人，與夏侯玄自駱口入漢中。漢中守兵不滿三萬，諸將皆恐，欲守城不出，以待涪兵。王平曰：「漢中去涪垂千里，賊若得關，便爲深禍。」

注曰：垂，幾及也。關，關城也。杜佑曰：「關城俗名張魯城，在西縣西四十里。」嗚呼！王侯設險以守其國，其後關城失守，鍾會遂平行至漢中。王平謂「賊若得關，遂爲深禍」，斯言驗矣。卷七四

全謝山言：「姜維守漢樂諸城，而魏得平行入蜀；梁武帝不守采石，而臺城坐困；周德威失榆關，而契丹取營平；金人過獨松，而笑宋之無備，一也。」語見困學紀聞三箋一，可與此論互證。

魏高貴鄉公甘露元年，帝宴羣臣於太極東堂，與諸儒論夏少康、漢高祖優劣，以少康爲優。

注曰：帝謂：「少康生於滅亡之後，降爲諸侯之隸，能布其德而兆其謀，卒滅過、戈，克復禹績，祀夏配天，不失舊物，非至德弘仁，豈濟斯勳！漢祖因土崩之勢，杖一時之權，專任智力，以成功業，行事動靜，多違聖檢。身沒之後，社稷幾傾，若與少康易時而處，未必能

復大禹之績。」嗚呼！帝固有志於少康矣，然不能殲澆、豷，而身死人手者，不能「布其德而兆其謀」也。余觀帝之所以論二君優劣，書生之譚耳，未能如石勒辭氣之雄爽也。卷七七

后羿事，史記不載，而左襄四年哀元年傳載之。夏帝相，爲有窮后羿所篡，徙於商丘。寒浞又篡羿，襲有窮之號，生二子澆、豷。後澆殺帝相，浞封澆於過，封豷於戈。夏有臣靡，乃殺浞，立帝相遺腹子少康，滅澆。少康子杼又滅豷，而有窮遂亡。

甘露五年，帝自討昭不克，反爲賈充、成濟所弑，蓋欲效少康而失敗者。身之則又深惜南宋諸帝及宋之宗子，有書生而無雄略，故終不能光復舊物，而底於亡也。

魏元帝景元四年，漢主之降魏也，北地王諶怒曰：「若理窮力屈，禍敗將及，便當父子君臣，背城一戰，同死社稷，以見先帝可也，奈何降乎！」

注曰：曾謂庯禪有子如此乎！卷七八

亦傷宋宗室之無人也。

晉武帝太康元年，孫皓與其太子瑾等，泥頭面縛，詣洛東陽門。詔遣謁者解其縛，賜衣服車乘，田三十頃，歲給錢穀綿絹甚厚。

注曰：武王伐紂，斬其首懸於太白之旗。如孫皓之凶暴，斬之以謝吴人可也。卷八一

「賊仁者謂之賊，賊義者謂之殘，殘賊之人，謂之一夫。」此義漢以後不聞久矣，身之昌言之，蓋有鑒於金海陵之凶暴，僅遇害而未明正典刑也。

晉元帝建武元年，劉琨、段匹磾相與歃血同盟，期以翼戴晉室。琨檄告華夷，遣右司馬温嶠，匹磾遣左長史榮邵，奉表及盟文，詣建康勸進。

注曰：漢之禪于魏也，文帝三讓，魏朝羣臣累表請順天人之望，此則勸進之造端也。晉受魏禪，何曾等亦然。是時愍帝蒙塵，四海無君，琨等勸進，爲得其正。卷九〇

前二者之勸進爲附逆，後者之勸進爲尊王攘夷，故曰「得其正」。

晉元帝太興四年，王敦久懷異志，聞逖卒，益無所憚。

注曰：王敦之所忌，周訪、祖逖。訪卒而逖繼之，宜其益無所憚也。然温嶠、郗鑒諸人已在，晉朝卒藉之以清大憝。以此知上天生材以應世，世變無窮，而人才亦與之無窮，固非姦雄所能逆睹也。卷九一

身之論史，頗信任自然，可於此論見之。

晉穆帝永和八年，戴施入鄴，紿取傳國寶。

注曰：江南之未得璽，中原謂之「白板天子」，傳國璽至此歸晉。藺相如全璧歸趙，趙王擢之，自繆賢舍人爲上大夫。戴施能復致累代傳國之寶，未聞晉朝以顯賞甄之也，何

居！卷九九

此有慨於嘉定受寶時賞賜之濫也。齊東野語十九，載嘉定受寶事，垂二千言，云：「賈涉爲淮東制閫日，嘗遣都統司計議官趙珙，往河北軍前議事，得其大將撲鹿花所獻『皇帝恭膺天命之寶』，並鎮江副都統翟朝宗所獻寶檢一座，繳進于朝，詔下禮部太常寺，討論受寶典禮，時嘉定十四年七月也。明年正月庚戌朔，御大慶殿受寶，大赦天下，文武官各進一秩，三學士人，並推恩有差。蓋當國者方粉飾太平，故一時恩賞，實爲冒濫。」身之言未聞晉朝以顯賞甄戴施者，意蓋指此。趙紹祖通鑑注商議之曰：「白板之言，俗人之見，天子豈果以璽爲輕重哉！戴施不能全鄴，雖能得璽，未爲大功。晉賞固薄，然胡氏儒者，而作此等議論，余所不取」云云。鑑注誠未易讀，不諳身之當時背景，不知其何所指也。且白板之言，出南齊書輿服志，非身之所杜撰。璽之不足輕重，豈待趙君然後知之！陳後山談叢三云：「前世陋儒，謂秦璽所在爲正統。故契丹自謂得傳國璽，欲以歸太祖，太祖不受曰：『吾無秦璽，不害爲國，且亡國之餘，又何足貴乎！』」是北宋時君臣上下已共知璽之不足輕重，不過嘉定時史彌遠當國，特張大其詞，欲以此聳動天下之耳目。據宋史賈涉傳，山東李全，亦以此次璽賞，得爲節度使，故身之借晉事以譏之，不圖復來趙君之譏也。廿二史劄記「宋史各傳廻護」條謂：「李全得玉璽以獻，朝廷賞以節度使。」則誤讀賈涉傳耳，得璽以獻者翟朝宗、趙珙，非李全也。

晉穆帝升平三年，詔謝萬軍下蔡、郗曇軍高平以擊燕。郗曇以病，退屯彭城。萬以爲燕兵大盛，故曇退，即引兵還，衆遂驚潰。

注曰：進師易，退師難。是以善將者欲退師，必廣爲方略，而後引退，不唯防敵人之追截，亦慮己衆之驚潰也。一〇〇

此有感於魯港之潰師也。德祐元年二月，賈似道師次蕪湖，孫虎臣告急，言北兵已迫，夏貴亦遁。似道倉皇失措，鳴金一聲，十三萬軍，一時潰散。是役也，或謂似道嘗與北軍議定歲幣，約於來日各退一舍以示信。既而西風大作，北軍之西退者，旗幟皆東指，南軍以爲北軍失信，遂鳴鑼退師。及知其悮，則軍潰已不可止。故南軍既退，越一宿而北軍始進也。嗚呼天乎！語出癸辛雜識續集，此身之所親值也。

晉安帝元興三年，桓玄挾帝至江陵，自以奔敗之後，恐威令不行，乃更增峻刑罰。荆江諸郡，聞玄播越，有上表犇問起居者，玄皆不受，更令所在賀遷新都。

注曰：唐人所謂「難將一人手，掩盡天下目」，桓玄是也。一一三

奔敗而必欲掩飾，更令人慶賀，徵之於古，蓋亦有之！

宋文帝元嘉二十年，前雍州刺史劉真道，梁、南秦二州刺史裴方明，坐破仇池，減匿金寶及善馬，下獄死。

注曰：宋人捨功錄過，自戮良將，宜其爲魏人所窺。一二四

此有感於四川制置使余玠及湖南制置副使向士璧之死也。玠治蜀，士璧治湘，皆有功，以讒死，邦人莫不悲慕。宋元通鑑「寶祐元年」條論之曰：「宋之不競，若天有以限之。纔得一人，讒忌即入。自其盛時，固已有之，熙、豐以後，類不相容，迄於南渡，日甚一日。追嘉、寶間，殘金雖亡，新敵方熾，余玠治蜀，措置有方，猶足以爲一木之支，而謝方叔、徐清叟之徒，必爲疑間，以致之死。嗚呼！玠死之後，不特蜀非宋有，而國祚從可知矣！尋又籍玠家財以犒師，若非忠義之士，有不解體者哉！」宋季三朝政要載：「景定二年，奪向士璧從官恩數，令臨安府追究侵盜掩匿情節，從侍御史孫附鳳之言也。士璧帥長沙，北兵已圍鄂岳。方措置間，皮泉淥家居訪之，問所以爲城守之計，士璧曰：『正爲眼中無可用之人。』皮恚之。北兵退，皮入朝，百計毀短。賈似道忌其成功，竟坐遷謫。至今邦人言之，有垂涕者」云。身之言「宋人捨功錄過」，本指劉宋，然不啻指趙宋也。

齊東昏侯永元元年三月，陳顯達爲魏武衛將軍元嵩所敗，威名至是大損。

注曰：陳顯達之敗，固是弱不可以敵彊，亦天爲之也。齊師潰於戊戌，魏主殂於丙午，儻顯達更能支持數日，安知不能轉敗爲功邪！一四二

戊戌至丙午，相差凡八日。論事而委諸天，此失敗者之恒言，所以自慰藉耳。身之處境，蓋失敗者，可憫也！

梁武帝天監十三年，魏主命高肇等將步騎十五萬寇益州，游肇諫以爲「今頻年水旱，百姓不宜勞役。往昔開拓，皆因城主歸款，故有征無戰」。

注曰：不因薛安都、常珍奇、沈文秀，魏不得淮、汝、青、徐；不因裴叔業，魏不得壽陽。游肇之言，可謂深知當時疆事者。一四七

薛安都、常珍奇、沈文秀，宋守臣；裴叔業，齊守臣，皆先後降魏。身之則有感於景定以來，守臣之先後降元也。不因劉整、吕文煥，元不得瀘州、襄陽；不因陳奕、范文虎，元不得黄州、安慶。游肇之言，古今一轍，爲可慨也！

梁武帝大同十一年，晉氏以來，文章競爲浮華，魏丞相泰，欲革其弊。六月丁巳，魏主饗太廟，泰命大行臺度支尚書領著作蘇綽作大誥，宣示羣臣，戒以政事。仍命「自今文章，皆依此體」。

注曰：宇文泰令蘇綽倣周書作大誥，今其文尚在。使當時文章皆依此體，亦非所以崇雅

黜浮也。一五九

文體隨世運爲轉移，豈能拘於古式。故六朝之浮靡，非也；僞裝之古奥，亦非也。孔子曰：「辭達而已矣。」故爲古奥，使人不能速曉，其意何居。葉水心嘗論之曰：「爲文皆依此體，止是皮毛上模出一重麤俗。頗記少時長老言：有數士各效名人文字，以相夸耀，或爲韓柳，或爲歐曾，高者爲西漢。其一人曰未也，遂爲詩書之文以蓋之。綽所欲革，與此何異。以爲於變一世，恐未可也。」語見習學記言卅五。

梁武帝太清元年，東魏大將軍澄，嘗侍靜帝酒，舉大觴屬帝曰：「臣澄勸陛下酒。」帝不勝忿曰：「自古無不亡之國，朕亦何用此生爲！」澄怒曰：「朕朕！狗脚朕！」使崔季舒毆帝三拳，帝不堪憂辱。

注曰：徐知訓陵侮其主，與高澄異世同轍，皆不能保其身。詩云：「人而無禮，胡不遄死。」諒哉！一六〇

徐知訓事楊行密子隆演，嘗使酒罵坐，語侵隆演，至愧恥涕泣，知訓愈辱之，後爲朱瑾所殺。見五代史吴世家。隆演廟號高祖，亦嘗稱朕者也。朕，手脚厚皮耳，今粤人猶有是語。考工記「凾人眡其朕」，當即此字。高澄以「狗脚朕」爲詈，此古語之僅存者。今北俗謂之繭。

太清二年，慕容紹宗敗侯景於渦陽，景使謂紹宗曰：「景若就擒，公復何用？」紹宗乃縱之。

注曰：人臣苟有才，必養寇以自資。東魏之世，彭樂、慕容紹宗，同一轍耳。一六一

此世所以治日少而亂日多也。

又，邵陵王綸行至鍾離，聞侯景已渡采石，綸晝夜兼道，旋軍入援。濟江中流風起，人馬溺者什一二。

注曰：盧循之亂，劉裕冒風濟江而風止。侯景之亂，綸濟江而風起，豈天之欲亡梁邪！是以善觀人之國者，必觀之天人祐助之際也。一六一

天時不就，最易令人懊喪，身之蓋有感於海潮三日不至之事乎！輟耕錄一「浙江潮」條言：「至元十三年正月甲申，丞相伯顏駐軍皋亭山，宋奉表及國璽以降。范文虎安營浙江沙滸，太皇太后望祝曰：『海若有靈，當使波濤大作，一洗而空之。』潮汐三日不至，軍馬晏然。」按是年正月丁卯朔，甲申月之十八日也。元明善撰伯顏勳德碑，亦言：「伯顏軍錢塘沙上，三日海潮不至，宋人以爲天助。」碑見元文類廿四。元名臣事略及元史伯顏傳皆因之，則此事爲當時言天意者所藉口可知也。又伯顏之名，本音譯耳，而宋末有「江南若破，百雁來過」之謠，玉堂嘉話載之，輟耕錄亦載之。劉靜修詩文，尤喜以「白雁」爲説，如詠宋理宗宮扇云：「秋去秋來幾恩怨，一聲白雁更西風。」詠

宋度宗古墨云：「君王弄墨熙明殿，不覺江頭度白雁。」銘劉潭先塋云：「自北而南，天開元基，白雁一舉，橫絶天池。」銘李仁裕先塋云：「吁其好還，臥榻不容，白雁載飛，于彬益雄。」一若伯顔之來，果爲天意者，則當時人心之懊喪又可知也。

又，賊積死於城下。

注曰：死於城下者，豈真賊哉！侯景驅民以攻城，以其黨迫蹙於後。攻城之人，退則死於賊手，進則死於矢石。嗚呼！積死於城下者，得非梁之赤子乎！一六一

此有感於元師之攻城，輒以降兵爲先鋒，積死於城下者，皆宋人也。

隋文帝開皇九年，衡州司馬任瓌，勸都督王勇據嶺南，求陳氏子孫，立以爲帝。勇不能用，以所部來降，瓌棄官去。

注曰：任瓌志趣如此，宜其能自表見於唐元也，蕭摩訶兒豚犬耳！一七七

任忠、蕭摩訶，皆陳故將。任瓌之策，即文天祥、陸秀夫之策也，故以爲有志趣。開皇十七年，蕭摩訶子世略，在江南作亂，摩訶當從坐，上曰：「世略年未二十，亦何能爲，以其名將之子，爲人所逼耳。」因赦摩訶。見隋書六二趙綽傳。蕭世略爲人所利用，故謂之「豚犬」。

唐高祖武德元年，竇建德攻冀州，刺史麴稜壻崔履行，自言有奇术，可使攻者自敗，稜信之。

注曰：自古以來，信妖人之言以喪師亡城者多矣，然後世之人猶有信而不悟者，若高駢、李守貞之徒是也。一八六

高駢信左道呂用之，李守貞信妖僧總倫，各見唐書、五代史本傳。身之蓋爲何㮚、孫傅之信郭京言之也。郭京事見宋史三五三孫傅傳。靖康元年閏十一月，金兵薄汴京，郭京以六甲兵禦之，敗績，城遂陷。先是京領六甲兵七千七百七十七人，屯天清寺，王宗濋薦之朝，尚書右僕射何㮚，同知樞密院孫傅，傾心尊信之。京城居人，不論貴賤，語及京者，無不喜躍。京耀兵於市，鬼顔異服，或稱六丁力士，或稱北斗神兵，或稱天官大將。嘗曰：「非朝廷危急，吾師不出，出便可致太平，直抵陰山，不必戰也。」金兵圍城急，人告之出兵，京乃登城樹旗，繪天王像示衆曰：「是可令虜落膽矣。」人亦莫測，大放宣化門出戰。城中士庶，延頸企踵，立俟報捷者幾千萬人，從行旁觀，鼓噪助戰者，又數萬人。俄報云：「前軍已得大寨，樹大旗於敵營矣。」又報云：「前軍奪賊馬千匹矣。」其實皆妄。京見事去，即下城引餘兵南遁。避戎夜話及三朝北盟會編六九詳其事，宋史孫傅傳即本於此。身之所謂「後世之人猶有信而不悟者」，哀靖康之南渡也。

武后久視元年，制楊素及其兄弟子孫，皆不得任京官。左遷元亨睦州刺史、元禧貝州刺史。

注曰：馬何羅爲逆於漢武之時，而馬援貴顯於東都再造之日。沈充失身於王敦，而沈勁盡節於司馬。惡惡止其身，追罪異代之臣，而併棄其子孫，此蓋出於一時之愛憎，姑以是說而藉口耳。二〇七

此論足見身之存心之厚，持論之平。

唐玄宗開元三年，姚崇謂紫微舍人齊澣曰：「余爲相何如管、晏？」澣曰：「管、晏之法，雖不能施於後，猶能没身；公所爲法，隨復更之，似不及也。」

注曰：觀姚崇之所以問，齊澣之所以對，皆揣己以方人，欲不失其實。今之好議論者，當大臣得權之時，則譽之爲伊、傅、周、召，爲大臣者安受之而不愧；失權之後，則詆之爲王莽、董卓、李林甫、楊國忠，爲大臣者亦受之而不得以自明。則今日之諂我者，乃他日之毁我者也。二一一

癸辛雜識別集上，載：「方回爲庶官時，嘗賦梅花百詠以諛賈相，遂得朝除。及賈之貶，方時爲安吉倅，慮禍及己，反鋒上十可斬之疏，以掩其跡，遂得知嚴州，時賈已死矣。識者薄其爲人，有士人嘗和其韻云：『百詩已被梅花笑，十斬空餘諫草存。』未幾北軍至，回倡言死封疆之説甚壯，忽不知其所在，人皆以爲踐言死矣，乃迎降於三十里外，韃帽氈裘，跨馬而還，有自得之色。」身之所謂「今之好議論者」，其指方回之徒歟！

唐肅宗乾元元年，史思明乘崔光遠初至，引兵大下，光遠使將軍李處崟拒之。賊追至城下，揚言曰：「處崟召我來，何爲不出？」光遠信之，斬處崟。處崟驍將，衆所恃，既死，衆無鬭志。

注曰：姚聳夫若在，未必能爲宋保守河南，而聳夫之死，宋人惜之。李處崟若在，未必能爲唐保守魏州，而處崟之死，唐人惜之。以兩敵相持，而自戮鬭將，乃自翦其手足也。二二〇

此有慨於曲端之被殺也。姚聳夫事見通鑑一百二十一卷，宋元嘉七年，語本宋書六五杜驥傳。曲端之被殺，在紹興元年，見宋史三六九本傳。鶴林玉露一，言：「曲端在陜西，甚有威望。金人萬户婁室，與撒離曷等寇邠州，端擊敗之，至白店原，又大敗之。撒離曷乘高望師，懼而號哭，金人目爲『啼哭郎君』。後張魏公以端恃功驕恣，又懼其得士心，竟殺之。自端之死，衆心稍離。金人再戰富平，我師詐張端旗以懼敵，婁室知端已死，曰：『何紿我也？』於是盡鋭力攻，我師敗績，陜西非我有矣。淳熙間，高廟配享，洪景盧舉此爲魏公罪，迄不得侑食。昔孔明斬馬謖，已爲失計，魏公襲其事，幾於自壞長城。至於詐張端旗，尤爲拙謀，徒足以召敵人之笑，沮我師之氣耳！」齊東野語十五，記其本末尤詳。鮚埼亭集外編卅七，乃著論大貶之，有意爲魏公辯護。然曲端

若在，未必能爲宋保守陝西，而曲端之死，宋人惜之，自是當時公論。朱子語類一三二，亦嘗寃之。朱竹垞書宋史張浚傳後云：「曲端之誅，與檜之殺岳飛何異？讀史者務曲筆以文致端有可死之罪，不過因浚有子講學，浚死，徽國公爲作狀，天下後世遂信而不疑爾！袁中郎宏道宿朱仙鎮詩云：『祠前簫鼓賽如雲，立石争鑱弔古文，一等英雄含恨死，幾時論定曲將軍！』江進之盈科讀魏公傳詩云：『子聖焉能蓋父凶！曲端寃與岳飛同，何人爲立將軍廟？也把烏金鑄魏公。』可謂助我張目者也。」語見曝書亭集四十五。身之之惜姚聳夫，亦惜曲端耳！

唐代宗永泰元年，魚朝恩欲奉上幸河中，有劉給事者，獨出班抗聲曰：「勑使反邪？今屯軍如雲，不勠力扞寇，而遽欲脅天子棄宗廟社稷而去，非反而何？」朝恩驚沮而退，事遂寢。

注曰：劉給事立朝守正不可奪如此，且兩省官也，而史失其名，唐置史館何爲哉！二二三

通鑑語出李肇國史補，稱給事中劉，不記其名。新唐書魚朝恩傳作「有近臣折曰」云云，亦不得其名。史家記事，稍縱即逝，與其過而廢之，毋寧過而存之，此之謂也。温公之姪孫朴，靖康間使金，被留不屈，卒於真定，國史載之，故宋史得爲立傳。然朴在敵中生子，名通國，謀起義未成，一家殲焉。其禍酷於宇文虚中，國史不載，故宋史亦遺其事。通國字武子，蓋本蘇武之義。少有大志，嘗結北方之豪韓玉舉事，未得要領。

紹興初，玉挈家以南，授京秩江淮都督府計議軍事。其兄璘，猶在敵中，以弟故，與通國善。隆興元年癸未九月，都督張魏公遣張虬、侯澤往大梁伺璘，璘因以扇贈玉詩云：「雝雝鳴雁落江濱，夢裏年來相見頻，吟盡楚詞招不得，夕陽愁殺倚樓人。」魏公見此詩，於甲申歲春，復遣侯澤往大梁諷通國、璘等。行到亳州，爲邏者所獲，通國、璘與嘗所交聶山等三百餘口，同日遇害，是歲三月十六日也。先是金主完顏褒之皇太子，以都元帥留守大梁，以是月十一日交事，澤與通國、璘、山等，謀率壯士百人，趨留守所庭劫之，時留守左右與通國結盟者三萬餘人，而澤敗於初十日。皇太子得其圖籍與券，立焚之，獨罪首事。時魏公開督府於丹陽，聞之盛歎，云：「某入見上，當白其事而旌之。」會魏公中道罷去，玉亦竄責嶺表，遂不得達於朝，僅四朝聞見錄丙集記其事，宋史新編及南宋書以至於宋史翼，皆不爲補傳。彼其人雖埋跡異邦，忠心祖國，數十年如一日，卒至舉族以殉，可哀也已！葉紹翁曰：「中原既陷敵，忠義之士，欲圖其國，挈而南向本朝者甚衆。蓋祖宗之澤，時猶未泯也。」然則通國者，豈可以其淪陷久而外視之！且名臣後也，宋置史館何爲哉！因論劉給事，而連類及之如此。

唐代宗大曆四年，回紇皆環董晉拜，既又相帥南面序拜，皆舉兩手，曰：「不敢有意大國。」

注曰：此晉史韓愈狀晉之辭，其言容有溢美。二二二四全謝山曰：「董晉庸人耳，韓公爲之點綴生色，本來面目希矣。」語見困學紀聞三箋十一，蓋本於此注。

唐德宗建中三年，朱滔乃復引軍而南，衆莫敢前却。

注曰：觀田庭玠之諫田悦，谷從政、邵真之諫李惟岳，范陽之兵，不肯從朱滔南救魏州。河朔三鎮之人，豈皆好亂哉，上之人御失其道耳！二二七

御得其道，則秦越爲一家；御失其道，則同舟如敵國。亂之所由生，必有所藉口也。故賢者御宇，先清其致亂之源。

唐文宗太和七年，杜牧注孫子，爲之序，以爲：「縉紳之士，不敢言兵，或恥言之，苟有言者，世以爲麤暴異人，人不比數。嗚呼！亡失根本，斯最爲甚。禮曰：『四郊多壘，卿大夫之辱也。』彼爲相者曰：『兵非吾事，吾不當知。』君子曰：『勿居其位可也。』」

注曰：觀温公取杜牧此語，則其平時講明相業，可以見矣。二四四

顧亭林言：「通鑑承左氏而作，其中所載兵法甚詳。凡亡國之臣，盗賊之佐，苟有一策，亦具録之。朱子綱目大半削去，似未達温公之意。」語見日知録廿六。豈獨通鑑，胡注之於兵事亦然。胡林翼撰讀史兵略，於鑑注之言兵事者，幾全部收入，其推重可想。然古今異宜，兵不可以紙上談也，故表微始立兵事篇而復删之。

唐僖宗乾符三年，天平軍奏遣將士張晏等救沂州，還至義橋，聞北境復有盜起，留使扞禦。晏等不從，喧譟趣鄆州。都將張思泰、李承祐走馬出城，裂袖與盟，以俸錢備酒殽慰諭，然後定。詔本軍宣慰一切，無得窮詰。

注曰：唐自中世以來，姑息藩鎮；至其末也，姑息亂軍，遂陵夷以至於亡。二五二

姑息之政，多起於自慊，自慊則氣不壯，而人得以乘之，馴至不可收拾。

唐僖宗廣明元年，張璘攻饒州，克之，巢走。時江淮諸軍屢奏破賊，率皆不實。宰相已下表賀，朝廷差以自安。

注曰：賈誼有言：「厝火積薪之下，火未及然，因謂之安。」唐則薪已然矣，尚可以自安邪！二五三

敗而以捷聞，爲南宋時習見之事，故身之痛言之。

後唐莊宗同光元年，梁兵前後急攻諸城，士卒遭矢石、溺水、暍死者且萬人，委棄資糧鎧仗鍋幕，動以千計。

注曰：王彥章掩晉人之不備，取勝於一時，持久則敗矣。使梁能終用之，亦未必成功。二七二

王彥章雖勇，然善戰者鬥智不鬥力，乘人不備，僥倖一時，其能久乎？君子知其終必

敗也。

後唐明宗天成元年，帝時爲監國，有司議即位禮。李紹真、孔循以爲「唐運已盡，宜自建國號。」監國問左右：「何謂國號？」對曰：「先帝賜姓於唐，爲唐復讎，繼昭宗後，故稱唐。今梁朝之人，不欲殿下稱唐耳。」

注曰：霍彦威、孔循，皆嘗事梁者也。當時在監國左右者，未必皆儒生，觀其所對辭意，於正閏之位，致其辯甚嚴，雖儒生不能易。二七五

是非順逆，本在人心，不必儒生然後知之。若迷於目前之利祿，則雖儒生亦未必知之也。

天成三年，張昭遠言宜選師傅教皇子，帝賞歎其言，而不能用。

注曰：自梁開平以來，至于天成，惟張昭遠一疏，能以所學而論時事耳。不有儒者，其能國乎！惜其言之不用也。史言賞歎而不能用，嗚呼！帝之賞歎者，亦由時人言張昭遠儒學而賞歎之耳，豈知所言深有益於人之國哉！二七六

此殆爲元之賤儒言之。張昭遠歷仕唐、晉、漢、周，以迄於宋，爲五朝元老。其人原不足取，特其言深有益於人國，君子不以人廢言，故身之惜之。然帝亦烏知其言之有益人國哉！慕其名而歎賞之，招致之，以爲裝飾，此有志之士所以掉頭不顧也。

後漢高祖天福十二年，唐虞部員外郎韓熙載上疏，以爲：「陛下恢復祖業，今也其時。若虜主北歸，中原有主，則未易圖也。」

〔注曰：韓熙載以定中原自期，僅見此疏耳。自古以來，多大言少成事者，何可勝數！二八六

傷宋人議論之多，而中原不能恢復也，身之不喜騰口説，此又其一證。

感慨篇第九

感慨者，即評論中之有感慨者也。鑑注序言：「温公之論，有忠憤感慨，不能自已於言者。」「感慨」二字，即取諸此。然温公所值，猶是靖康以前；身之所值，乃在祥興以後。感慨之論，温公有之，黍離麥秀之情，非温公論中所能有也，必值身之之世，然後能道之。故或則同情古人，或則感傷近事，其甚者至於痛哭流涕，如一百四十六卷對於襄陽之陷，二百八十五卷對於開運之亡，是也。兹特闢爲一篇，附評論後，從來讀胡注者尚鮮注意及此也。

漢宣帝甘露元年，帝徵馮夫人自問狀。

注曰：即此事與數詔問趙充國事，參而觀之，通鑑所紀一千三百餘年間，明審之君，一人而已。卷二七

此所謂感傷近事也。開慶元年，賈似道漢陽之敗，通國皆知，而理宗不知；咸淳間襄陽之圍，亦通國皆知，而似道諱莫如深。宋季三朝政要載：「咸淳六年，上一日問似道曰：『襄陽之圍三年矣，奈何？』對曰：『北兵已退去，陛下得臣下何人之言？』上曰：

『適有女嬪言之。』似道詰問其人，無何，以他事賜死。自是邊事無人敢對上言者。」時度宗年已三十有一，非沖幼可比，蔽塞如此，身之所以慨漢宣之明審，爲千古一人也。

漢和帝永元元年，何敞言諸竇專恣曰：「臣觀公卿懷持兩端，不肯極言者，以爲憲等若有匪懈之志，則己受吉甫褒申伯之功；如憲等陷於罪辜，則自取陳平、周勃順呂后之權，終不以憲等吉凶爲憂也。」

注曰：此言曲盡當時廷臣之情。嗚呼！豈特當時哉！卷四七

諸臣非不欲與國家同休戚也，政府既委其權於親戚，有志節者相率潔身而退，所留皆自私自利之徒，終不以諸姦之吉凶爲憂，而聽其自生自斃。南宋此風尤盛，國所以日削而底於亡也。

漢順帝陽嘉二年，李固對策有曰：「今與陛下共天下者，外則公卿尚書，内則常侍黄門。譬猶一門之内，一家之事，安則共其福慶，危則通其禍敗。」

注曰：此等議論，發之嬖倖盈朝之時，謂之曲而當可也，猶以直而不見容，嗚呼！卷五一

漢靈帝建寧二年，大長秋曹節諷有司奏諸鉤黨者。時上年十四，問節等曰：「何以爲鉤

黨？」對曰：「鈎黨者即黨人也。」上曰：「黨人何用爲惡，而欲誅之邪？」對曰：「欲爲不軌。」上曰：「不軌欲如何？」對曰：「欲圖社稷。」上乃可其奏。

注曰：軌，法度也。爲人臣而欲圖危社稷，謂之不法，誠是也。而諸閹以此罪加之君子，帝不之悟，眂元帝之不省，召致廷尉爲下獄者，闇又甚焉。悲夫！卷五六

此二條所謂同情古人也。慶元黨禁之起，元年十一月監察御史胡紘奏劾趙汝愚，謂「汝愚倡引僞徒，謀爲不軌」，遂責汝愚永州安置，至衡州而卒，朱子爲之注離騷以寄意。二年八月，紘既解言職，復疏言：「比年僞學猖獗，圖爲不軌。近元惡殞命，羣邪屏跡，而或者唱爲調停之議，取前日僞學姦黨次第用之」云云。則以不軌之罪加之君子者，不獨東漢諸閹爲然矣，故身之悲之。

魏明帝青龍二年，亮病篤，漢使尚書僕射李福省侍，問：「蔣琬之後，誰可任者？」亮曰：「文偉可以繼之。」又問其次，亮不答。

注曰：費禕字文偉。亮不答繼禕之人，非高帝「此後亦非乃所知」之意，蓋亦見蜀之人士，無足以繼禕者矣。嗚呼！卷七二

温庭筠過五丈原句云：「下國臥龍空寤主，中原逐鹿不因人，象床錦帳無言語，從此譙周是老臣。」亦傷蜀之無人也。

魏邵陵厲公嘉平三年，城陽太守鄧艾上言：「單于在內，羌夷失統，合散無主。今單于之尊日疏，而外土之威日重，則胡虜不可不深備也。」又陳：「羌胡與民同處者，宜以漸出之，使居民表，以崇廉恥之教，塞姦宄之路。」司馬師皆從之。

注曰：鄧艾所陳，先於徙戎論。司馬師既從之矣，然卒不能杜其亂華之漸。抑所謂「漸出之」者，行之而不究邪？豈天將啓胡羯氐羌，非人之所能爲也？卷七五

內亂外患之輕重，蔽於感情者每倒置之。常棣之詩曰：「兄弟鬩于牆，外禦其侮。」杕杜之詩曰：「豈無他人，不如我同姓。」司馬師、劉裕之篡奪，內亂也；胡羯氐羌之亂華，外患也。味身之此注，內外輕重判然矣。

嘉平五年，習鑿齒論曰：司馬大將軍引二敗以爲己過，過消而業隆，可謂智矣。若乃諱敗推過，歸咎萬物，常執其功，而隱其喪，上下離心，賢愚解體，謬之甚矣！

注曰：嗚呼！此賈相國之所以敗也！卷七六

此感傷近事也。習鑿齒晉人，其論司馬師，豈無溢美。然司馬師之所以成，即賈似道之所以敗，司馬師之度量，固遠勝於賈似道也。身之於咸淳季年，曾參賈似道軍，言輒不用，見於自序。今此條復言賈之所以敗，則其與賈之關係，並未諱言。唯袁清容集三十三師友淵源錄，於「胡三省」條下，言：「賈相館之，釋通鑑三十年。」張宗泰魯巖所

學集乃爲身之辯護，謂：「安有賈相館之三十年之事」，蓋誤會釋通鑑三十年爲賈相館之三十年。不知賈相館之是一事，釋通鑑又是一事，自序甚明，魯巖之辯，得毋詞費也。

晉孝武帝太元二十一年，魏羣臣勸魏王珪稱尊號，珪始建天子旌旗，改元皇始。

注曰：珪什翼犍之嫡孫，寔之子，詳見一百四卷元年。自苻堅淮淝之敗，至是十有四年矣，關河之間，戎狄之長，更興迭仆，晉人視之漠然不關乎其心。拓跋珪興，而南北之形定矣，南北之形既定，卒之南爲北所并。嗚呼！自隋以後，名稱揚于時者，代北之子孫，十居六七矣，氏族之辨，果何益哉！一〇八

建炎南渡而後，鄧名世撰古今姓氏書辨證，欲以嚴夷夏之防。金滅元興，南卒爲北所并，色目人隨便住居，古今姓氏愈不可辨，故身之爲之慨然。

晉安帝元興元年，三吴大饑，户口減半，會稽減什三四，臨海、永嘉殆盡。富室皆衣羅紈，懷金玉，閉門相守餓死。

注曰：此固上之人失政所致，而人消物盡，亦天地之大數也。「周餘黎民，靡有孑遺」，以此觀之，容有是事。一一二

人消物盡，固「天地之大數」，而亦「上之人失政所致」也。身之反言之，所以釋憤懣而

得慰安耳。

宋文帝元嘉三年，黄門侍郎謝弘微，琰之從孫也。精神端審，時然後言，婢僕之前，不妄語笑。由是尊卑大小，敬之若神。從叔混特重之，常曰：「微子異不傷物，同不害正，吾無間然。」

注曰：吕大臨曰：「無間隙可言其失。」謝顯道曰：「猶言我無得而議之也。」嗚呼！此江左所謂清談也。一二〇

此吕謝二氏論語「禹吾無間然矣」注，身之引之，蓋有感於當時之爲孔光、馮道者，「非之無舉，刺之無刺」也。

元嘉三十年，詔省細作，並尚方彫文塗飾，貴戚競利，悉皆禁絶。中軍録事參軍周朗上疏言：「細作始并，以爲儉節，而市造華怪，即傳於民。如此，則遷也，非罷也。凡厥庶民，制度日侈，尚方今造一物，小民明已睤睨；宮中朝製一衣，庶家晚已裁學。侈麗之源，實先宮閫。」

注曰：此等語切中當時之病。凡欲言時政，若此可也，否則迎合以徼利禄耳。嗚呼！我宋之將亡，其習俗亦如此，吾是以悲二宋之一轍也。嗚呼！一二七

兩漢、兩晉，嘗聞之矣，以是例之，所謂兩宋，亦南北宋耳。今身之所謂二宋，乃指劉、

趙，前此所罕聞也。嗚呼！湖山華侈，至宋之南渡而極，讀四水潛夫武林舊事，而不興慨我寤歎之悲者，誰乎！王厚齋曰：「楚之興也，篳路藍縷；其衰也，翠被豹舄。國家之興衰，視其儉侈而已。」語見困學紀聞六。其傷感時事，與身之同。宋史度宗紀載咸淳八年正月詔曰：「朕惟崇儉，必自宮禁始。自今宮禁敢以珠翠銷金爲首飾服用，必罰無貸。臣庶之家，咸宜體悉」云。噫！晚矣！宋季三朝政要以禁珠翠事隸咸淳五年，謂：「珠翠既禁，宮中簪琉璃花，都人爭效之。時有詩曰：『京城禁珠翠，天下盡琉璃。』好事者以是爲流離之兆也。」悲夫！

宋明帝泰始二年，魏初立郡學，置博士助教生員，從中書令高允、相州刺史李訢之請也。

注曰：古者，家有塾，黨有庠，术有序，國有學。秦雖焚書坑儒，齊魯學者未嘗廢業。漢文翁守蜀，起立學官，學者比齊魯。武帝令天下郡國，皆立學校官，則學官之立尚矣。此書魏初立郡學、置官及生員者，蓋悲五胡兵争，不暇立學，魏起北荒，數世之後始及此，既悲之，猶幸斯文之墜地而復振也。一三一

宋泰始二年，即魏獻文元年。魏自道武至獻文，凡六世，建國已八十年，始立郡學。元初不設科目，九儒十丐，即有所用，亦儕於巫醫僧道之間。然其後京師立太學，郡置學教授，縣設學教諭。故今閩風集有寧海縣學記，本堂集有奉化縣學記，皆至元二十九

年作，深寧集有慶元路重建儒學記，至元三十年作。身之所謂「幸斯文之墜地而復振」者，其指此乎！時元建國八十餘年，混一亦已十餘年矣。

梁武帝天監六年，韋叡救鍾離，大敗魏軍於邵陽洲。

注曰：此確鬬也。兩軍營壘相逼，旦暮接戰，勇而無剛者，不能支久。韋叡於此，是難能也。比年襄陽之守，使諸將連營而前，如韋叡之略，城猶可全，不至誤國矣，嗚呼痛哉！一四六

全注稱「嗚呼痛哉」者二，此其一也。

天監十五年，廷尉少卿袁翻議，以爲「比緣邊州郡，官不擇人，或用其左右姻親，或受人貨財請屬，皆無防寇之心，唯有聚斂之意。其勇力之兵，驅令抄掠，若遇彊敵，即爲奴虜；如有執獲，奪爲己富。其微解金鐵之工，少閑草木之作，無不苦役百端。收其實絹，給其虛粟，死於溝瀆者，什常七八。」

注曰：自古至今，守邊之兵，皆病於此。一四八

今者謂身之當時。嗚呼！豈特當時哉！凡守邊之兵，日久則懈，懈則一擊而潰，每至不可收拾，身之蓋有所指也。

梁武帝太清二年，侯景圍臺城，江子一徑前引槊刺賊，從者莫敢繼，賊解其肩而死。子四、

子五相謂曰：「與兄俱出，何面獨旋！」皆免胄赴賊。子四中矟，洞胸而死；子五傷脰，還至塹，一慟而絶。

注曰：江子一兄弟駢肩以死於闕下，而不足以衛社稷，悲夫！古人所以重折衝千里之外者也。一六一

此所謂同情古人。洞胸絶脰，而不能衛社稷者有之矣，未有不洞胸絶脰而能衛社稷者也。故夫侈言「不傷一兵，不折一矢，而能復國」者，皆受人卵翼，暫假空名，使自戕其宗國，亦終必亡而已矣！後梁其前車也！

唐玄宗開元十八年，裴光庭典選，始用循資格。

注曰：此即後魏崔亮之停年格，循而行之，至今猶然。才俊之士，老於常調者多矣。二一三

崔亮停年格，當時即有非之者。北齊書廿六，載薛琡上書曰：「黎元之命，繫於長吏，若選曹唯取年勞，不簡賢否，義均行雁，次若貫魚，執簿呼名，一吏足矣，何謂銓衡」云。身之年二十七登第，仕宦二十年，官止七品，亦「老於常調者」也。

唐代宗大曆三年，官健常虛費衣糧，無所事。

注曰：兵農既分，縣官費衣糧以養軍，謂之官健，猶言官所養健兒也。按唐六典：「衛士

之外，天下諸軍有健兒。舊健兒在軍，皆有年限，更來往，頗爲勞弊。開元十五年勅，以爲：天下無虞，宜與人休息，自今已後，諸軍鎮量閑劇利害，置兵防健兒，於諸色征行人內及客户中召募，取丁壯情願充健兒。長住邊軍者，每年加常例給賜，兼給永年優復。其家口情願同去者，聽至軍州，各給田地屋宅。人賴其利，中外獲安，永無徵發之役。」此當時言兵農已分之利，而養兵之害，卒不可救，以至于今。二二四

改徵發爲自由應募，人民自覺其便，而兵終不可廢。敵國外患，非無益於國也，要在乎善用之而已。六典語見卷五兵部，作開元二十五年勅。元刻鑑注漏字，應據六典補。

唐憲宗元和四年，以吐突承璀爲招討使，討王承宗。白居易奏言：「臣恐四方聞之，必竊朝廷；四夷聞之，必笑中國。」

注曰：白居易之言，自春秋書多魚漏師，左傳夙沙衛殿齊師來，況吐突承璀以寺人專征乎！崇、觀間金人有所侮而動，正如此。二二三八

寺人貂漏齊師於多魚，見僖二年。夙沙衛殿齊師，見襄十八年。閹人參軍，至童貫之進太師封王極矣，友人柴青峰德賡有宋宦官參軍考詳之。嗚呼！閹人之制，污吾國歷史者二千年。廿四史中立宦官傳者十史，士大夫所日與争朝衡者，皆此輩也。至辛亥革命後乃一掃而空之，誰謂千古之弊俗，不能一旦革除耶！

元和十二年，先是吴少陽父子阻兵，禁人偶語於塗，夜不然燭，有以酒食相過從者罪死。裴度既視事，下令惟禁盜賊，餘皆不問，蔡人始知有生民之樂。

注曰：解人之束縛，使得舒展四體，長欠大伸，豈不快哉！二四〇

以「解人之束縛」，寫生民之樂，其言似肆，然「猶解倒懸」，已見於孟子。身之當時之處境，概可見矣。

又，初淮西之人，劫於李希烈、吴少誠之威虐，不能自拔。久而老者衰，幼者壯，安於悖逆，不復知有朝廷矣。雖居中土，其風俗獷戾，過於夷貊。

注曰：考之漢志，汝南户口爲百郡之最。古人謂汝潁多奇士，至唐而獷戾乃爾，習俗之移人也，嗚呼！吾恐後之視今，亦猶今之視昔。二四〇

當地方淪陷之初，人民皆有懷舊之念，久而久之，習與俱化，則有忘其本源者矣。東晉所以不能復西，南宋所以不能復北者此也。王褘忠文集二十俞金墓表有曰：「元既有江南，以豪侈粗戾變禮文之俗，未數十年，薰漬狃狎，胥化成風，而宋之遺俗銷滅盡矣。爲士者辮髮短衣，效其語言容飾，以自附于上，冀速獲仕進，否則訕笑以爲鄙怯。非確然自信者，鮮不爲之變。」然則身之之言驗矣。

唐武宗會昌元年，李德裕請遣使慰撫回鶻，且運糧三萬斛以賜之。陳夷行屢言資盜糧不

可，德裕曰：「今徵兵未集，天德孤危，儻不以此糧啖飢虜，且使安靜，萬一天德陷沒，咎將誰歸？」

注曰：李德裕之本計是也，至於此言，特以箝陳夷行之喙耳。若以用兵大勢言之，固將不計一城得失也。此弊自唐及宋皆然。嗚呼！可易言哉！二四六

此所謂養癰貽患，圖免一時之害，而遺千古之憂者也。

唐懿宗咸通二年，是時士大夫深疾宦官，事有小相涉，則衆共棄之。建州進士葉京，嘗預宣武軍宴，識監軍之面。既而及第，在長安，與同年出遊，遇之於塗，馬上相揖，因之謗議諠然，遂沈廢終身。其不相悦如此。

注曰：東漢黨錮之禍，蓋亦如此。但李、杜諸公，風節凜凜，千載之下，讀其事者，猶使人心神肅然。晚唐詩人，不能企其萬一也，而亦以貽清流之禍，哀哉！二五〇

鐵圍山叢談六，言：「宣和間，宦人有至太師少保節度使者，朝貴皆遜其門，不復知有廟堂。士大夫始盡向之，朝班禁近，咸相指目，『此立里客也，此木脚客也』，反以爲榮，而争羡之。能自飭勵者無幾矣」云云。立里童貫，木脚梁師成，陳東伏闕上書，以與蔡京、李彦、朱勔、王黼同稱六賊者也。蔡絛以京之子而爲是言，豈非異事！然當時朝士之不如晚唐詩人，又可見矣。欲中原之不爲戎，其可得乎！

咸通十三年，歸義節度使張義潮薨，沙州長史曹義金代領軍府，制以義金爲歸義節度使。是後中原多故，朝命不及，回鶻陷甘州，自餘諸州隸歸義者，多爲羌胡所據。

注曰：自唐末迄于宋朝，河湟之地，遂悉爲戎，中國不能復取。二五二

唐僖宗乾符二年，右補闕董禹諫上遊畋，乘驢擊毬，上賜金帛以褒之。邠寧節度使李侃奏，爲假父華清宮使道雅求贈官，禹上疏論之，語頗侵宦官。樞密使楊復恭等列訴於上，禹坐貶郴州司馬。

注曰：谷永專攻上身，不失爲九卿；王章斥言王鳳，則死于牢獄。嗚呼！有以也哉！二五二

寧宗初，韓侂胄用事，吕祖儉爲太府丞，上封事曰：「今之能言之士，其所難非在於得罪君父，而在忤意權勢。姑以臣所知者言之，難莫難於論災異，然言之而不諱者，以其事不關於權勢也。若乃御筆之降，廟堂不敢重違，臺諫不敢深論，給舍不敢固執，蓋以其事關貴倖，深慮乘間激發而重得罪也。」疏既上，有旨，吕祖儉安置韶州。寧可得罪天子，不可得罪天子左右，有如此者。

唐僖宗光啓三年，十二月，錢鏐以杜稜爲常州制置使，命阮結等進攻潤州，克之，劉浩走，擒薛朗以歸。

注曰：光啓三年三月，劉浩逐周寶而奉薛朗，至是而敗。又，自是而後，楊行密、孫儒之兵，迭争常、潤。二州之民，死於兵荒，其存者什無一二矣。二五七

唐昭宗天復二年，掌書記李襲吉獻議有曰：「變法不若養人，改作何如舊貫。」

注曰：温公讀此語，感熙、豐之政，蓋深有味乎其言也。二六三

温公爲當時保守派首領，嘗謂：「治天下譬如居室，敝則脩之，非大壞不更造也。」故身之知其讀李襲吉之議，必表同情。

天復三年，李茂貞請以其子侃尚平原公主，后意難之。上曰：「且令我得出，何憂爾女！」

注曰：嗚呼！唐昭宗惟幸於得出，徐令全忠取平原，茂貞必不敢距。豈知夫婦委命於全忠，不復有能取之者乎！二六三

又，貶韓偓濮州司馬，上密與偓泣别，偓曰：「是人非復前來之比。臣得遠貶，及死乃幸耳，不忍見篡弑之辱。」

注曰：嗚呼！韓偓何見之晚也！然昭宗聞偓此言，亦何以爲懷哉？惟有縱酒而已。二六四

是人指朱全忠，明年全忠即弑帝，故云偓所見晚。偓應早去而不去，此其所以爲忠也。夫偓豈戀爵禄者哉！蓋嘗予以相而不就矣。讀史管見廿七曰：「主暗國危，韓偓久居

近密，昭宗多與謀議，故不忍去。宰相人所願欲，而偓終不肯拜，甘心斥逐，其志操亦可尚。」新唐書一八三乃謂：「偓挈其族入閩，依王審知。」劉後邨跋韓致光帖辨之，謂：「王氏據福唐，致光居南安，曷嘗依之！」全謝山跋致光詩曰：「致光居南安，固不依王氏，即居福唐，亦非依王氏。王氏附梁，致光避梁而出，豈肯依附梁之人！」舉其閩中諸詩爲證。則偓固皎然不欺其志者也。

後唐莊宗同光二年，自唐末喪亂，搢紳之家，或以告赤鬻於族姻。

注曰：「赤」當作「勅」。鬻於族姻，則既非矣，安知後世有鬻於非其族類者乎！二七三

「非其族類」，要異姓之告勅何用，此蓋爲出鬻宗國者言之。春秋之義，内外之別甚嚴，故仕於劉石，比仕於操莽者，其恥辱尤大也。

同光三年，以横海節度使李紹斌爲盧龍節度使。

注曰：李紹斌至明宗時，復姓趙，賜名德鈞。德鈞守幽州，不爲無功，其後乘危以邀君，外與契丹爲市，不但父子爲虜，幽州亦爲虜有矣。二七三

借外力以戕宗國，終必亡於外人，自蕭詧父子以至趙德鈞、石敬瑭父子皆然。其例甚顯，然不惜接踵爲之何耶！

又，郭崇韜素疾宦官，帝遣宦者向延嗣促之，崇韜不出郊迎。及見，禮節又倨。

注曰：宦官固可疾，然天子使之將命，敬之者所以敬君也，烏可倨見哉！唐莊宗使刑臣將命於大臣，非也；郭崇韜倨見之，亦非也。嗚呼！刑臣將命，自唐開元以後皆然矣。二七四

後唐明宗長興三年，十月，幽州奏契丹屯捺剌泊。

注曰：時幽州有備，契丹寇掠不得其志。契丹主西徙橫帳，居捺剌泊，出寇雲朔之間。薛史本紀，是年十一月，雲州奏契丹主在黑榆林南捺剌泊治造攻城之具。是後石敬瑭鎮河東，因契丹部落，近在雲應，遂資其兵力，以取中國。而燕雲十六州之地，遂皆爲北方引弓之民。二七八

王伯厚之撰通鑑地理通釋也，終於石晉之十六州，曰：「唐宣宗復河湟，未幾中原多故，既得遄失。熙寧以後，貪功生事之臣，迷國殄民，而甘涼瓜沙，汔不爲王土。周世宗取瀛莫二州，而十四州終淪於異域。宣和姦臣與女真夾攻，得燕山雲中空城，而故都禾黍，中夏塗炭矣。易師之上六曰：『小人勿用，必亂邦也。』余爲之感慨，而通釋終焉。」通鑑地理通釋之成，臨安陷已五載，胡注之成，又在其後，綸旅重光之望殆絶，其感慨又比伯厚爲何如也！

後晉齊王開運二年，李彦韜少事閻寶爲僕夫，後隸高祖帳下。高祖自太原南下，留彦韜侍

帝爲腹心，帝委信之，至於升黜將相，亦得預議。常謂人曰：「吾不知朝廷設文官何所用，且欲澄汰，徐當盡去之。」

注曰：嗚呼！此等氣習，自唐劉蕡已爲文宗言之。李彥韜、史弘肇當右武之世，張其氣而奮其舌。以其人品，夫何足責，然非有國者之福也。雖然，吾黨亦有過焉，盍亦反其本矣。二八四

呂文煥之降也，元人以文煥爲鄉導攻宋。謝太后遣使諭文煥，請息兵修好，文煥回書有曰：「因銜北命，乃擁南兵，視以犬馬，報以寇讎，非曰子弟，攻其父母，不得已也，尚何言哉！」文見錢塘遺事八。身之所謂「吾黨亦有過焉」者，指當時文士之輕視武人也。

開運三年，契丹以兵環晉營，杜威與李守貞等謀降。威潛遣腹心詣契丹牙帳，邀求重賞，契丹主紿之曰：「趙延壽威望素淺，恐不能帝中國。汝果降者，當以汝爲之。」威喜，遂定降計。

注曰：趙延壽父子以是陷契丹。杜威之才智，未足以企延壽，其墮契丹之計，無足怪者。覆轍相尋，豈天意邪！二八五

慨趙延壽、杜威之後，又有張邦昌、劉豫也。

又，契丹入汴，帝與后妃相聚而泣，召翰林學士范質草降表，自稱「孫男臣重貴」，太后亦上表稱「新婦李氏妾」。張彦澤遷帝於開封府，頃刻不得留，宫中慟哭。帝與太后皇后乘肩輿，宫人宦者十餘人步從，見者流涕。

注曰：臣妾之辱，惟晉宋爲然，嗚呼痛哉！又曰：亡國之恥，言之者爲之痛心，矧見之者乎！此程正叔所謂真知者也，天乎人乎！二八五

「嗚呼痛哉」全注凡二見，此其二。尋常所謂晉宋，大抵指司馬氏、劉氏而言，今乃以石趙合稱，身之蓋創言之也。然同時齊東野語十八，已以開運、靖康相比，特未合稱晉宋云爾。德祐奉表稱臣事，元史世祖紀較宋史瀛國公紀爲詳，蓋據元世祖實録也。至元十三年正月十八日，伯顔軍次高亭山，宋主遣其臣奉降表。廿二日以其降表不稱臣，仍書宋號，遣程鵬飛、洪君祥偕來使往易之。廿五日張弘範、孟祺、程鵬飛齎所易宋主稱臣降表至軍前。二月四日，宋主率文武百僚詣祥曦殿，望闕上表，宋主祖母太皇太后亦奉表及牋。是日都督忙古帶、范文虎，入城視事。汪元量湖山類稿醉歌曰：「侍臣已寫歸降表，臣妾僉名謝道清」，指此也。劉須溪評之曰：「忍見忍見！」其傷感與身之同。道清謝太后名，見宋史本傳。程鵬飛者，宋都統制，守鄂州，咸淳十年十二月以城降，至是爲元宣撫。范文虎者，宋殿前副都指揮使，知安慶府，德祐元年正

月以城降，至是爲元都督。孟子所謂「安其危而利其菑，樂其所以亡者」也。左哀十五年傳：「子貢謂公孫成曰：『子周公之孫也，多饗大利，猶思不義，利不可得，而喪宗國，將焉用之。』成曰：『善哉，吾不早聞命。』」杜氏注曰：「傳言仲尼之徒，皆忠於魯國。」人非甚無良，何至不愛其國，特未經亡國之慘，不知國之可愛耳！身之身親見之，故其言感傷如此。

又，馮玉佞張彥澤，求自送傳國寶，冀契丹復任用。

注曰：亡國之臣，其識正如此耳。二八五

馮玉以姊爲齊王后，遂相齊王；賈似道以姊爲貴妃，遂相理宗。然馮玉之所爲，有甚於似道者。

後周太祖顯德元年，司徒竇貞固歸洛陽，府縣以民視之，課役皆不免。貞固訴於留守向訓，訓不聽。

注曰：以竇貞固漢之舊臣故也。考古驗今，今何足怪！二九二

舊臣而欲保全其舊勢，則必復爲新臣而後可，故君子貴淡泊。元初宋舊臣不能免役，舒岳祥閬風集，有柘溪道中詩詠之曰：「得勢茅欺蕙，安居爵笑鴻。吾年已如此，役役又西東。」注云：「時入城求免役。」集又有謝御史王素行免里正之役一首。閬風與身

之同里同年，閭風不免，身之亦何能免。故曰「考古驗今，今何足怪」也。

後周世宗顯德二年，比部郎中王朴獻策，論攻取之道。

注曰：是後世宗用兵，以至宋朝削平諸國，皆如王朴之言，惟幽燕不可得而取，至於宣和則舉國以殉之矣。二九二

宣和之敗，猶保山河半壁者一百五十年；咸淳之敗，乃真舉國以殉矣。

顯德三年，周兵圍壽春，唐齊王景達軍于濠州，遥爲壽州聲援。軍政皆出於陳覺，景達署紙尾而已。擁兵五萬，無決戰意。

注曰：嗚呼！比年襄陽之陷，得非援兵不進之罪也！二九三

咸淳襄陽之陷，全注凡三述之，一見本朝篇，兩見本篇，身之之痛心此事可知矣。襄陽之陷，固由援兵不進，然援兵何以不進，則實當國者之徇私妬賢，好諛專斷，有以致之。宋史四二二載陳仲微封事曰：「誤襄者不專在於庸閫疲將也，君相當分受其責。宣布十年養安之往繆，深懲六年玩寇之昨非。或謂陛下乏哭師之誓，師相飾分過之言，甚非所以慰衂死義，祈天悔禍之道也。監之先朝，宣和未亂之前，靖康既敗之後，凡前日之日近冕旒，奴顏婢膝，即今日奉賊稱臣之人也；彊力敏事，捷疾快意，即今日叛君賣國之人也。爲國者亦何便於若人哉！」此身之所爲長太息者也！

勸戒篇第十

勸戒爲史家之大作用，古所貴乎史，即取其能勸戒也。勸戒起於經歷，經歷不必盡由讀書，然讀書則可以古人之經歷爲經歷，一展卷而千百年之得失燦然矣。故胡注於史事之可以垂戒者，每不憚重言以揭之曰：「可不戒哉！可不戒哉！」孔子云：「書之重，辭之複，其中必有美者焉。」此之謂也。

漢景帝後元年，亞夫子爲父買工官尚方甲楯五百被，可以葬者，取庸苦之不與錢。

注曰：師古曰：「庸謂賃也。苦謂極苦使也。」余謂亞夫之子無識，苦使其人，而不與賃錢，致其懷怨而禍及其父。亞夫之死，雖由景帝之少恩，其子亦深可罪也。卷一六

刻薄傭人，爲居家所大戒，當新舊勢力遞嬗之際尤甚。身之蓋有感於當時所謂「奴告主」之事也，詳解釋篇。

漢順帝永和三年，周舉劾左雄所選武猛非其人，雄謝曰：「是吾之過也。」天下益以此賢之。

注曰：聞過而服，天下以此益賢左雄，諱過者爲何如邪！卷五二

此蓋爲賈似道言之。

漢桓帝永興二年，太學生劉陶上疏陳事曰：「陛下目不視鳴條之事，耳不聞檀車之聲。」

注曰：賢曰：「鳴條地名，在安邑之西。湯與桀戰于鳴條之野。檀車兵車也，詩曰：『檀車嘽嘽。』」余按大雅大明之詩曰：「牧野洋洋，檀車煌煌。維師尚父，時維鷹揚，涼彼武王，肆伐大商。」陶蓋用此檀車事，言桀紂貴爲天子，得罪於天，流毒於民，而湯武伐之。亡國之事，不接於帝之耳目，帝不知以爲戒也。卷五三

「檀車嘽嘽」，乃小雅杕杜之詩，與劉陶之言不切。惟大明歌頌武王伐紂之事，故陶以之爲警。

漢獻帝建安十年，操斬郭圖等及其妻子。

注曰：郭圖、審配，各有黨附，交鬭譚、尚，使尋干戈，以貽曹氏之驅除。譚、尚既敗，二人亦誅。禍福之報，爲不爽矣。卷六四

讒間人骨肉，以遂己私，而禍人家國者，其勢必不能自免。此歷史彰著之例證，不獨郭、審煽搆袁氏兄弟之事爲然也。

魏高貴鄉公甘露四年，先是頓丘、冠軍、陽夏井中，屢有龍見，羣臣以爲吉祥。帝曰：「龍者君德也，上不在天，下不在田，而數屈於井，非嘉兆也。」作潛龍詩以自諷，司馬昭見而惡之。

注曰：帝有誅昭之志，不務養晦，而憤鬱之氣，見於辭而不能自揜，蓋亦淺矣。此其所以

死於權臣之手乎！卷七七

身之蓋有感於皇子竑被廢之事也。宋寧宗無子，養宗室子貴和，立爲皇子，賜名竑。史彌遠爲丞相，專國政，竑不能平。初，竑好琴，彌遠買美人善琴者納之，而私厚美人家，令伺皇子動静。一日竑指輿地圖示美人曰：「此瓊崖州也，他日必置史彌遠於此。」美人以告彌遠。竑又書字於几曰：「彌遠當決配八千里。」竑左右皆彌遠腹心，走白彌遠，彌遠大懼，日夕思以處竑，而竑不知也。卒被廢立，以至於被縊而死。事詳宋史寧宗楊后及竑本傳。與高貴鄉公事，如出一轍，可爲浮躁淺露者戒。

魏元帝景元四年，吴人聞蜀已亡，乃罷丁奉等兵。吴中書丞華覈詣宫門上表曰：「伏聞成都不守，臣主播越，社稷傾覆。臣以草芥，竊懷不寧，陛下聞此，必垂哀悼，謹拜表以聞。」

注曰：左傳楚人滅江，秦伯爲之降服出次，不舉過數，大夫諫，公曰：「同盟滅，敢不矜乎，吾自懼也。」蜀，吴之與國，蜀亡，岌岌乎爲吴矣。吴之君臣不知懼，故華覈拜表以儆之。卷七八

左傳語見文四年。降服者素服，出次者避正寢，不舉者止侑樂，過數者過常禮日數。鄰國滅而知戒懼，此秦穆之所以能霸西戎也。宋端平元年，孟珙以元兵入蔡城，滅金，時相侈大其事，監察御史洪咨夔疏曰：「殘金雖滅，與大敵爲鄰，事變叵測。益嚴守

備，尤恐不逮，顧可侈因人之獲，動色相賀，渙然解體，以重方來之憂乎！」語見宋史理宗紀及咨夔傳，意與華覈同，有國者深可以爲戒也。

晉懷帝永嘉六年，衆推始平太守麴允領雍州刺史。閻鼎與京兆太守梁綜爭權，鼎遂殺綜。麴允與撫夷護軍索綝、馮翊太守梁肅，合兵攻鼎。鼎出犇雍，爲氐竇首所殺。

注曰：胡羯方强，賈、閻、麴、索，降心相從，協力以輔晉室，猶懼不能全，況自相屠乎！長安之敗徵，見於此矣！卷八八

賈者賈疋，先麴允爲雍州刺史。洛陽既陷，懷帝被執，賈、閻、麴、索，奉皇太子業即位於長安，是爲愍帝。然以忌功爭權故，互相屠殺，遂爲聰、曜所乘，悲夫！

晉明帝太寧元年，涼參軍馬岌，謂氾禕爲糟粕書生。

注曰：莊子曰：「桓公讀書於堂上，輪扁斲輪於堂下，問桓公曰：『敢問公所讀者何言也？』公曰：『聖人之書也。』曰：『聖人在乎？』曰：『已死矣。』曰：『然則君之所讀者，古人之糟粕已矣，古之人與其不可傳者死矣。』」卷九二

莊子語見天道篇，與淮南子道應訓略同。胡注於七十五卷曾引之，此復有云者，爲讀書徒考古而不能驗諸今者戒也。

晉穆帝永和八年，魏主閔焚襄國宮室，遷其民於鄴。趙汝陰王琨以其妻妾來奔，斬於建康

市，石氏遂絶。

注曰：自古無不亡之國，宗族誅夷，固亦有之，未有至於絶姓者。石氏窮凶極暴，而子孫無遺種，足以見天道之不爽矣。卷九九

古之所謂亡國，大抵一姓之興亡，等於政權之更迭而已，唯滅種乃真無噍類矣！

晉安帝隆安三年，南燕尚書潘聰，勸取青州。

注曰：「兼弱攻昧，取亂侮亡」，自三代之時，仲虺已有是言，夫子定書，弗之删也。後人泥古，專言王者之師，以仁義行之，若宋襄公可以爲鑒矣。一一一

我不「兼弱攻昧」可也，安能禁人之「取亂侮亡」乎！故仲虺之言，有國者大可以爲戒也。若自安於弱昧亂亡，而盼人爲仁義之師，則天下尚何亡國敗家之有！靖康、德祐之末，宋人兩次請求爲人屬國而不可得者此也。通鑑注商乃以胡氏此言爲悖，何耶？

晉安帝義熙元年，尚書殷仲文以朝廷音樂未備，言於劉裕請治之。裕曰：「今日不暇給，且性所不解。」仲文曰：「好之自解。」裕曰：「正以解則好之，故不習耳。」

注曰：英雄之言，政自度越常流，世之嗜音者可以自省矣。一一四

以劉裕爲英雄，以其有滅慕容超、姚泓之功也。以嗜音爲戒，懲南宋歌舞湖山之習也。

義熙九年，是歲以敦煌索邈爲梁州刺史。初，邈寓居漢川，與别駕姜顯有隙。凡十五年而

邈鎮漢川，顯乃肉袒迎候，邈無愠色，待之彌厚，退而謂人曰：「我昔寓此，失志多年，若讎姜顯，懼者不少。但服之自佳，何必逞志。」於是闔境聞之皆悦。

注曰：鞠羨之安東萊，亦若是而已。世人脩怨以致禍者，由不知此道也。一一六

鞠羨當作鞠彭，注偶誤。彭，羨之子也。鞠彭之安東萊，事見一百卷。初，彭與王彌、曹嶷有隙，彭子殷繼爲東萊太守，彭戒殷勿尋舊怨，以長亂源。殷求得彌、嶷子孫於山中，深結意分，彭復遣使遺以車服，郡人由是大和。此美俗也，語曰「寃家宜解不宜結」，鞠彭、索邈有焉。

宋孝武帝大明二年，路太后兄子嘗詣王僧達，趨升其榻，僧達令舁棄之。

注曰：路太后兄慶之嘗爲王氏門下騶，故僧達麾其子。舁音余，對舉也。孔光屈身於董賢，以保其禄位，人以爲諂；王僧達抗意於路瓊之，以殺其身，人以爲褊躁。遠小人不惡而嚴，君子蓋必有道也。一二八

由此可見身之平日之修養，不激不隨，處亂世之要訣也。

梁武帝太清二年，侯景募人奴降者，悉免爲良。得朱异奴，以爲儀同三司，异家貲産悉與之。奴乘良馬，衣錦袍，於城下仰詬异曰：「汝五十年仕宦，方得中領軍；我始事侯王，已爲儀同矣。」於是三日之中，羣奴出就景者以千數，景皆厚撫以配軍，人人感恩，爲之致死。

注曰：凡爲奴者皆羣不逞也，一旦免之爲良，固已踴躍，況又資之以金帛，安得不爲賊致死乎！士大夫承平之時，虐用奴婢，豈特誤其身，誤其家，亦以誤國事，可不戒哉！一六一

奴婢，專制時代産物也。侯景之所爲，特利用階級之争，以遂其欲耳。鄙諺有之，曰「有勢不可恃盡」，亦忠厚留有餘地步之意也。元初，故公相家子弟免於困辱者鮮矣，身之蓋有所見而云然也。

陳臨海王光大元年，齊七兵尚書畢義雲，爲治酷忍，於家尤甚。夜爲盜所殺，遺其刀，驗之，其子善昭所佩刀也，有司執善昭誅之。

注曰：史書此以垂戒。然以情觀之，善昭果弑其父，必不遺刀以待驗，蓋盜爲此計以殺其子。一七〇

此亦居家刻薄之戒，殺其父不啻並殺其子也。

陳宣帝太建七年，齊主緯一戲之費，動踰巨萬。既而府藏空竭，乃賜二三郡或六七縣，使之賣官取直。由是爲守令者率皆富商大賈，競爲貪縱，民不聊生。

注曰：史極言齊氏政亂，以啓敵國兼并之心，又一年而齊亡，有天下者可不以爲鑒乎！

書名通鑑，豈苟然哉！一七二

政治不脩明，不能禁人之不窺伺。「上下交征利而國危矣」，孟子所言之定律，後世莫

能推翻也。故敵人兼并之心誠可恨，然實己之亂政有以招之，則盍反其本矣。

隋文帝開皇十九年，上幸仁壽宮。

注曰：仁壽宮成於開皇十五年。方其成也，文帝怒，欲罪楊素，獨孤后喜而賞之，繼此屢幸仁壽宮，至仁壽之末，卒死於仁壽宮。仁者壽，帝窮民力以作離宮，可謂仁乎？其不得死於是宮，宜矣。帝怒楊素而不加之罪，其后喜則亦從而喜之，豈非奢侈之能移人，觸境而動，至於流連而不知反，卒詒萬世笑，是知君德以節儉爲貴也。一七八

此蓋爲南宋宮庭之華侈言之。

隋恭帝義寧元年，薛舉自稱秦帝，立其子仁果爲太子。仁果性貪而好殺，嘗獲庾信子立，怒其不降，磔於火上。

注曰：庾信自梁入關，有文名。史言薛仁果在兵間不能收禮文藝名義之士，卒以敗亡。一八四

庾信而有不降之子，所謂犂牛之子也。仁果鄙夫，固無大志，亦其平日蓄憤於士類有以致之。

武后久視元年，初，狄仁傑爲魏州刺史，有惠政，百姓爲之立生祠。後其子景暉爲魏州司功參軍，貪暴爲人患，人遂毁其像。

注曰：史言狄仁傑盡忠，所以勸天下之爲人臣；言其以景暉貪暴而毁祠，所以戒天下之爲人子。二〇七

口碑爲上，祠像不足恃也。政潮起伏無定，則祠像之興廢亦無定。巍巍豐碑，數年之間，旋起旋仆者有矣，一時之虚榮，烏足羡乎！

唐德宗興元元年，李晟流涕誓衆，決志平賊。

注曰：李懷光自河北千里赴難，不可謂不勇於勤王。以其兵力固可以指期收復，君臣猜嫌，反忠爲逆，張名振所謂「自取族滅，富貴他人」，有味乎其言也！後之觀史者，觀懷光之勤王始末，與張名振所以諫懷光之言，與夫史家歸功李晟之言，則凡居功名之際者，可不戒哉！二三〇

李懷光之叛，盧杞迫之也；李晟之罷，張延賞間之也。故善謀國者必使上無妨功害能之臣，而後下有竭忠盡節之士。李晟之善終，李晟之忠誼過人也。新唐書贊之曰：「功蓋天下者，惟退，禍可以免。」信哉斯言！

唐憲宗元和十四年，自廣德以來，垂六十年，藩鎮跋扈，河南北三十餘州，自除官吏，不供貢賦，至是盡遵朝廷約束。

注曰：嗚呼！「兼并易也，堅凝之難」。讀史至此，盍亦知其所以得，鑒其所以失，則知資

治通鑑一書不苟作矣！二四一

「兼并易能也，惟堅凝之難」，乃荀子議兵篇語。元和之治，幾至中興，此杜黄裳、裴垍、李絳、裴度之力也。淮西既平，帝浸驕侈，皇甫鎛、程异以數進羨餘並拜相，裴度、崔羣争之不得，河朔功烈未終，憲宗卒以多慾隕於弑逆，惜哉！易曰：「開國承家，小人勿用。」此之謂也。

唐武宗會昌三年，仇士良致仕，其黨送歸私第，士良教以固權寵之术曰：「天子不可令閑，常宜以奢靡娱其耳目，使無暇更及他事，然後吾輩可以得志。慎勿使之讀書，親近儒生，彼見前代興亡，心知憂懼，則吾輩疏斥矣。」其黨拜謝而去。

注曰：觀仇士良之教其黨，則閹寺豈可親近哉！二四七

閹寺亦人耳，未必其性獨惡也。因爲人主之左右近習，故易於爲不善，人主所當戒避之。王深寧曰：「姦臣惟恐其君之好學近儒，非獨仇士良也。吴張布之排韋昭、鄭沖，李宗閔之排鄭覃、殷侑，亦士良之术。」語見困學紀聞十四。然則左右近習之欲蒙蔽其主，自昔而然，非獨閹寺。故凡有國有家及爲人上者，皆不可不察也。

唐僖宗中和二年，加淮南節度使高駢兼侍中，罷其鹽鐵轉運使。駢既失兵柄，又解利權，攘袂大詬，遣其幕僚顧雲，草表自訴，言辭不遜。上命鄭畋草詔切責之，其略曰：「朕雖沖人，

安得輕侮！」

注曰：「惡聲至，必反之」，較計是非，明己之直，此委巷小人相詬者之爲耳。古者文告之辭，漢魏以下，數責其罪，何至如此！通鑑書之，以爲後世戒。二五五

唐末紀綱隳壞，君不君，臣不臣，至於反唇相稽，政府威嚴，掃地以盡，何所恃而不亡乎！

唐昭宗天復三年，楊行密夫人，朱延壽之姊也。行密狎侮延壽，延壽怨怒，陰與田頵通謀。

注曰：書旅獒曰：「德盛不狎侮。狎侮君子，罔以盡其心；狎侮小人，罔以盡其力。」楊行密狎侮朱延壽，幾至於亡國喪家，蓋危而後濟耳，可不戒哉！二六四

此亦君不君，臣不臣，相習成風，陵夷以至五季，而天下大亂矣。

後梁太祖開平二年，晉王置酒會諸將於府舍，伏甲執克寧、存顥於座。晉王流涕數之曰：「兒歸以軍府讓叔父，叔父不取。今事已定，奈何復爲此謀，忍以吾母子遺仇讎乎！」克寧曰：「此皆讒人交搆，夫復何言！」是日殺克寧及存顥。

注曰：李克寧之奉存勗，初焉非不忠順。其後外搖於讒口，內溺於悍妻，以至變節而殺其身。地親而屬尊者，居主少國疑之時，可不戒哉！二六六

此亦惟急流勇退，推賢讓能，可以免禍。

後梁均王貞明四年，蜀主不親政事，内外遷除，皆出於王宗弼。宗弼納賄多私，上下咨怨。宋光嗣通敏善希合，蜀主寵任之，蜀由是遂衰。

注曰：有政事則國彊，無政事則國衰。衰者亡之漸也，可不戒哉！二七〇

廣土衆民，政治不良，猶足以亡國，况小國乎！彼徒以地大物博自誇者，可以惕然矣！

後梁均王龍德元年，徙靜勝節度使温昭圖爲匡國節度使，鎮許昌。昭圖素事趙巖，故得名藩。

注曰：温昭圖求徙鎮，見上年。靜勝，梁之邊鎮，且兩縣耳。匡國，唐之忠武軍，領許、陳、汝三州，自來爲名藩。趙巖以名藩授昭圖，以緩急投之以託身，而斬巖者昭圖也。勢利之交，可不戒哉！二七一

趙巖者趙犨次子，朱温壻，新舊史皆附犨傳，而目無名。温昭圖即温韜。當巖用事時，韜曲事巖。唐莊宗滅梁，巖謂從者曰：「吾常待韜厚，必不負我。」遂奔許州，韜迎謁歸第，斬首以獻，盡没其所齎之貨。事見下卷唐同光元年。以利始者以利終，此之謂也。

龍德二年，蜀軍使王承綱女將嫁，蜀主取之入宫。承綱請之，蜀主怒，流於茂州。女聞父得罪，自殺。

注曰：蜀主取何康之女，其夫以之而死；取王承綱之女，則承綱以之得罪，女以之殺身，

通鑑屢書之以示戒。二七一

漢成帝時，趙飛燕女弟趙昭儀入宫，資質醲粹，見者嗟賞，獨披香博士淖方成唾之曰：「此禍水也，滅火必矣。」此語班、荀二書皆不載，通鑑獨採趙后外傳載之三十一卷鴻嘉三年中。誠以女色之爲禍烈，而此語之警人深也，要在乎有以節制之云爾。

後唐明宗天成元年，四月帝殂，李彦卿等慟哭而去，左右皆散。善友斂廡下樂器，覆帝尸而焚之。

注曰：自此以上至是年正月，書「帝」者皆指言莊宗。莊宗好優而斃於郭門高，好樂而焚以樂器，故歐陽公引「君以此始，必以此終」之言以論其事，示戒深矣。二七五

上冠明宗年號，而下所書「帝」乃指莊宗，故注特揭之。歐公語見五代史伶官傳，示戒不爲不深。然南宋君相歌舞湖山之樂，曾未少輟。武林舊事十卷，記歌舞者殆居其半也。噫！

後唐潞王清泰元年，蜀主下詔暴李仁罕罪，並其子繼宏及宋從會等數人，皆伏誅。是日李肇釋杖而拜。

注曰：李肇事孟知祥，於董璋之難，陰拱而觀其孰勝。董璋既死，肇宜不免於死矣，孟知祥念其劍州之功，不以爲罪。及事少主，釋位入朝，倨傲不拜，其誰能容之！一見李仁罕

之誅，遽釋杖而拜，前倨後恭，欲以求免，不亦難乎！通鑑書之，以爲武夫恃功驕悖者之戒。二七九

五代十國之際，藩鎮割據，名爲君臣，實同敵國。其力足以相抗則倨，不足以相抗則恭，固不知有君臣之分也。

後晉高祖天福五年，李承裕貪剽掠，與晉兵戰而敗，失亡四千人。唐主惋恨累日，自以戒勑之不熟也。

注曰：唐主生於兵間，老於兵間，軍之利鈍，熟知之矣。其惋恨者，誠有罪己之心，惜不能如秦穆公耳。至馮延巳輩，乃訕笑先朝，至於蹙國殄民而後已。書曰：「否則侮厥父母，曰昔之人無聞知。」延巳之謂矣。後之守國者尚鑒茲哉！二八二

馮延巳見陸游南唐書十一，相元宗李景，大言輕躁，至譏笑烈祖李昪戢兵，以爲齷齪無大略。嘗曰：「安陸之役，喪兵數千，輟食咨嗟者旬日，此田舍翁安能成大事！」不知兵者凶器，豈可易言！李昪之戰戰兢兢，蓋其慎也。苟輕舉妄動，冀徼倖於一時，小足喪師，大足亡國。身之蓋有鑒於開禧之役，輕啓釁端，馴至覆亡，而不可收拾也。

後晉齊王天福八年，蜀主以宣徽使兼宮苑使田敬全領永平節度使。敬全，宦者也，引前蜀王承休爲比而命之。

注曰：前蜀主王衍，使宦者王承休帥秦州，事見二百七十三卷唐莊宗同光二年。詩云：「殷鑒不遠，在夏后之世。」孟昶不能以前蜀之亡國爲鑒，乃引王承休爲比，以崇秩宦官，其國至宋而亡，晚矣！二八三

人有所惑溺，則未來之禍患，每不能敵目前之喜悦，古今所以多覆轍相尋之事乎！

後漢高祖乾祐元年，磔重威尸於市，市人争啖其肉。

注曰：怨杜重威賣國，引虜入汴，而都人被其毒也。二八七

争啖其肉，非果有其事也，史言人之恨之，不比於人類，而以爲禽獸耳。千夫所指，不疾而死，引敵人殘害宗國者，可爲寒心矣。

又，李嶼僕夫葛延遇，爲嶼販鬻，多所欺匿，嶼抶之，督其負甚急。延遇與蘇逢吉之僕李澄謀上變，告嶼謀反。

注曰：孔子有言，「治家者不敢失於臣妾」，而況居昏暴之朝乎！二八八

臨安既亡之後，所謂士大夫家爲奴僕上變，告其受宋二王文帖者甚衆，略見元史賈居貞傳。故欲保持門户者，相率求附於新朝，如袁洪、張伯淳之倫是也。

後周太祖廣順二年，唐司徒致仕李建勳卒。且死，戒其家人曰：「時事如此，吾得良死幸矣。勿封土立碑，聽人耕種於其上，免爲他日開發之標。」及江南之亡也，諸貴人高大之家，

無不發者，惟建勳冢莫知其處。

注曰：李建勳知國事之日非，而骸骨得保其藏，可不謂智乎！二九〇南唐書九論之曰：「李建勳非不智也，知湖南之師必敗，知其國且亡，皆如蓍龜。然其智獨施之一己，故生則保富貴，死猶能全其骸於地下。至立於羣枉間，一切無所可否，唯諾而已，視覆軍亡國，君父憂辱，若己無與者。」嗚呼！放翁之論若此，建勳之智，果足尚乎？身之何爲而稱道之？癸辛雜識續集上曰：「自楊髡發陵後，江南掘墳大起，天下無不發之墓矣。」身之蓋有感於此而稱道之也。夫枯骨無保存之必要，然就社會秩序及風俗習慣言之，豈不以得保藏爲「智」乎！

治術篇第十一

治術者致治之術，即身之之政論也。身之生平不喜滕口說，不喜上書言時事，國變以後，尤與政治絕緣。然其注通鑑，不能舍政治不談，且有時陳古證今，談言微中，頗得風人之旨，知其未嘗忘情政治也。表微初擬立君道、相業諸篇，今特刪併于治術，亦不多尚空言之意耳。

周顯王三十五年，屈宜臼謂韓昭侯曰：「前年秦拔宜陽，今年旱，君不以此時卹民之急，而顧益奢，此所謂時詘舉贏者也。」

注曰：徐廣曰：「時衰耗而作奢侈。」言國家多難而勢詘。此時宜卹民之急，而舉事反若有贏餘者，失其所以爲國之道矣。「時詘舉贏」，蓋古語也。卷二

此蓋爲宋徽宗言之。泊宅編言：「崇、觀以來，天下珍異，悉歸禁中，四方梯航，殆無虛日，大則寵以爵祿，其次錫賚稱是。宣和五年，平江府朱勔造巨艦，載太湖石一塊至京，以千人舁進，役夫各賜銀椀並官，其四僕皆承節郎及金帶，勔遂爲威遠軍節度使，而封石爲槃固侯。」是時遼夏交侵，金人亦乘機思動，國家多難而勢詘，政府渺不卹民，

而舉事反若有贏餘也。

周赧王四十四年，趙田部吏趙奢收租税，平原君家不肯出，趙奢以法治之，平原君以爲賢，言之於王。王使治國賦，國賦大平，民富而府庫實。

注曰：觀此，則趙奢豈特善兵哉，可使治國也。卷五

國法貴平等，任何人不應享有特權。元史世祖紀至元二十八年三月條，言：「江淮豪家，多行賄權貴，遇有差賦，唯及貧民。」天下所以不平也。今趙奢能執法，平原君亦能服善，此其所以爲濁世佳公子歟！

漢高帝元年，沛公見秦宫室帷帳、狗馬、重寶、婦女以千數，意欲留居之。樊噲諫曰：「沛公欲有天下耶？將爲富家翁耶？凡此奢麗之物，皆秦所以亡也，沛公何用焉！願急還霸上，無留宫中。」

注曰：樊噲起於狗屠，識見如此。余謂噲之功，當以諫留秦宫爲上，鴻門誚讓項羽次之。卷九

王深寧曰：「淮陰侯羞與噲伍，然噲亦未易輕，諫留居秦宫，鴻門譙項羽，排闥入見，一狗屠能之，漢廷諸公不及也。」語見困學紀聞十二，意與身之同。

漢高帝三年，廣武君對韓信曰：「今將軍威震天下，農夫莫不輟耕釋耒，褕衣甘食。」

注曰：褕音瑜，靡也。此言當時之人，畏信之威聲，不能自保其生業，皆輟耕釋耒，褕靡其衣，甘毳其食，以苟生於旦夕，不復爲久遠計。卷一〇

鐵蹄蹂躪之下，地方或反覺繁榮，皆此等心理爲之也。

漢哀帝建平三年，王嘉諫數變易二千石，及勸上畜養大夫。

注曰：按嘉此疏，誠中當時之病。然爲相者在於朝夕納誨，隨事矯正，天下不能窺其際，而自臻於治平，不在著見於奏疏，以騰口說也。自宣帝之後，爲相者始加詳於奏疏，而考其治跡，愈不逮前，相業固不在乎此也。卷三四

此有慨於宋人奏疏之冗也。上書動輒萬言，閱之豈易終卷，釀爲風氣，賢者不免。申公曰：「爲治不在多言，顧力行何如耳。」身之不喜滕口說，屢見於注，亦可見其性格之一斑。

漢章帝建初八年，温公論曰：是故知善而不能用，知惡而不能去，人主之深戒也。

注曰：温公此論，用齊桓公管仲論郭公所以亡國之意。爲竇憲擅權張本。卷四六

說見新序卷四雜事篇。宋理宗亦郭公之流，故權臣相繼執政也。

晉成帝咸康五年，南昌文成公郗鑒疾篤，以府事付長史劉遐，上疏乞骸骨，且曰：「臣所統錯雜，率多北人，或逼遷徙。」

〔注曰：謂中原之人，有戀土不肯南渡者，以兵威逼遷之也。卷九六

安土重遷，人之恒情。然太王去邠，從之者如歸市；劉玄德江陵之行，荆楚從之者十餘萬人，固不必以兵威逼遷之也，視其平日能否得民耳！

晉穆帝永和二年，石虎立私論朝政之法，聽吏告其君，奴告其主。公卿以下朝覲，以目相顧，不敢復相過從談語。

〔注曰：石虎之法，雖周厲王之監謗，秦始皇之禁耦語，不如是之甚也。卷九七

秦檜之持和議，忠臣良將，誅鋤殆盡。又興文字之獄，許人告訐，凡私論朝政，皆貶竄之，察事之卒，布滿京城，少涉譏議即捕治，以塞士夫之口。檜之法，石虎之法也。

晉簡文帝咸安二年，秦王堅詔：關東之民，學通一經、才成一藝者，在所以禮送之。在官百石以上，學不通一經、才不成一藝者，罷遣還民。

〔注曰：苻堅之政如此，而猶不能終，況不及苻堅者乎！一〇三

此有感於元初之賤儒，而知其不能久也。果也身之卒後六十六年而元亡。

晉孝武帝太元二十一年，燕主寶定士族舊籍，分辨清濁，校閱户口，罷軍營封蔭之户，悉屬郡縣。由是士民嗟怨，始有離心。

〔注曰：斯事行之未必非也，但慕容寶即位之初，國師新敗，又遭大喪，下之懷反側者多，

未可遽行耳！大學曰：「物有本末，事有終始，知所先後，則近道矣。」一〇八

事有可行而行之非其時者。錢塘遺事六，載：「御史陳伯大奏行士籍。先是朝廷患科場弊倖百出，有發解過省，而筆跡不同者，有冒已死人解帖免舉者。乃議今後凡應舉及免舉人，各于所屬州縣給歷一道，親書歷首，將來赴舉過省，參對筆跡異同，以防僞濫，時人謂之繫籍秀才，咸淳庚午科已行之矣。時人有詩曰：『戎馬掀天動地來，襄陽城下哭聲哀，平章束手全無策，却把科場惱秀才。』」言非危亡之急務也。癸辛雜識別集下亦載之。

齊武帝永明八年，交州刺史清河房法乘，專好讀書，常屬疾不治事，由是長史伏登之得擅權改易將吏，不令法乘知。

注曰：史言徒讀書而無政事者，不足以當方任。一三七

人各有能有不能，不必盡人而從政也。用違其材，則有三害：害其人，害其民，害其事。子路使子羔爲費宰，子曰：「賊夫人之子。」即此意也。然身之此條，則殆爲當時之學究言之。癸辛雜識續集下，載：「吳興老儒沈仲固言：『道學之名，起於元祐，盛於淳熙。其徒有假其名以欺世者，凡治財賦者則目爲聚斂；開闔扞邊者則目爲麄材；留心政事者則目爲俗吏。考其所行，則皆不近人情之事，異時必將爲國家莫大之

禍,恐不在典午清談之下也。』余時年甚少,聞其説如此,頗有甚矣之歎。至淳祐間,每見所謂達官朝士,必憒憒冬烘,然後信仲固之言不爲過。蓋賈似道當國,獨握大權,惟恐有分其勢者,故專用此一等人,名爲尊崇道學,實幸其不才憒憒,不致掣其肘耳。以致萬事不理,喪身亡國,仲固之言,不幸而中」云。此道學末流之弊也。

永明十一年,魏主至肆州,見道路民有跛眇者,停駕慰勞,給衣食終身。

注曰:此亦可謂「惠而不知爲政」矣。見者則給衣食,目所不見者,豈能遍給其衣食哉!古之爲政者,孤獨廢疾皆有養,豈必待身親見而後養之也。一三八

老學庵筆記二,言:「崇寧間置居養院,安濟坊,漏澤園,所費尤大,朝廷課以爲殿最,往往竭州郡之力,僅能枝梧。諺曰:『不養健兒,却養乞兒;不管活人,只管死尸。』」亦譏其不知爲政也。

梁武帝天監十一年,詔「自今逋謫之家,及罪應質作,若年有老小,可停將送。」

注曰:所謂寬庶民者如此而已。而不能繩權貴以法,君子是以知梁政之亂也。一四七

元成宗大德元年十一月,大都路總管沙的,坐贓當罷,帝以故臣子,特減其罪,俾仍舊職。明胡粹中評之曰:「法者人主所與天下共者也,以故臣子特減其罪,則廢法矣,法廢而欲治天下得乎?其後江浙平章教化、的里不花、南臺中丞張閭,互相告劾,兩釋不

問。元之政綱，凌遲墮廢，不待至正之末而後見也。」語見元史續編五。教化與的里不花、張問，互劾贓污事，見成宗紀「大德三年三月」條，皆身之所親聞者也。

梁武帝中大通六年，東魏丞相歡，復謀遷都，遣三千騎鎮建興，益河東及濟州兵，擁諸州和糴粟，悉運入鄴城。

注曰：和糴以充軍食，蓋始於此。歷唐至宋，而民始不勝其病矣。一五六

和糴之害，嘉定間陳耆卿曾疏言之，曰：「和糴將以利民也，而民或以爲害，其故何哉？蓋由民與民爲市，此其所樂也；民與官爲市，此其所畏也。市之價增，官之價減，一害也。市無斛面，而官有斛面，二害也。市以一人操槩量，無他費焉；而官之監臨者多，誅求無厭，三害也。市先得錢，而官先槩粟，有候伺之苦，有錢陌不足之弊，四害也。四害不去，故凶年未有其利，而豐年已罹其擾，名雖爲和，實則强也。今誠宜播告有司，每遇收糴，必增其價，而先予之錢，蠲其斛面，而俾自操其槩量，吏有騷動取贏者，必寘之于罰。如是，則雖一日萬斛，彼將樂趨之不暇，裕民實邊，二責併塞矣。」疏見王圻續文獻通考卅一，庫本篔窗集未收也。

梁武帝大同二年，尚書右丞江子四上封事，極言政治得失。詔曰：「古人有言，屋漏在上，知之在下。朕有過失，不能自覺，江子四等封事所言，尚書可時加檢括，於民有蠹患者，宜

速詳啓。」

注曰：江子四所上封事，必不敢言帝崇信釋氏，而窮兵廣地，適以毒民，用法寬於權貴，而急於細民等事，特毛舉細故而論得失耳。一五七

江子四封事史不傳，然由大同十一年賀琛陳四事，帝詰責主名觀之，知江子四所言，必無關痛癢之事也。故司馬温公嘗論之。潛研堂文集二，亦有梁武帝論，謂「梁之亡，亡於拒諫而自滿」，即以賀琛之事爲證。賀琛之諫，非甚激切，而帝口授主書誚讓，凡千七百餘言，必使之謝過，不敢復有指斥而後已。則帝乃一飾非怙過之人，其詑詑之聲音顔色，實拒人於千里之外者也。

大同十一年，散騎常侍賀琛啓陳四事，其二，以爲今天下所以貪殘，良由風俗侈靡，誠宜嚴爲禁制，道以節儉，糾奏浮華，變其耳目。夫失節之嗟，亦民所自患，正恥不能及羣，故勉彊而爲之。

注曰：易曰：「不節若，則嗟若，無咎。」象曰：「不節之嗟，又誰咎也。」琛引用之，以發己意，此論誠切中人情。一五九

人在社會，不能孤立。事有非所願爲，而風氣如此，志意稍弱，則不敢不隨流俗，所謂「勉彊爲之」也。負轉移風氣之責者，當有以扶植之。

陳宣帝太建十三年，初，蘇綽在西魏，以國用不足，制征税法頗重。

注曰：後周太祖作相，置司賦，掌功賦之政令，凡人自十八以至六十有四，與輕癃者，皆賦之。其賦之法，有室者歲不過絹一疋，綿八兩，粟五斛，丁者半之。其非桑土有室者，布一疋，麻十斤，丁者又半之。豐年則全賦，中年半之，下年一之，皆以時徵焉。若艱荒凶札，則不徵其賦。又有市門之税。自今觀之，亦不爲重矣，而蘇綽猶望後之人弛之，可謂有志於民矣。一七五

「今」指元初，歎當時聚斂之臣之不卹民也。至元二十一年，盧世榮用事，以錙銖掊克爲功，董文用折之曰：「牧羊者歲兩剪其毛，今牧人日剪而獻之，主者固悦其得毛之多，然羊無以避寒熱，即死且盡，毛又可得耶！民財有限，取之以時，猶懼傷之，今刻剥無遺，猶有民乎？」世榮不能對。語見道園學古録二十董公行狀，元史文用傳採之。則當時征税之重可知矣。

又，突厥入寇，長孫晟上書隋主曰：「今諸夏雖安，戎虜尚梗，興師致討，未是其時，棄於度外，又相侵擾。」

注曰：此二語明指出當時利病。今人多上書言時事，滕口説耳。一七五

身之不喜人上書言時事，滕口説，又見於此。

陳長城公至德元年，隋柳彧以近世風俗，每正月十五夜，然燈遊戲，奏請禁之，曰：「竊見京邑，爰及外州，每以正月望夜，充街塞陌，聚戲朋遊，鳴鼓聒天，燎炬照地，竭貲破産，競此一時，男女混雜，緇素不分。穢行因此而成，盜賊由斯而起。」

注曰：觀此，則上元遊戲之弊，其來久矣。後之當路者，能不惑於世俗，奮然革之，亦所謂豪傑之士也。一七五

歲時遊戲之俗，各有其歷史，苟無大害於民，原不必遽然禁止。但上元遊戲之弊，至宋而極，今存宋會要輯本及夢華、夢粱諸録，均可考見。春明退朝録中言：「本朝上元遊戲之盛，冠於前代。」容齋三筆一亦言：「唐人上元觀燈，前後各一日，本朝增爲五夜。」然未聞有如柳彧請禁止之者，獨司馬温公集廿一，有論上元遊幸劄子，及論上元婦人相撲狀云：「竊聞今月十八日，聖駕御宣德門，召諸色藝人進技，賜與銀絹，内有婦人相撲，亦被賞賚。臣愚竊以爲宣德門者，國家之象魏，所以垂憲度，布號令也。今上有天子之尊，下有萬民之衆，后妃侍旁，命婦縱觀，而使婦人裸戲於前，非所以隆禮法、示四方也。」温公之言如此，亦欲帝滅遊觀之樂，禁婦人裸戲於衆前耳，非請廢止上元遊戲之俗也。而身之獨欲奮然革之者何哉？豈非憤當時之時詘舉贏，商女不知亡國恨乎！

隋文帝開皇十七年，帝以盜賊繁多，命盜一錢以上皆棄市，於是行旅皆晏起早宿，天下懔懔。有數人劫執事而謂之曰：「吾豈求財者邪！但爲枉人來耳。而爲我奏至尊：自古體國立法，未有盜一錢而死者也。而不爲我以聞，吾更來，而屬無類矣！」帝聞之，爲停此法。

注曰：自古以來，閭里姦豪持吏短長者則有之矣，未聞持其上至此者，宜隋季之多盜也。天下之富，一錢之積，是以古之爲政，欲其平易近民。一七八

元史一四八董文忠傳載：「世祖時多盜，詔犯者皆殺無赦，在處繫囚滿獄。文忠言：『殺人取貨，與竊一錢者均死，慘黷莫甚，恐乖陛下好生之德。』勅革之。」一八〇耶律希亮傳亦言：「大都囹圄多囚，世祖問故，希亮奏：『近奉旨，漢人盜鈔六文者殺，以是囚多。』」事與隋季同，皆濫用混一之力，以爲民無所逃於天地之間，而嚴刑以逞也。

唐高祖武德九年，精選天下文學之士虞世南、褚亮、姚思廉、歐陽詢、蔡允恭、蕭德言等，以本官兼學士，令更日宿直。聽朝之隙，引入内殿，講論前言往行，商榷政事，或至夜分乃罷。

注曰：唐太宗以武定禍亂，出入行間，與之俱者，皆西北驍武之士。至天下既定，精選弘文館學士，日夕與之議論商榷者，皆東南儒生也。然則欲守成者捨儒何以哉！一九二

「守成」云云，爲元成宗言之也。鑑注成後十七年，身之始卒，故能備見成宗初政。元本以武力得天下，賤視儒术，時有「九儒十丐」之謠。平宋以來，雖稍引進東南儒生，然

有志節者皆避之若浼，惟藉口保持門户者乃忍恥就之，故終未能收儒之效也。

又，初，蕭瑀薦封德彝於上皇，上皇以爲中書令。及上即位，瑀爲左僕射，德彝爲右僕射。議事已定，德彝數反於上前，由是有隙。時房玄齡、杜如晦新用事，皆疏瑀而親德彝。

注曰：太宗初政之時，以房、杜之賢，蕭瑀之直，而不相親，乃親封德彝者，蓋以瑀之疏直，難與共事於危疑之時，而封德彝之狡數，不與之親密，則不能得其情也。後之爲相者，其心無所權量，但曰親君子，遠小人，未有能濟者也。一九二

親君子，遠小人，平時修身之道也，變時用人則不然。才智藝能之人，未必盡君子；德行志節之士，未必盡才能。善爲國者每兼收而並蓄之，使各盡其能，各適其用。譬之醫藥，但問其用之是否得宜，配製是否得法，不問其有毒無毒也。如必以爲君子而後用之，則所視爲小人者，必不甘於寂寞，而別謀所以生存之路，國家於是多事矣。傳曰：「鬼有所歸，乃不爲厲。」又曰：「人而不仁，疾之已甚，亂也。」身之云云，蓋深有感於君子小人之争，互相起伏，終宋世而無補於亡也。

唐太宗貞觀六年，上謂魏徵曰：「爲官擇人，不可造次，用一君子，則君子皆至，用一小人，則小人競進矣。」對曰：「然。天下未定，則專取其才，不考其行；喪亂既平，則非才行兼備，不可用也。」

注曰：觀此，則天下已定之後，可不爲官擇人乎！一九四

「天下已定」，爲元初吏治言之也。今元史本紀，悉本於官修實録，事多隱飾。然貪賄之事，猶史不絶書，如成宗紀大德七年條，言「所罷贓污官吏，凡一萬八千四百七十三人」，時身之卒後一年也，則成宗初年之吏治可知矣。元史一七六王壽傳，載：「壽大德中爲侍御史，論事剴切，嘗言：『世祖初置中書省，安童等爲丞相，廉希憲、許衡、姚樞等左右之，當時稱治。迨至阿合馬、郝禎、耿仁、盧世榮、桑哥、忻都等壞法黷貨，流毒億兆。近者阿忽台、伯顏、八都、馬辛、阿里等專政，煽惑中禁，幾搖神器。君子小人，已試之驗如此。臣今邪正互陳，成敗對舉，庶幾懲其既往，知所進退』」云。所謂近者，即指成宗初政。然其實世祖時吏治已壞，廉希憲、許衡之徒，混一後不久即逝。所相與圖治者，如盧世榮、桑哥等，皆蠹國病民之尤，而用之於天下既定之後，故身之爲之喟然。

武后長壽元年，禁天下屠殺及捕魚蝦。江淮旱饑，民不得採魚蝦，餓死者甚衆。

注曰：后禁屠捕，而殺人如刈草菅，可以人而不如物乎！二〇五

此與齊主高洋同其矛盾者也。北齊書文宣紀稱：「帝昏邪殘暴，近世未有。凡諸殺害，多令支解，或焚之於火，或投之於河，酷濫不可勝紀。」然天保八年四月，曾詔「諸取

蝦蟹蜆蛤之類，悉令停斷」。九年二月，又詔「限仲冬一月燎野，不得他時行火，損昆蟲草木」。抑何其仇視人類，而愛惜物類如此乎！

唐德宗建中四年，陸贄奏：「況其餘衆，蓋並脅從，苟知全生，豈願爲惡！」

注曰：史炤曰：「書云：『脅從罔治。』孔穎達疏云：『謂被脅從而距王命者。』」余謂脅從者，爲威力所迫脅，不得已而從逆，非同心爲逆者也。二二八

當地方淪陷之秋，人民或死或亡，或隱或仕，不出斯四者。奮勇殺賊，上也；褰裳去之，次也；杜門用晦，亦其次也；靦顏事敵，是謂從逆，從逆則視其爲威力所迫脅，抑同心爲逆，而定之罪，可矣。

唐憲宗元和元年，杜佑請解財賦之職，以李巽爲度支鹽鐵轉運使。自劉晏之後，居財賦之職者，莫能繼之。巽掌使一年，征課所入，類晏之多，明年過之，又一年加一百八十萬緡。

注曰：然則李巽勝劉晏乎？曰不如也。晏猶有遺利在民，巽則盡取之也。二三七

蓋亦爲盧世榮輩言之。世榮既以聚斂，驟陞執政。時陳天祥爲監察御史，疏言：「世榮由白身擢江西榷茶轉運使，於其任專務貪饕，所犯贓私以萬計。今竟不悔前非，以苛刻爲自安之策，以誅求爲干進之門，是猶以盜跖而掌阿衡之任也。夫財者天地所生，民力所集，天地之間，歲有常數，惟其取之有節，故能用之不乏。今世榮欲以一歲

之期，致十年之積，危萬民之命，易一世之榮，廣邀增羨之功，不卹顛連之患。將見民間由此凋耗，天下由此空虛，安危利害之機，殆有不可勝言者。」語見元史一六八天祥傳。此又李巽之不如者也。

元和三年，以右庶子盧坦爲宣歙觀察使。坦到官，值旱饑，穀價日增，或請抑其價，坦曰：「宣歙土狹穀少，所仰四方之來者，若價賤，則商船不復來，益困矣。」既而米斗二百，商旅輻湊。

注曰：後人用此策以救荒者，盧坦發之也。二三七

穀賤傷農，古有明訓。利之所在，人自趨之。不患穀價之增，而患購買之無力也。

唐穆宗長慶元年，幽州節度使張弘靖，莊默自尊。所辟判官韋雍輩，多年少輕薄之士，裁刻軍士糧賜，數以「反虜」詬責吏卒。又謂軍士曰：「今天下太平，汝曹能挽兩石弓，不若識一丁字。」由是軍中人人怨怒。

注曰：撫柔荒獷，宣流德化，適其俗修其政者易爲功。駭之以其所未嘗見，懼之以其所未嘗聞，鮮不速禍。二四一

河北雖嘗叛亂，然首逆自是安、史，吏卒何罪！雍輩輕肆，乃數以「反虜」詬之，宜其怨怒也。且幽州之人，嘗謂祿山、思明爲二聖矣，語見新書張弘靖傳。弘靖之政，不優

於安、史，雍等復驕縱自恣，而欲以法繩人，安得不速禍乎！

又，韋雍出，逢小將策馬衝其前導，雍命曳下，欲於街中杖之。河朔軍士不貫受杖，不服。

注曰：韋雍欲以柳公綽治京兆之體治幽燕，然公綽行之，則可肅清輦轂；韋雍行之，則召禍興戎，所居之地不同也。二四二

事有可行，而行之非其人，或行之非其地者，此類是也。史言「韋雍輩嗜酒，出入傳呼甚盛，或夜歸，燭火滿街，皆燕人所不習」云。蓋是時河朔初平，故新統治者豪縱至此。

長慶四年，初，穆宗之立，神策軍士人賜錢五十千，宰相議以太厚難繼，乃下詔稱：「宿衛之勤，誠宜厚賞，屬頻年旱歉，御府空虛，邊兵尚未給衣，霑卹期於均濟。神策軍士人賜絹十匹，錢十千，仍出内庫綾二百萬匹付度支，充邊軍春衣。」時人善之。

注曰：李逢吉爲相，時人之所惡也。一事之善，則時人善之，非是非之公歟！二四三

錢塘遺事四言：「理宗之季，官以賄成，宦官外戚用事。賈似道爲相年餘，逐巨璫董宋臣、李宗輔，勒戚畹歸，不得任監司郡守。百官守法，門客子弟斂跡，不敢干政，人頗稱其能。」癸辛雜識後集亦有「賈相制外戚抑北司戢學校」條，所謂是非之公也。陔餘叢考四一，乃疑此爲周密嘗受似道盻睞所致，不知此等事宋史似道傳並載之，豈修宋史者亦黨於似道耶！專制之極，使人不敢稱其惡，今乃不許稱人善，亦豈是非之公耶！

唐僖宗乾符元年，自懿宗以來，奢侈日甚，用兵不息，賦斂愈急。關東連年水旱，州縣不以實聞，上下相蒙，百姓流殍，無所控訴，相聚爲盜，所在蜂起。州縣兵少，加以承平日久，人不習戰，每與盜遇，官軍多敗。

注曰：是後王仙芝、黄巢，遂爲大盜，史先言唐末所以致盜之由。二五二

人非好爲盜，亦不樂從盜，盜之起多由於不足與不平。至於智識分子背朝廷而附之，則朝政之不浹人心更可知矣。身之蓋有感於方臘、范汝爲之事也。宣和二年，方臘反睦州，泊宅編載其事，尚多忌諱。青溪寇軌引容齋逸史，記其號召之詞，有足令人興奮者，曰：「時吴中困於朱勔花石綱之擾，比屋致怨。方臘乃椎牛釃酒，召惡少百餘人會飲，酒數行，臘起曰：『天下國家，本同一理。今有子弟耕織，終歲勞苦，少有粟帛，父兄悉取而靡蕩之，稍不如意，則鞭笞酷虐，至死弗卹，於汝甘乎？』皆曰：『不能。』臘曰：『靡蕩之餘，又悉舉而奉之仇讎，仇讎賴我之資，反見侵侮，則使子弟應之；子弟力弗能支，則譴責無所不至，然歲奉仇讎之物，初不以侵侮廢也，於汝安乎？』皆曰：『安有此理！』臘涕泣曰：『今賦役繁重，官吏侵漁，農桑不足以供應。吾儕所賴爲命者，漆楮竹木耳，又悉科取無錙銖遺。且聲色狗馬，土木禱祠，甲兵花石，糜費之外，歲賂西北二虜銀絹以百萬計，皆吾東南赤子膏血也，宰相以此爲安邊之長策，獨吾民終

歲勤動，妻子凍餒，求一日飽不可得，諸君以爲如何？』皆憤憤曰：『惟命。』臘曰：『三十年來，元老舊臣，貶死殆盡。當軸者皆齷齪邪佞之徒，但知以聲色土木，淫蠱上心。在外監司牧守，亦皆貪鄙成風，不以地方爲意。東南之民，苦於剥削久矣。近歲花石之擾，尤所弗堪。諸君若能仗義而起，四方必聞風響應，不然，徒死於貪吏耳，諸君其籌之。』皆曰：『善。』遂部署其衆千餘人，以誅朱勔爲名，見官吏公使人皆殺之。民方苦於侵漁，果所在響應，遂連陷郡縣數十。」宋史四六八，稱其「凡得官吏，必斷臠支體，探其肺腸，或熬以膏油，叢鏑亂射，以償怨心。」然未聞有士人從之也。紹興二年，建州范汝爲之亂則不然。朱子語類百三十三言：「汝爲本無技能，爲衆擁戴，勢乃猖獗。置僞建之士如歐陽穎士、施逵、吴琮者，善文章，多材藝，或已登科，皆望風往從之。朝官，日以蕭、曹、房、杜，自相標置，以漢祖、唐宗，頌其功德。汝爲愚人，偃然當之。朝廷遣官軍平賊，大敗，賊乘勝據建州。建人陸棠、謝尚，有鄉曲之譽。陸乃楊龜山壻，人極端重，頗似有德器者。賊聲言使二人來招，我則降矣。朝廷遣之，既而爲賊拘縶，歐陽輩又説之日益切，因循遂爲賊用。賊敗，歐陽穎士、吴琮先誅死，陸、謝、施逵，以檻車送行在。」施脱逃入北，改名宜生，仕至翰林侍講學士，金史七九有傳，見邊事篇。謝尚宋史三六四韓世忠傳作謝嚮，稱爲范之謀主。陸棠，胡明仲爲作長傳，千七百餘言，見斐然集三十，言「士大夫爲所籠惑者，比跡而是」。則當時朝政必有貽人口實者，不然，佳人何至作「賊」哉！

乾符六年，黃巢北趣襄陽，劉巨容大破之。或勸巨容窮追，賊可盡也。巨容曰：「國家喜負人，有急則撫存將士，不愛官賞；事寧則棄之，或更得罪，不若留賊以爲富貴之資。」

注曰：唐末之政，誠如劉巨容之言。二五三

此即獸盡狗烹之說也，人於是唯恐天下不亂矣。

唐昭宗天復二年，李克用親軍，皆沙陀雜虜，喜侵暴良民，河東甚苦之。其子存勗以爲言，克用曰：「此輩從吾攻戰數十年，比者帑藏空虛，諸軍賣馬以自給。今四方諸侯，皆重賞以募士，我若急之，則彼皆散去矣，吾安與同保此乎！」

注曰：此高歡告杜弼之說也。異時莊宗既得天下，兒郎寒冷，遮馬邀求，以養成驕軍之禍，得非此語誤之邪！二六三

高歡告杜弼語，見夷夏篇。莊宗即存勗。軍興之後，民受軍人之侵暴，勢所必至，家天下者尤甚。彼以國爲君之國，非吾國，吾曾爲君出死力，君應有以償之，償之不厭所欲，則必取足諸民，而民不堪其虐矣。公天下者其禍稍輕，然仍不能免。蓋恃功而驕，常情也，故君子慎戰。

後梁太祖開平二年，淮南先是張顥用事，刑罰酷濫，縱親兵剽奪市里。徐温謂嚴可求曰：「大事已定，吾與公輩，當力行善政，使人解衣而寢耳。」乃立法度，禁彊暴，舉大綱，軍民安之。

注曰：古人有言，「盜亦有道」。然盜貨者小盜也，盜國者大盜也。觀徐温之盜國，斯言豈欺我哉！二六六

徐温淮南鹽販，爲楊行密所與起事三十六英雄之一。輔楊氏四世，多智，得民心。至養子徐知誥即李昪，遂移吴祚爲南唐，不可謂非亂世英雄也，故曰「盜亦有道」。

後梁均王貞明元年，帝疏忌宗室，專任趙巖及德妃兄弟。巖等依勢弄權，賣官鬻獄，政事日紊，以至於亡。

注曰：史言梁有自亡之由，非晉能亡之也。二六九

趙巖見勸戒篇。德妃兄弟謂張漢傑、漢倫，新舊史均附其父歸霸傳。此慨宋宗室之不振，理宗任史彌遠及賈妃弟似道，以至於亡，非元能亡之也。

後唐莊宗同光三年，漢主劉龑聞帝滅梁而懼，遣宫苑使何詞入貢，且覘中國强弱。及還，言「帝驕淫無政，不足畏也」。漢主大悦，自是不復通中國。

注曰：無敵國外患者國恒亡。漢主既知唐之不足畏，奢虐亦由是滋矣。二七三

人相習於善，則世風日上；相習於惡，則世風日下。五季之世，相習於惡者也。

後唐明宗天成二年，勅盧臺亂兵在營家屬，並全門處斬。

注曰：自帝即位以來，汴州張諫之亂，滑州于可洪之亂，以至盧臺之亂，凡亂兵皆夷其家。然而流言不息，盻盻然疾視其上者相環也。此無他，以亂止亂故爾。二七五

民有離心，雖用重典，無濟於事。故重典非萬不得已不可用，即用亦必以哀矜之道出之，可一不可再，安有屢用之而能止亂者乎！

後唐明宗長興三年，吳越武肅王錢鏐疾，謂將吏曰：「吾疾必不起。子孫善事中國，勿以易姓廢事大之禮。」

注曰：是中國率數年一易姓。錢鏐之意，蓋謂偏據一隅，知以小事大而已。苟中國有主，則臣事之，其自興自仆，吾不問也。二七七

吳越之所以能立國八十餘年者，亦幸是時中原數年一易姓耳。苟國家有強有力之政府，則割據一隅者，必不能以自存，是以宋興而吳越即取銷獨立也。

又，大理少卿康澄上書曰：「國家有不足懼者五，有深可畏者六：陰陽不調不足懼，三辰失行不足懼，小人訛言不足懼，山崩川涸不足懼，蟊賊傷稼不足懼。賢人藏匿深可畏，四民遷業深可畏，上下相徇深可畏，廉恥道消深可畏，毀譽亂真深可畏，直言蔑聞深可畏。不足懼

者願陛下存而勿論；深可畏者願陛下修而靡忒。」

注曰：康澄所謂不足懼，非果不足懼也，直言人事之不得，其可畏有甚於所懼者。然其詞氣之間，抑揚太過，將使人君忽於變異災傷，而不知警省，非篤論也。二七八

康澄史無傳，疏見舊史明宗紀。古者君主尊嚴無上，惟天變足以儆之。若以是爲不足懼，則更無可以致人主脩省之術矣。元史成宗紀：大德三年正月，中書省臣言：「天變屢見，大臣宜依故事，引咎避位。」帝曰：「此漢人所説耳，豈可一一聽從耶！」身之所云，蓋有感乎此。

後晉齊王開運二年，唐主克建州，以百勝節度使王崇文爲永安節度使。崇文治以寬簡，建人遂安。

注曰：撫寧荒餘，其政當爾。自蓋公授此法於曹參，參以相齊，又以相漢，後人知此法鮮矣。二八五

荒亂之餘，最宜予民以寧息。人有本能，不騷擾之，則自趨於安集。蓋公言治道「貴清靜而民自定」，即此意。由是推之，身之爲政，亦尚寬簡而不尚矜張者也。

後周世宗顯德二年，先是大梁城中民侵街衢爲舍，通大車者蓋寡，上命悉直而廣之，廣者至三十步，又遷墳墓於標外。上曰：「近廣京城，於存殁擾動誠多，怨謗之語，朕自當之，他日

終爲人利。」

〔注曰：世宗志識宏遠，不顧人言，然仁人不忍爲也。二九二〕

世宗之志，猶子産之志也。〔左襄三十年傳，言：「子産從政一年，輿人誦之曰：『取我衣冠而褚之，取我田疇而伍之，孰殺子産，吾其與之。』」可謂怨毒之極矣！「及三年，又誦之曰：『我有子弟，子産誨之；我有田疇，子産殖之，子産而死，誰其嗣之。』」又何其愛戴之深耶！蓋必有利民之心，而無好大喜功之意，乃可以任勞任怨。身之以爲非仁人所忍爲者，身之言治術，與周世宗不同耳。

臣節篇第十二

臣節者人臣事君之大節。公羊莊四年傳言：「國、君一體也。」故其時忠於君即忠於國。所謂忠於國者，國存與存，國亡與亡。國亡而不亡，必其無封疆之寄焉可也；國亡不亡，而猶欲保全其祿位，必頑鈍無恥，貪利賣國之徒也。故胡注之論臣節，以能致其身爲第一義，抗節不仕者次之，保祿位而背宗國者，在所必擯也，況助敵國以噬宗國者乎！

秦始皇十年，李斯諫逐客書：「昔穆公求士，西取由余於戎。」

注曰：史記：「戎王使由余使於秦，穆公留由余，而遺戎王以女樂，戎王受而說之，乃歸由余。由余諫戎王不聽，穆公使人要之，由余遂去戎降秦。穆公用其謀伐戎，并國十二，開地千里。」卷六

秦始皇十四年，韓非爲韓使於秦，因上書說王曰：「今大王誠聽臣說，一舉而天下之從不破，趙不舉，韓不亡，荆、魏不臣，齊、燕不親，大王斬臣以徇，以戒爲王謀不忠者。」温公論之曰：臣聞君子親其親以及人之親，愛其國以及人之國，是以功大名美，而享有百福也。今

非爲秦畫謀，而首欲覆其宗國，罪固不容於死矣。

注曰：謂欲亡韓，死猶有餘罪也。卷六

由余、韓非，均爲本國使秦，而導秦以伐其宗國，二者皆賊臣也。由余前韓非四百年，其事爲通鑑所不及載，注特詳之，其有感於劉整、吕文焕諸人之事乎！劉整、吕文焕皆宋季疆臣，不得於宋，而降元以伐宋者也。昔樂毅不得於燕而走趙，趙王欲與之圖燕，樂毅垂泣對曰：「臣事昭王，猶事大王。臣若獲戾，放在他國，没世不忍謀趙之徒隸，況燕後嗣乎！」語見魏志武帝紀漢建安十五年注。通鑑不載，朱子綱目周赧王三十六年條特採之。與樂毅，即不與由余也。韓非則温公已論之矣。萬季野書宋史吕文德傳後曰：「文德爲宋名將，有功於封疆甚大。然許元人開榷場，馴致襄陽不可守，其悞國之罪亦不小。文德之後，其弟文焕、文福，子師夔、師孟，皆以文德故，授顯官，委封疆重寄。乃相繼叛降，反引敵入寇，導以取江南之策。此萬世罪人，其罪視畏死失節者更加數等。昔廉頗負謗出奔，趙患用於他國爲己害，使人視頗，對使者曰：『頗得罪在他國，終身不敢謀趙之奴隸，況子孫乎！』世之爲將，苟困守孤城，糧盡援絶，不得已而降，猶當守廉頗之義，終身不敢謀故國，君子或恕之；若既已負國，又引寇以覆其國，此與率寇讐而戕父母者何異？君子可輕其罪，不以昭示後世乎？」語見羣書疑辨十一。宋史無吕文德傳，當作宋史新編，廉頗當作樂毅，季野偶誤記耳。

魏文帝黄初二年，初，帝欲以楊彪爲太尉，彪辭曰：「嘗爲漢朝三公，值世衰亂，不能立尺寸之益，若復爲魏臣，於國之選，亦不爲榮也。」帝乃止。冬十月己亥，公卿朝朔旦，並引彪待以客禮，拜光禄大夫，秩中二千石，朝見位次三公。年八十四而卒。

注曰：楊彪有愧於龔勝多矣。卷六九

龔勝不仕王莽死，時亦七十九矣。高年碩望，每易爲人所利用，非必其人本意也，故身之爲楊彪惜之。

魏明帝太和六年，帝嘗問矯：「司馬公忠貞，可謂社稷之臣乎？」矯曰：「朝廷之望也，社稷則未知也。」

注曰：陳矯、賈逵，皆忠於魏，而二人之子，皆爲晉初佐命。豈但利禄之移人哉！非故家喬木，而教忠不先也。卷七二

陳矯子騫，見晉書卅五，賈逵子充，見晉書四十。魏晉同是諸夏，身之猶責備之如此，故身之之後，元世無顯者。豈獨身之，宋忠臣類囑子孫無仕元。今南中巨族祠堂，宋時牌位，率書「皇宋某某府君神主」，宋亡則改稱「顯考某某」，而不冠以「皇朝」，此淵明但書甲子之意。元世獨多高逸之士，亦緣是也。

魏邵陵厲公嘉平三年，舞陽宣文侯司馬懿卒。

注曰：史以懿死爲王淩之祟，信乎？儻其果能然，固忠勇之鬼也。通鑑不語怪，今著之以示爲人臣者。卷七五

魏志王淩傳注及晉書宣帝紀，皆以懿死爲王淩之祟，通鑑不著，而注特著之。

魏元帝景元二年，吴主使五官中郎將薛珝聘於漢，及還，吴主問漢政得失，對曰：「主闇而不知其過，臣下容身以求免罪，入其朝不聞直言，經其野民皆菜色。臣聞燕雀處堂，子母相樂，以爲至安也，突決棟焚，而燕雀怡然，不知禍之將及，其是之謂乎！」

注曰：魏相子順引先人之言也。嗚呼！蜀之亡形成矣！薛珝見而知之，濮陽興、張布用事，浦里塘之役，吴民愁怨，韋昭、盛沖以切直而不得居王所，珝亦知之否邪？知而不言，無亦容身而求免罪邪？卷七七

子順引先人之言，見孔叢子論勢篇第十六。薛珝言蜀之敝政，即所以警吴主也。吴主不之悟，故終與蜀同其命運。身之責備薛珝，爲保持禄位而不肯直言者儆耳！

魏元帝咸熙元年，劉禪舉家東遷洛陽時，擾攘倉猝，禪之大臣，無從行者，惟祕書令郤正及殿中督汝南張通，捨妻子，單身隨禪。禪賴正相導宜適，舉動無闕。

注曰：宜當也，適亦當也。禪初入洛，見魏君臣，其禮各有所當。嗚呼！使正束帶立於

朝，上而擯贊漢主，下而與賓客言，事事合宜，而無闕失，豈非人臣之至願哉！卷七八

留夢炎之入燕也，謝疊山與之書，言：「先生少年爲掄魁，晚年作宰相，功名富貴，亦可以酬素志矣。奔馳四千里，如大都拜見皇帝，豈爲一身計哉？將以問三宮起居，使天下後世知君臣之義不可廢也。」然則留夢炎之入燕，爲追隨瀛國公，亦如郤正之入魏，追隨劉禪乎？夢炎得書，其愧怍當何如！

晉武帝泰始四年，睢陵元公王祥卒，門無雜弔之賓，其族孫戎歎曰：「太保當正始之世，不在能言之流，及閒與之言，理致清遠，豈非以德掩其言乎！」

注曰：正始所謂能言者，何平叔數人也，魏轉而爲晉，何益於世哉？王祥所以可尚者，孝於後母，與不拜晉王耳！君子猶謂其任人柱石，而傾人棟梁也。「理致清遠」，言乎德乎？清談之禍，迄乎永嘉，流及江左，猶未已也。卷七九

王祥所遇與楊彪同，其拜太保，進爵睢陵公，皆在晉王篡位以後。不拜晉王，特其初節耳。卒年八十五，亦與彪相等，彪猶幸附後漢書，祥則入晉書矣。「理致清遠」，足爲祥重乎？

晉武帝太康元年，諸葛靚逃竄不出。帝與靚有舊，靚姊爲琅邪王妃，帝知靚在姊閒，因就見焉。靚逃於廁，帝逼見之，謂曰：「不謂今日復得相見。」靚流涕曰：「臣不能漆身皮面，復

睹聖顔，誠爲慚恨！」詔以爲侍中，固辭不拜，歸於鄉里，終身不向朝廷而坐。

注曰：諸葛氏之子，皆有志節。卷八一

諸葛誕討司馬昭失敗，司馬家兒謗之爲狗，辨見民心篇。靚，誕之子，亮之姪也。與蜀之瞻，吴之恪，俱昆弟行。昆弟所仕之國不同，同屬諸夏，而皆忠於所事，故曰「皆有志節」。

晉惠帝永寧元年，以散騎常侍安定張軌爲涼州刺史。軌以時方多難，陰有保據河西之志，故求爲涼州。時州境盜賊縱横，鮮卑爲寇，軌至，以宋配、氾瑗爲謀主，悉討破之，威著西土。

注曰：張氏保據涼土始此。嗚呼！世亂則人思自全，然求全而不能自全者亦多矣。竇融、張軌之求出河西，此求全而得全者也；謝晦、袁顗之求鎮荆襄，此求全而不能自全者也。蓋竇融、張軌，始終一心，以奉漢晉，此固宜永終福祿，詒及子孫者也。謝晦、袁顗，志在據地險以全身，其用心非矣，天所不與也。然劉焉求牧益州，袁紹志圖冀部，石敬瑭心欲河東，皆以之濳規非望，至其成敗久速，則有非智慮所及者。卷八四

晉簡文帝咸安元年，大司馬温，陰蓄不臣之志，嘗撫枕歎曰：「男子不能流芳百世，亦當遺臭萬年！」

注曰：桓温心跡，固不畏人之知之也，然而不獲逞者，制於命也，孰謂天位可以智力奸邪！一〇三

丕炎之獲逞，身之蓋委諸命，亦自求慰安之一法。然皆一世之雄耳，而今安在哉！

又，温集百官於朝，廢海西公，莫有識其故典者，百官震慄，不知所爲。尚書左僕射王彪之，知事不可止，乃謂温曰：「公阿衡皇家，當倚傍先代。」乃命取漢書霍光傳，禮度儀制，定於須臾。彪之朝服當階，神彩毅然，曾無懼容，朝廷以此服之。

注曰：晉朝以此服王彪之，余甚恨彪之得此名於晉朝也。彪之父彬，不畏死以折王敦，此爲可服耳！一〇三

王彪之父子，同見晉書七十六卷。朝臣之服王彪之，以其才略足以應變耳。方正學嘗論之曰：「使彪之能以是折温於朝，奮笏擊之，豈非剛正不屈之大臣哉！助强臣以廢其主，其罪不在郗超之下，而後世猶謂彪之爲才能之臣。才固才矣，惜其不善用也！」語見遜志齋集五。其爲論與身之同，蓋本之身之也。正學爲身之同里後輩，而不甚提及身之，余曾於解釋篇疑之。

晉孝武帝太元元年，是時，秦步騎十三萬，軍司段鏗謂周虓曰：「以此衆戰，誰能敵之？」虓曰：「戎狄以來，未之有也。」

注曰：周虓拘執於秦，其尊本朝之心，雖造次不忘也。一〇四

其後又有吉挹爲秦人所執，不言不食死。苻堅歎曰：「周孟威不屈於前，丁彥遠潔己於後，吉祖沖閉口而死，何晉氏之多忠臣也！」周虓字孟威，丁穆字彥遠，吉挹字祖沖。忠義之士，爲夷狄所歎服，文、謝所以見重於北人也。

晉恭帝元熙元年，敦煌謙德堂陷。

注曰：張駿據河西，起謙光殿於姑臧，自謂專制一方，而事晉不改臣節，雖謙而光也。李暠得敦煌，亦稱藩於晉，起謙德堂，其志猶張氏也。一一八

前涼張氏，西涼李氏，皆能不背宗國，故注特著之。吳士鑑晉書斠注，於張軌孫張駿傳，曾引近出之流沙墜簡，書「建興十八年」，知張氏迄駿之世，未嘗建元，以證玉海謂「駿改元太元」之誤。然開元釋教錄四，曾據前涼所出須賴經等後記，書「咸安三年癸酉，於涼州正聽堂後，湛露軒翻譯。」知東晉簡文帝世，張氏猶奉中朝正朔，又在建興十八年之後四十餘年，足補晉史之闕。其世篤忠貞，爲可尚也。

宋孝武帝大明二年，吏部尚書顧覬之，獨不降意於戴灋興等。蔡興宗與覬之善，嫌其風節太峻，覬之曰：「辛毗有言『孫、劉不過使吾不爲三公耳』。」

注曰：魏明帝時，劉放、孫資，制斷時政，大臣莫不交好，而辛毗不與往來。毗子敞諫

曰：「劉、孫用事，衆皆影附，大人宜少降意，不然，必有謗言。」毗正色曰：「吾之立身，自有本末。就與孫、劉不平，不過不爲三公，大丈夫欲爲公而毁其高節邪！」一二八

語見魏志廿五辛毗傳，通鑑魏紀末載，身之以其言有補世教，故備引之。十駕齋養新錄十八云「通鑑多采善言」，身之蓋法温公耳。

宋明帝泰始七年，詔報王景文曰：「今袁粲作僕射領選，而人往往不知有粲。粲遷爲令，居之不疑，人情向粲，淡然亦復不改常日。以此居貴位要任，當有致憂競不？」

注曰：袁粲之簡淡雅素，自足以鎮雅俗，而明帝謂其可以託孤，則真違才易務矣。然粲才雖不足，以死繼之，無愧於爲臣之大節，其視褚淵，相去豈不遠哉！一三三

宋順帝昇明二年，道成所親任遐曰：「此大事應報褚公。」道成曰：「褚公不從，奈何？」遐曰：「彦回惜身保妻子，非有奇才異節，遐能制之。」淵果無違異。

注曰：褚淵，字彦回。史言褚淵之爲人，人皆得而侮薄之。一三四

齊高帝建元元年，奉朝請河東裴顗上表，數帝過惡，掛冠徑去，帝怒，殺之。

注曰：奉朝請者，奉朝會請召而已，非有職任也，裴顗在宋朝，既無職任，又無卓犖奇節，惟不食齊粟，遂得垂名青史。「君子惡没世而名不稱」，正爲此也。一三五

身之對袁粲、裴顗，未爲滿意，皆以其能死節，故許之，爲王積翁、蒲壽庚諸人惜耳。

廣州而卒。

建元二年，劉祥，穆之之孫也。祥好文學，而性韻剛疏，撰宋書譏斥禪代，王儉密以聞，坐徙

又，太子宴朝臣於玄圃，右衛率沈文季與褚淵語相失，文季怒曰：「淵自謂忠臣，不知死之注曰：劉穆之，宋朝佐命元臣，祥以是得罪於齊，可謂無忝厥祖矣。一三五

日何面目見宋明帝！」太子笑曰：「沈率醉矣。」

注曰：史言褚淵失節，人得以面斥之。一三五

前卷言人皆得而侮薄之，此又言人得以面斥之，其有感於留夢炎、謝昌元等之辱乎！

夢炎既至燕，元世祖命趙孟頫作詩譏之，見元史孟頫傳，亦所以譏孟頫也。文文山指南後錄爲或人賦曰：「悠悠成敗百年中，笑看柯山局未終，金馬勝遊成舊雨，銅駝遺恨付西風。黑頭爾自誇江總，冷齒人能説褚公，龍首黃扉真一夢，夢回何面見江東？」或人即指留夢炎。汪夢斗北遊集有見禮部尚書謝公昌言詩云：「曾將鴻筆冠羣英，自是峨嵋第一人，執志只期東海死，傷心老作北朝臣。叔孫入漢儀方制，箕子歸周範已陳，盛代鴻文猶待草，正須自愛不貲身。」昌言即昌元，淳祐間蜀省魁，故起句云云。此文臣之辱也。隱居通議十，言：「諸呂家於江州，仕宋累朝，窮富極貴。及北兵至，自文煥而下，相率納款。其後有題詩於琵琶亭者曰：『老大蛾眉負所天，尚留餘韻入哀絃，

江心正好看明月，却抱琵琶過别船。』吕老見之揮淚。」草木子四，以此爲龍麟洲詩，詞句小異，然其譏吕氏之背宋降元，一也。又山房隨筆載：「有刺夏金吾貴詩云：『節樓高聳與雲平，通國誰能有此榮？一語淮西聞養老，三更江上便抽兵。不因賣國謀先定，何事勤王詔不行？縱有虎符高一丈，到頭難免賊臣名。』人謂北兵既至，許貴以淮西一道，與之養老，故戢兵不戰。」又仇遠稗史載：「杭州有金姓伶官，宋亡無所歸。一日道遇左丞范文虎，謂曰：『來日公宴，汝來獻技，不愁貧賤也。』如期往，爲優戲作諢曰：『某寺有鐘，寺奴不敢擊者數日，主僧問故，言鐘樓有神，主僧亟往視之，神即跪伏投拜，主僧曰：既是鐘神，如何投拜？』衆皆大笑，范爲之不懌。」蓋鐘神與忠臣同音。此武人之辱也。上自元首，以至伶官，身之所謂人皆得而侮之者，殆指此。王深寧先身之六年卒，而困學紀聞十八已引指南錄爲或人賦；周公謹與身之同時，而癸辛雜識續集上，已載嘲留夢炎詩。可見諸遺民雖僻處荒江，而好事者流傳，消息並不隔膜也。

齊明帝建武元年，初，帝謀繼大統，多引朝廷名士，與參籌策。侍中謝朏心不願，乃求出爲吴興太守。至郡，致酒數斛，遺其弟吏部尚書瀹，爲書曰：「可力飲此，勿豫人事。」温公論曰：臣聞「衣人之衣者，懷人之憂；食人之食者，死人之事。」二謝兄弟，比肩貴近，安享榮禄，危不預知，爲臣如此，可謂忠乎！

注曰：世多有如此而得名者。一三九

此所謂名士派也，既不能致其身，又不能却其祿，依阿苟容，與王祥、馮道，異曲同工者也。惟鄉愿派也媚，名士派也肆而已。

梁武帝大通元年，魏以北道行臺博陵崔楷爲殷州刺史。葛榮逼州城，或勸減弱小以避之，楷遣幼子及一女夜出，既而悔之曰：「人謂吾心不固，虧忠而全愛也。」遂命追還。賊至，彊弱相懸，又無守禦之具，楷撫勉將士以拒之，死者相枕，終無叛志。城陷，楷執節不屈，榮殺之。

注曰：藩翰之任，保境安民，上也；全城却敵，次也；死於城郭，豈得已哉！崔楷闔家并命，其志節有可憐矣，上之人實有罪焉。一五一

此有感於湖南安撫使李芾等之闔家殉節也。德祐元年十月，元兵圍潭州，李芾拒守，凡三越月，大小戰數十合，力盡將破，芾闔門死。郡人知衡州尹穀，亦舉家自焚，參議楊霆及幕屬陳億孫、顏應炎等，皆從芾死。事詳宋史忠義傳。明紫柏老人讀史至此大慟，怒侍者不哭，至欲推墮巖下，其義烈感人之深可想也。隱居通議十、庶齋老學叢談二，均載北人崔參政弔潭帥李肯齋詩，有「只緣西楚無堅壁，致使南州總戰場，湘水一川骸骨滿，肯齋萬古姓名香」之句。參政崔斌，元史一七三有傳，佐阿里海牙攻湖南

者也。節義之士，令敵人起敬如此。

唐高宗開耀元年，太常博士袁利貞族孫誼，爲蘇州刺史，自以其先自宋太尉淑以來，盡忠帝室，謂琅邪王氏雖奕世台鼎，而爲歷代佐命，恥與爲比。嘗曰：「所貴於名家者，爲其世篤忠貞，才行相繼故也。彼鬻婚姻求祿利者，又烏足貴乎！」時人是其言。

注曰：琅邪王氏，股肱晉室，而王弘爲宋室佐命，王儉爲齊室佐命，梁室之興，侯景之篡，王亮、王克爲勸進之首。因袁利貞併著袁誼之言，以其有益於名教也。二〇二

唐玄宗開元二十八年，章仇兼瓊克安戎城，使監察御史許遠將兵守之。遠，敬宗之曾孫也。

注曰：永徽、顯慶之間，許敬宗以姦佞致位公輔，安史之亂，遠乃能効死節以報國，史故著其世，以勉爲臣者。二一四

孟子曰：「名之曰幽厲，雖孝子慈孫，百世不能改也。」不能改其幽厲耳，固無害子孫之孝慈也。故幽厲自幽厲，孝慈自孝慈，許遠之於許敬宗是也。

唐肅宗至德元載，饒陽裨將束鹿張興，力舉千鈞，性復明辨。賊攻饒陽，彌年不能下。及諸郡皆陷，思明并力圍之，外救俱絶，城遂陷。思明擒興，謂曰：「將軍真壯士，能與我共富貴乎？」興曰：「興，唐之忠臣，固無降理。」思明怒，命張於木上，鋸殺之。詈不絶口，以至於死。

注曰：如史所云，則河北二十四郡，惟張興可以言義士耳。二一九

張興之於史思明，頗似姜才之於阿朮。宋史忠義傳載：「姜才隸淮兵中，以善戰名，阿朮使人招之，曰：『吾寧死，豈作降將軍耶！』益王在福州召才，將入海，阿朮以兵追及泰州，圍之。會才疽發背，不能戰，都統曹安國入才臥内執以獻。阿朮愛其忠勇，欲降而用之，才肆爲謾言，阿朮怒，咼之揚州，時德祐二年八月也。才臨刑，夏貴出其旁，才切齒曰：『若見我，寧不愧死！』」嗚呼！在咸淳諸將中，姜才可以言義士矣。

至德二載，初，汲郡甄濟，有操行，隱居青巖山。安祿山反，使蔡希德引行刑者二人，封刀召之，濟引首待刀，希德以實病白祿山。後安慶緒亦使人强舁至東京，月餘，會廣平王俶平東京，遣詣京師。上命館之於三司，令受賊官爵者列拜，以愧其心。

注曰：時令三司按受賊官爵者，因館濟於三司署舍，使受賊官爵者羅拜之，以愧受賊官爵者之心。二二〇

史言「愧其心」，愧從賊者之心也。於文易混爲愧甄濟之心，故注不惜重言「受賊官爵者」以别之。

唐代宗大曆十一年，馬璘薨，段秀實治其喪，不戮一人，軍府晏然。

注曰：自高仙芝喪師於大食，段秀實始見於史。其後責李嗣業不赴難；滏水之潰，保河

清以濟歸師；在邠州誅郭晞暴橫之卒；與馬璘議論不阿；及治喪，曲防周慮，以安軍府；最後笏擊朱泚，以身徇國。其事業風節，卓然表出於唐諸將中。二二五

唐德宗興元元年，朱泚之稱帝也，兵部侍郎劉迺臥病在家，泚召之，不起。聞帝幸山南，不食數日卒。太子少師喬琳，從上至盩厔，稱老疾不堪山險，削髮爲僧。泚聞之，召至長安，以爲吏部尚書。於是朝士之竄匿者，多出仕泚矣。

注曰：劉迺以乘輿不能復還而自絶，義不臣賊也；喬琳等以乘輿不能復還，出仕於泚，苟性命而貪禄利也。唐於此時，亦云殆矣。二三〇

喬琳等以爲乘輿不能復還，唐將止於此矣，中國無望矣，因而從賊，所謂投機也。豈意唐竟未亡，從賊者所以徘徊而狼狽也。

唐僖宗廣明元年，黄巢下令百官詣趙璋第投名銜者，復其官，將作監鄭綦、庫部郎中鄭係，義不臣賊，舉家自殺。

注曰：唐屢更喪亂，至于廣明，舉家殉國，猶不乏人，恩義有結之素也。二五四

宋末舉家殉國者亦不乏人，度宗、瀛國二紀可按也。

唐僖宗中和四年，鹿晏弘引兵東出襄州，秦宗權遣其將秦誥、趙德諲將兵會之，共攻襄州，陷之，山南東道節度使劉巨容奔成都。

注曰：劉巨容不肯追滅黄巢，欲養寇以自資，自以襄陽爲菟裘也，而地奪於趙德諲，身死於田令孜之手。玩寇而邀君，果何益哉！二五六

劉整、夏貴，降元後，皆不久即死。整與阿里海牙、吕文焕尤不相能，終以憤恨而卒，何苦多此一舉耶！

唐昭宣帝天祐二年，起居郎蘇楷，禮部尚書循之子也。

注曰：裴樞等既死，而蘇循等進矣，奉唐璽綬而輸之梁者此輩也。二六五

蘇循爲五代史唐六臣之一，傳云：「蘇循不知何許人，爲人巧佞阿諛，無廉恥，惟利是趍。事唐爲禮部尚書。是時梁太祖已弑昭宗，立哀帝，唐之舊臣，皆憤惋切齒，或俛首畏禍，或去不仕，而循特倡言梁王功德，天命所歸，宜即受禪。明年，梁太祖即位，循爲册禮副使。循有子楷，乾寧中舉進士及第，父子皆自以附會梁得所託，旦夕引首，希見進用。敬翔惡之，謂太祖曰：『梁室新造，宜得端士，以厚風俗。循父子皆無行，不可立於新朝。』於是父子皆勒歸田里。」朱温盜也，人至爲盜所棄，亦可憐矣！

天祐三年，初，昭宗凶訃至潞州，昭義節度使丁會，帥將士縞素，流涕久之。及李嗣昭攻潞州，會舉軍降於河東，會見李克用泣曰：「會非力不能守也。梁王陵虐唐室，會雖受其舉拔之恩，誠不忍其所爲，故來歸命耳。」

注曰：「無是非之心，非人也」，丁會其有是非之心者乎！二六五

後晉高祖天福五年，李金全至金陵，唐主待之甚薄。

注曰：李金全爲姦將所惑，背父母之國，委身於他邦，其見薄宜也。二八二

此蓋爲宋末諸降將言之。元史世祖紀：「至元十三年二月，帝既平宋，召宋諸將問曰：『爾等何降之易耶？』對曰：『宋有强臣賈似道，擅國柄，每優禮文士，而輕武官，臣等久積不平，心離體解，所以望風而送款也。』帝命董文忠答之曰：『借使似道實輕汝曹，特似道一人之過耳，汝主何負焉？正如所言，則似道之輕汝固宜！』」語並見姚牧庵集十五董文忠碑，元史復採以入文忠傳。又鄭元祐遂昌雜録一，言：「高昌廉公希憲，爲中書平章時，江南劉整，以尊官來見，毅然不命坐。劉去，宋諸生襤褸請見，亟延入，飲食勞苦如平生。既罷，諸弟請曰：『劉整貴官也，而兄簡薄之；宋諸生寒士也，而兄加禮殊厚，某等不能無疑。』公曰：『此非汝輩所知，劉整官雖貴，背其國以叛者；若宋諸生，所謂朝不坐燕不與，彼何罪而羈囚之。』」語並見輟耕錄七「待士」條。

降臣之不齒於人，自昔然矣。

後漢高祖天福十二年，趙延壽、張礪共薦李崧之才，會威勝節度使馮道自鄧州入朝，契丹主素聞二人名，皆禮重之。

注曰：二人歷唐、晉，位極人臣，國亡不能死，視其君如路人，何足重哉！二八六

國有存亡，君有興廢，而二人者爵秩常自如，孔子所謂「邦有道穀，邦無道穀，恥也。」

後周太祖顯德元年，温公論曰：范質稱馮道，厚德稽古，宏才偉量，雖朝代遷貿，人無間言，屹若巨山，不可轉也。

注曰：夷考范質之爲人，蓋學馮道者也。二九一

涑水記聞一，言：「宋太宗嘗稱質之賢，曰惜也，但欠世宗一死耳。」東都事略採此語入范質傳，宋史因之。

後周世宗顯德五年，周兵攻楚州，踰四旬，唐楚州防禦使張彦卿，固守不下。帝自督諸將攻之，彦卿與都監鄭昭業，猶帥衆拒戰，矢刃皆盡，彦卿舉繩牀以鬭而死，所部千餘人，至死無一人降者。

注曰：唐失淮南，死於城郭封疆者猶有人焉。二九四

此有慨於宋末賣降者之多，而「死於封疆者猶有人」也。德祐元年，常州之守，宋史本紀及忠義傳載之，其事甚著，已見解釋篇。據宋史，都統劉師勇潰圍遯，據王逢梧溪集二，師勇亦終以不降死也。惟當時殉節諸臣，宋史不載，而散見於元史，如廿二史劄記所補；及散見於志乘，如宋季忠義錄所採，類此者仍不乏人。高啓鳧藻集四，有晉陵

胡應炎傳，亦叙常州之守者也。曰：「余爲兒童時，嘗聞父老言元兵取常時事甚悉。及壯觀史，多所未載，豈蒐采有失而致然歟？抑著作者有所避諱而弗録歟？或其事多繆悠，特好事者爲之説歟？每竊恨焉。近遇胡黼江上，間爲予言其祖應炎死節始末，與予昔所聞無異，斯固足徵矣，因掇其語作胡應炎傳，以補史氏之闕」云。然其所述與宋史忠義傳陳炤事絶相類，史蓋據道園學古録四四，虞集所爲陳炤傳。胡、陳同里，同官通判，史作陳炤，此作胡應炎，可見忠義之名，人所共愛也，故常州忠義祠並祀之，見陔餘叢考卅五。

唐張彦卿守楚州，部衆千餘人，至死無一降者，史以爲美談。吾閲曾國藩「同治三年克復金陵疏」有曰：「洪逆倡亂粵西，於今十有五年，竊據金陵，亦十二年。蹂躪及十六省，淪陷至六百餘城。其中凶酋悍黨，如李開方守馮官屯，林啓容守九江，葉芸來守安慶，皆堅忍不屈。此次金陵城破，十餘萬賊，無一降者，至聚衆自焚而不悔，實爲古今罕見之劇寇。」語見曾國藩奏稿二十。對方一言，勝於自國宣傳萬萬，固不必以成敗論也。誰謂南士不堪一戰哉？在有以作其忠義之氣耳！

倫紀篇第十三

倫紀爲人類所共有，無間華夷。不過世治則脩明，世衰則敗壞而已。倫紀之壞，多由感情，感情之傷，多由讒搆，讒搆之起，多因權利。故感情如薪，權利如火，讒搆如風。欲維持所謂倫紀者，非斂感情，遠權利，防讒搆不可。自晉八王亂後，五胡十六國，骨肉殘殺，相染成風，極人倫之大變。胡注於此，不惜瘏口嘵音言之，亦冀以息内争而銷外侮云爾。

漢高后八年，周勃使酈寄詐呂禄，奪其軍。班固贊曰：「孝文時，天下以酈寄爲賣友，夫賣友者謂見利而忘義也。若寄父爲功臣，而又執劫，雖摧呂禄以安社稷，誼存君親，可也。」注曰：師古曰：「周勃劫其父，令其子行説。」予謂劫者劫質也。蓋劫寄父商爲質，諭以不行説禄，將殺之也。蓋當時皆以寄爲賣友，故固發明父子朋友，各有其倫，爲人臣子者，當知所緩急先後也。卷十三

君臣、父子、朋友，均爲倫紀之一。必不得已而去，於斯三者何先？爲國，則不能顧及親與友矣。僞齊之立，有背祖國而從劉豫者，自諉牽於私誼也，亦終與劉豫偕亡而

已矣。

漢宣帝甘露元年，匈奴呼韓邪單于之敗也，左伊秩訾爲呼韓邪計，勸令稱臣入朝，從漢求助。呼韓邪問諸大臣，皆曰：「不可。兄弟争國，不在兄則在弟，雖死猶有威名。奈何亂先古之制，臣事於漢，卑辱先單于，爲諸國所笑！」

注曰：師古曰：「言忝辱之，更令卑下也。」余謂此言先單于與漢争爲長雄，而今單于臣事之，是卑辱先單于於地下也。卷二七

呼韓邪大臣之言，深明内外親疏之義，金言也。反觀後世，石晉之於契丹，稱「兒皇帝」，辱矣；宋人之於女真，稱「姪皇帝」，亦何莫不辱乎！

王莽初始元年，及莽即位，請璽太后，使安陽侯舜諭指。太后怒駡之曰：「而屬父子宗族，蒙漢家力，富貴累世，既無以報，受人孤寄，乘便利時，奪取其國，不復顧恩義。人如此者，狗豬不食其餘，天下豈有而兄弟邪！」

注曰：言天下無此等人，謂其全無人心也。一曰天下將共誅之，不復有兄弟存也。卷三六

太后，王莽姑也，駡莽兄弟之忘本耳。

漢安帝建光元年，葬和熹皇后。后自臨朝以來，水旱十載，四夷外侵，盜賊内起。每聞民飢，或達旦不寐，躬自減徹，以救災戹，故天下復平，歲還豐穰。

注曰：和熹臨朝之政，可謂「牝雞之晨，唯家之索」矣。卷五〇

鑑文於后無貶詞，而注云云者，爲元太宗、定宗后言之也。宋理宗淳祐間，元太宗窩闊台殂，皇后乃馬真氏稱制，越五年而始立長子貴由，是爲定宗。定宗殂，后斡兀立海迷失氏復稱制，又三年而拖雷子蒙哥立，是爲憲宗。憲宗之未立也，定后所屬意者，太宗之孫失烈門，憲宗立而定后賜死，失烈門遠竄，太宗后及諸王皆徙極邊。骨肉參夷，至此而極。所謂「牝雞之晨，唯家之索」者，殆指此。

漢獻帝建安八年，袁尚自將攻袁譚，圍之急，譚遣辛毗詣曹操請救，操謂毗曰：「譚必可信，尚必可克不？」毗對曰：「明公無問信與詐也，直當論其勢耳。袁氏本兄弟相伐，非謂他人能間其間，乃謂天下可定於己也。」

注曰：言袁氏兄弟相攻，其初計不謂他人能乘其間，乃謂并青、冀爲一，則可乘勢以定天下耳。卷六四

人蔽於感情，則理智每爲之絀。方其鷸蚌相持時，豈復顧有漁人之在側！袁氏兄弟之智，尚不如呼韓邪諸大臣也。

晉武帝泰始十年，温公論嵇紹、王裒曰：昔舜誅鯀而禹事舜，不敢廢至公也。嵇康、王儀，死皆不以其罪，二子不仕晉室可也。嵇紹苟無蕩陰之忠，殆不免於君子之譏乎！

注曰：蕩陰事見後八十五卷，惠帝永興元年。余謂蕩陰之難，君子以嵇紹爲忠於所事可也，然未足以塞天性之傷也。卷八〇

嵇康、王儀，在魏世同爲司馬昭所枉殺。儀子裒，隱居教授，不臣司馬氏，時人稱孝，門人爲廢蓼莪之篇。康子紹，爲山濤引誘仕仇，斲其天性，炫以榮利，復巧爲之解釋。紹之仕而是，則裒之隱爲非矣，濤固名教罪人也。温公謂「紹苟無蕩陰之忠，不免君子之譏」；朱子謂「君子之譏，初不可免也」。語見語類一三六。

晉惠帝永興元年，初，三王之起兵討趙王倫也，王浚擁衆挾兩端，禁所部士民，不得赴三王召募。太弟穎欲討之而未能。

注曰：使穎兄弟不自内相圖，聲浚之罪而討之，固有餘力矣，何未能耶！卷八五

三王謂齊王冏、成都王穎、河間王顒，王浚安北將軍都督幽州諸軍事也。

晉惠帝光熙元年，太傅越以詔書徵河間王顒爲司徒，顒乃就徵。南陽王模遣其將梁臣，邀之於新安車上，扼殺之，并殺其三子。

注曰：模，越之弟也。意謂殺顒父子，則兄弟身安而無患矣，而不知石勒、趙染之禍，已伏於冥冥之中矣。卷八六

司馬氏八王之亂，其所經之途徑，雖較袁氏譚、尚兄弟爲複雜，然其因果，固與袁氏無

異也。

晉成帝咸和八年，石勒疾篤，遺命曰：「大雅兄弟，宜善相保，司馬氏汝曹之前車也。」

注曰：前車之覆，後車之戒，戒其兄弟自相殘也。卷九五

咸和九年，成主雄卒，太子班即位，以建寧王壽錄尚書事，政事皆委於壽及司徒何點、尚書王瓌，班居中行喪禮，一無所預。

注曰：李班豈可不謂之仁孝哉！然不能包周身之防，死於李越之手。末俗澆漓，固不可拘拘於古禮，以啓姦非，至於殞身亂國也。卷九五

雄有子越等十餘人不立，而獨立兄子班，在雄可謂不私其國，能擇賢而與者矣。不知班雖賢，而德不足以服衆，才不足以制奸，智又不足以免禍，則適足以「亂國殞身」而已。使班效延陵季子之節，遠引而不立，豈非至德！班既不能讓，烏能禁越兄弟之不與争哉！

晉穆帝永和四年，石虎立幼子世爲太子。

注曰：虎父子相殘，廢長立少，天將假手於冉閔以夷其種類也。卷九八

天下有明知故犯，而冀僥倖於萬一者，至不能倖免時，則若有天道焉，石虎之事是也。

晉孝武帝太元十八年，燕主垂議伐西燕，諸將皆曰：「永未有釁，我連年征討，士卒疲敝，未

可也。」范陽王德曰：「永既國之枝葉，又僭舉位號，惑民視聽，宜先除之，以壹民心。士卒雖疲，庸得已乎！」垂曰：「司徒意正與吾同，吾比老，叩囊底智，足以取之，終不復留此賊以累子孫也。」

注曰：垂不欲留慕容永以累子孫，而不知拓拔珪已窺闞於代北矣。是以有國有家者，不恃無敵國外患，恃吾所以傳國承家者足以待之耳。一〇八

此亦蔽於感情，而見不及呼韓邪諸大臣者也。

晉安帝隆安元年，秦太后虵氏卒，秦主興哀毀過禮，羣臣請依漢魏故事，既葬即吉。尚書郎李嵩上疏曰：「孝治天下，先王之高事也，宜遵聖性，以光道訓，既葬之後，素服臨朝。」尹緯駁曰：「嵩矯常越禮。」

注曰：尹緯習於聞見，反謂李嵩爲矯常越禮。嗚呼！自短喪之制行，人之不知禮也久矣。一〇九

此有感於元初之短喪也。據元典章十一，「官吏丁憂終制」條，大德八年，始有三年之喪及丁憂之制，色目人員仍除外。時身之已前卒二年矣，故其言感傷如此。

隆安二年，慕容盛離間蘭汗兄堤，弟加難。

注曰：蘇軾有言：「木必先蠹，然後蟲生之；人必先疑，然後讒入之。」蘭汗凶逆，兄弟自

相嫌忌，故慕容盛得間之，以奮其智，報君父之讐。一一〇

盛者寶之子，汗之壻。慕容與蘭氏，世爲姻親，而寶爲汗所弑。汗兄弟嘗勸並殺盛，汗妻泣涕請之得免，至是乘汗兄弟之隙而間之。然使汗兄弟無隙，盛又何從間之哉！

隆安四年，涼王呂纂，以大司馬弘功高地逼，忌之，弘亦自疑，遂以東苑之兵作亂。纂擊之，弘衆潰，纂縱兵大掠，悉以東苑婦女賞軍。纂笑謂羣臣曰：「今日之戰何如？」侍中房晷對曰：「天禍涼室，昆弟接刃，雖弘自取夷滅，亦由陛下無常棣之恩。當省己責躬，以謝百姓。乃更縱兵大掠，囚辱士女。且弘妻，陛下之弟婦，弘女，陛下之姪也，奈何使無賴小人，辱爲婢妾。」纂改容謝之。

注曰：左傳富辰曰：「召穆公思周德之不類，糾合宗族於成周，而作詩曰：『常棣之華，鄂不韡韡。凡今之人，莫如兄弟。』其四章曰：『兄弟鬩于牆，外禦其侮。』如是，則兄弟雖有小忿，不廢懿親。」一一一

司馬氏之事，接於耳目之前，孰不知以爲戒！然每躬自蹈之而不覺者，感情爲之也。

右七條皆晉書載記中事。斯時中原板蕩，人欲橫流，倫紀墜壞極矣。

晉安帝義熙六年，南燕主慕容超，以母託劉敬宣。

注曰：敬宣先嘗奔燕，故超以母託之。夫孝莫大於寧親，超以母之故，屈節事秦，竭聲伎

以奉之，既又掠取晉人以足聲伎，由是致寇，至於母子並爲俘虜，乃更欲以託劉敬宣，何庸淺也！一一五

此條亦十六國事，慕容超背中國而事氐羌，故謂之「庸淺」。

宋文帝元嘉二十一年，魏高允曰：「夫筮者皆當依附爻象，勸以忠孝。」

〈注曰：漢嚴君平卜筮於成都市，人有邪惡非正之問，則依蓍龜，爲言利害。與人子言依於孝，與人弟言依於順，與人臣言依於忠，各因勢道之以善。高允之言，祖君平之术也。

一二四

高允蓋華人陷於夷，而能用夏變夷者，故每欲借卜筮導人以忠孝，不問其爲夷爲夏也。豈獨卜筮然，著史亦何莫不然。

宋孝武帝大明三年，上聞廣陵平，出宣陽門，勅左右皆呼萬歲。侍中蔡興宗陪輦，上顧曰：「卿何獨不呼？」興宗正色曰：「陛下今日正應涕泣行誅，豈得皆稱萬歲！」

〈注曰：謂同氣相殘，乃天理人倫之變，必若以義滅親，應涕泣而行誅也。一二九

又，蔡興宗奉旨慰勞廣陵。興宗與范義素善，收斂其尸，送喪歸豫章。上謂曰：「卿何敢故觸王憲？」興宗抗言對曰：「陛下自殺賊，臣自葬故交，何不可之有？」上有慚色。

〈注曰：兄弟朋友，皆天倫也。興宗能不忘故交，而帝忍誅屠同氣，故慚。一二九

孝武與竟陵王誕，皆文帝子，誕反廣陵，孝武討平之。其得意與涼王呂纂之平呂弘同；蔡興宗對孝武之言，亦與房晷對呂纂之言相類；孝武之慚，猶纂之改容謝也。天良未泯，無間華夷，信哉！

宋明帝泰始二年，上既誅晉安王子勳，司徒休仁言於上曰：「松滋侯兄弟尚在，宜早爲之所。」遂並賜死。世祖二十八子，於此盡矣。

注曰：休仁尚書下省之禍，自取之也。導上使去其兄子，上手滑矣，其視諸弟何有哉！蕭齊易姓，劉氏殲焉，骨肉相殘，禍至此極。有國有家者其鑒于兹！一三一

世祖即孝武，與明帝、休仁，皆文帝子。晉安王、松滋侯，與前廢帝，則皆孝武子也。孝武二十八子，殤者十；前廢帝殺者二，是以兄殺弟；明帝殺者十六，是以叔殺姪。明帝所殺，多休仁導之，既而休仁亦賜死，所謂「手滑」者指此。

泰始七年，上與休仁素厚，雖殺之，每謂人曰：「我與建安，年時相鄰，少便款狎。事計交切，不得不相除，痛念之至。」因流涕不自勝。

注曰：史言帝殘害骨肉，不能自揜其天性之傷。一三三

又，徵蕭道成入朝，道成所親以朝廷方誅大臣，勸勿就徵，道成曰：「主上自以太子稚弱，翦除諸弟，何預他人，今唯應速發。且骨肉相殘，自非靈長之祚，禍難將興，方與卿等戮

力耳。」

注曰：史言骨肉相殘，則姦雄生心，因之而起。爲蕭氏取宋張本。一三三

右數條皆言宋世骨肉相殘之事。自取司馬家以至篡于蕭氏，不過五十九年，子孫屠戮之慘，爲前史所罕有，蓋猶是八王、十六國之餘風也。內亂頻仍，不能恢復中原，亦由於此。

梁武帝天監二年，馮翊吉翂父爲原鄉令，爲姦吏所誣，罪當死。翂年十五，撾登聞鼓，乞代父命，上乃宥其父罪。丹楊尹王志欲於歲首舉充純孝，翂曰：「異哉王尹，何量翂之薄乎！父辱子死，道固當然，若翂當此舉，乃是因父取名，何辱如之！」固拒而止。

注曰：翂之拒王志，是也；梁武帝知翂之孝節，而不能敘用以勵流俗，非也。一四五

吉翂不肯因父取名，是天性之獨厚者，應褒之以勵流俗。

梁武帝中大通三年，昭明太子卒，上徵其長子南徐州刺史華容公歡至建康，欲立以爲嗣。銜其前事，猶豫久之，卒不立，遣還鎮。

注曰：史因帝不立孫，究言事始。嗚呼！帝於豫章王綜、臨賀王正德，雖犯惡逆，猶容忍之。至於昭明被讒，則終身銜其事，蓋天奪其魄也。爲昭明子謷仇視諸父張本。一五五

記言：「心有所忿懥，則不得其正；有所好樂，則不得其正。」又言：「人之其所親愛而

辟焉，之其所賤惡而辟焉。」感情一偏，則理智全失，讒搆之爲禍烈矣。

梁武帝太清元年四月，澄入朝于鄴，東魏主與之宴，澄起舞，識者知其不終。

注曰：昔周景王喪太子及后，以喪賓宴。晉叔向曰：「王其不終乎！吾聞之，所樂必卒焉。今王樂憂，若卒以憂，不可謂終。」景王之喪，伉儷及冢適也，既葬而宴，賢者非之。高澄則喪父也，祕喪不發，死肉未寒，忘雞斯徒跣之哀，縱躚躚僛僛之樂，尚爲有人心乎！是故滎錡之禍猶輕，柏堂之禍爲慘，蒼蒼之報應，固不爽也。雞斯，讀爲笄纚。一六〇

叔向語見左昭十五年傳，景王疾崩於滎錡氏，在昭廿二年。高歡以梁太清元年正月薨，至六月乃發喪，太清三年，澄即被刺於柏堂，故身之之言如此。明鄭瑗井觀瑣言，謂「身之釋通鑑，多騁浮辭，殊非箋解之體」，舉此條爲證。不知箋疏本有此體，如左昭六年，叔向責子産鑄刑書孔疏，其最著者也，鄭瑗特少所見多所怪耳。

太清三年，鄱陽王範屯濡須，遣世子嗣將千餘人守安樂栅。

注曰：安樂栅者，範所立栅，以安樂名之。然臺城覆陷，父兄蒙塵，此子弟沫血枕戈之時，以安樂名栅，非名也。一六二

此爲宋高宗之宴安江沱言之。雞肋編下，載：「車駕渡江，韓、劉諸軍皆征戍在外，獨

張俊一軍常從行在。擇卒之少壯長大者，自臀而下，文刺至足，謂之花腿軍。加之營第宅房廊，作酒肆，名太平樓。般運花石，皆役軍兵，衆卒謠曰：『張家寨裡没來由，使他花腿擡石頭，二聖猶自救不得，行在蓋起太平樓。』」

梁簡文帝大寶元年，邵陵王綸致書湘東王繹曰：「弟若陷洞庭，不戢兵刃，雍州疑迫，何以自安？必引進魏軍，以求形援。」

注曰：以綸之昏狂，猶能言及於此，蓋勢有所必至也。一六三

梁諸王骨肉相殘，各向外求援，已於書法篇言之。綸之不德，梁書本傳只有隱匿刺客戴子高一事，南史本傳則載其惡行連篇。注所謂「綸之昏狂」，據南史也。然綸當侯景之變，曾率師赴援，後守汝南，爲西魏楊忠所執，不屈而死，百姓憐之，爲立廟江岸，梁、南二史無異詞。其致湘東王書，尤多粹語，如謂：「骨肉之戰，愈勝愈酷，侯景之所以未窺江外者，正爲藩屏盤固，宗鎮强密。若自相魚肉，是代景行師，景便不勞兵力，坐致成效，醜徒聞此，何快如之。」又藝文類聚廿五載此書，有爲二史所略者，如謂：「昔廉、藺二虎，且猶不鬭，況弟與湘雍，方須叶力，惟親惟急，萬倍於斯。豈得各恣目前，不思久遠。」皆名言也。昏狂之人，何能有是？南史所增諸史料，疑出自綸敗之後，蕭韶太清紀等誣之耳。太清紀本爲湘東而作，見考證篇。

梁元帝承聖元年，誅侯景所署尚書僕射王偉，偉於獄中上五百言詩，湘東王愛其才，欲宥之，有嫉之者言於王曰：「前日偉作檄文甚佳。」王求而視之，檄云：「項羽重瞳，尚有烏江之敗；湘東一目，寧爲赤縣所歸！」王大怒，釘其舌於柱而殺之。

〔注曰：王偉，侯景之所取計者也。自圍臺城以至於移梁祚，屠蕭氏以及其臣民，皆偉之謀。帝忘其父子兄弟之讎，乃愛其才而欲宥之，發怒於檄文而後誅之，失刑甚矣。一六四

所謂愛其才者，非愛其才也，溺於己之所嗜也。父子兄弟之讎，不能易己之所嗜，及至觸其所忌，則怒而殺之，始終徇己而失却其理智者也。

隋文帝開皇二十年，廢太子勇，長寧王儼上表乞宿衛，辭情哀切，上覽之閔然，楊素進曰：「伏望聖心同於螫手。」

〔注曰：蝮蛇螫手，壯士斷腕。楊素以讒慝滅人天性之親，以此爲喻，亦太甚矣。一七九

儼，勇長子，帝嫡孫。楊素譖廢太子，帝不悟，至是而天良偶現，素復以極險峻之語斬絶之，素誠忍人哉！

唐太宗貞觀十年，諸王之藩，上與之别曰：「兄弟之情，豈不欲常共處邪！但以天下之重，不得不爾。諸子尚可復有，兄弟不可復得。」因流涕嗚咽不能止。

〔注曰：上之流涕嗚咽者，抑思建成、元吉之事乎？一九四

唐太宗蓋骨肉相殘，而幸免於禍敗者，然終不能不感傷，亦天良發現也。朱子言：「太宗誅建成、元吉，比周公誅管、蔡。只消以公私斷之，周公全以國家天下爲心，太宗則假公義以濟私欲者也。」見語類一三六。

唐中宗景龍元年，右補闕權若訥上疏，以爲「天地日月等字，皆則天能事，賊臣敬暉等輕紊前規，今削之無益於淳化，存之有光於孝理。又，神龍元年制書，一事以上，並依貞觀故事，豈可近捨母儀，遠尊祖德！」疏奏，手制褒美。

注曰：史言中宗無是非之心。二〇八

喪服傳曰：「禽獸知母而不知父，都邑之士，則知尊禰矣，大夫及學士，則知尊祖矣。」權若訥導君以忘祖，不過小人希旨固寵，中宗乃爲之手制褒美，是知母而不知父矣。

唐玄宗開元二年，突騎施可汗守忠之弟遮弩，恨所分部落少於其兄，遂叛入突厥，請爲鄉導，以伐守忠。默啜遣兵二萬擊守忠，虜之而還，謂遮弩曰：「汝叛其兄，何有於我！」遂並殺之。

注曰：書此以戒兄弟日尋干戈，而假手於他人以逞其志者。二一一

遮弩叛兄，引敵人以爲助，兄敗而已即隨之。嗚呼！人情大抵相同，無東夷西夷之分也。龍子曰：「不知足而爲屨，我知其不爲蕢也，屨之相似，天下之足同也。」「汝叛其

兄，何有於我」，豈獨默啜然後能爲是言哉！

唐昭宣帝天祐二年，十二月己酉，全忠密令害何太后于積善宮，勑追廢太后爲庶人。庚戌，以皇太后喪，廢朝三日。

注曰：既廢母爲庶人，又廢朝三日。廢爲庶人，天性滅矣；廢朝三日，既非喪母之禮，又不足以塞天性之傷。唐之臣子，非唐之臣子也。二六五

唐之紀綱，至此紊亂極矣。大盜當國，豈復知有倫紀耶！

後梁太祖開平三年，劉守光爲守文所敗，守文單馬立於陣前，泣謂其衆曰：「勿殺吾弟。」守光將元行欽識之，直前擒之。

注曰：劉守光以子囚父，天下之賊也。劉守文既聲其罪而討之，有誅無赦。小不忍以敗大事，身爲俘囚，自取之也。二六七

劉守光囚其父仁恭，劉守文乃不忍殺其弟，二人同氣之親，其性行不同如此。舊史守光傳謂：「守文在滄州，聞父被囚，聚兵大哭曰：『哀哀父母，生我劬勞。自古豈有讐父者，吾家生此梟獍，吾生不如死。』即率滄德之師討之。」是守文固知有父者也。然舊史謂「守文詐悲，單馬立陣場」；新史亦謂「守文陽爲不忍，出陣呼其衆」。然則守文非真不忍殺其弟者，特防備之不周耳。守文二史無傳，其行事不詳。容齋續筆六，「朱溫

三事」條，載：「劉仁恭爲盧龍節度使，使其子守文守滄州，朱全忠攻之，城中食盡，使人説以早降，守文應之曰：『僕於幽州，父子也。梁王方以大義服天下，若子叛父而來，將安用之？』全忠愧其辭直，爲之緩攻。其後還師，悉焚諸營資糧，在舟中者鑿而沉之。守文遺全忠書曰：『城中數萬口，不食數月矣。與其焚之爲煙，沉之爲泥，願乞所餘以救之。』全忠爲之留數囷，滄人賴以濟。」據此，則守文固五代時之庸中佼佼者，觀過可以知仁矣。

開平四年，吴徐温母周氏卒，未幾起復爲内外馬步軍都軍使，領潤州觀察使。

注曰：起復之制，通古今疑之。禮記：「子夏問曰：『三年之喪卒哭，金革之事無避也者，禮與？其非禮與？』孔子曰：『吾聞諸老聃：昔者魯公伯禽有爲爲之也。今以三年之喪從其利者，吾弗知也。』」注云：「伯禽封於魯，有徐戎作難，卒哭而征之，急王事也。」自漢以後，不許二千石以上行三年喪，魏晉聽行三年喪，而大臣率有以奪情起復者，習俗聞見，以爲當然，莫之非也。嗚呼！此豈非孔子所謂「以三年之喪從其利者」乎！若王莽之志不在喪，徐温之起復，所謂「從其利者」又難言也。二六七

起復之事，自古有之，奸人每藉此以固其位，所謂「從其利」也。此蓋爲史嵩之之事言之，淳祐四年甲辰，嵩之丁父彌忠憂，不即奔喪，未幾起復爲右丞相，輿論沸騰。癸辛

雜識別集下，及錢塘遺事、宋史紀事本末，皆有史嵩之起復專條。宋季三朝政要載各家劾嵩之疏，復三四千言，在當時視爲莫大事件，然實攻其人，非攻其事也。太學生黄愷伯等書曰：「臣等恭覩御筆起復右丞相史嵩之，有以見陛下念時事之多艱，重大臣之去也。然嵩之何人哉？曩者開督府，以和議墮將士心，以厚貲竊宰相位，羅天下之小人爲私黨，奪天下之利權歸私室，萬口一辭，惟恐其去之不亟也。嵩之亡父，以速嵩之之去，中外方以爲快，而起復之命下矣。陛下所以復嵩之者，爲其有折衝萬里之才歟？嵩之本無捍衛封疆之能，徒有劫制朝廷之术。彼國内亂，骨肉相殘，天使之也。嵩之貪天之功，以欺陛下，其意以爲三邊雲擾，非我不足以制也。殊不知敵情叵測，非嵩之之所能制，嵩之徒欲以制敵之名制陛下爾。陛下所以起復嵩之者，謂其有經理財用之才歟？嵩之本無足國裕民之能，徒有私自豐殖之計，今鈔法屢更，利之歸於國者十無一二，而聚之於私帑者已無餘算。國家之土壤日削，而嵩之之田宅益廣；國家之帑藏日虛，而嵩之之囊橐日厚。陛下眷留嵩之，將以利吾國也，殊不知適以貽吾國無窮之害爾。臣又讀麻制有曰：『諜諗憤兵之聚，邊傳哨騎之馳，况秋高而馬肥，近冬寒而地凜。』方嵩之虎踞相位之時，諱言邊事，通川失守，至踰月而後聞；壽春有警，至危急而後告。今圖起復，乃密諭詞臣，昌言邊警，張皇事勢，以恐陛下，臣愚所謂擢姦臣以司喉舌者，又其驗也。臣等久被教育，此而不言，則人倫掃地，將與嵩之胥爲夷矣。」

細味其言，皆攻其禍國，非攻其起復，蓋借題發揮耳。

後唐莊宗同光元年，梁西都留守河南尹張宗奭來朝，復名全義，獻幣馬千計。帝命皇子繼岌、皇弟存紀等兄事之。

注曰：繼岌皇嗣也，豈可兄事梁之舊臣！存紀皇弟也，既使其子以兄事全義，又使其弟以兄事全義，唐之家人，長幼之序且不明矣，是後中宮又從而父事之，嘻甚矣！夷狄之俗，好貨而已，豈知有綱常哉！二七二

後唐出自沙陀，故曰「夷狄之俗」，然此乃亂世之象，不盡關夷俗也。

後唐明宗長興四年，賜錢元瓘爵吳王。元瓘於兄弟甚厚，其兄中吳、建武節度使元璙，自蘇州入見，元瓘以家人禮事之，奉觴爲壽曰：「此兄之位也，而小子居之，兄之賜也。」元璙曰：「先王擇賢而立之，君臣位定，元璙知忠順而已。」因相與對泣。

注曰：元瓘篤友悌之義，元璙知忠順之節，兄弟輯睦，以保其國，異乎夫己氏者矣。二七八

夫己氏指元世祖兄弟，此爲胡注貶損當世之最顯著者，與前條牝鷄之指太宗、定宗后同。元初兄弟爭國，動輒稱兵，明張溥嘗論元北邊諸王之亂云：「元定宗貴由之殂也，牝后稱制，君位久虛，兀良合台等推憲宗蒙哥即位，失烈門與諸王心不能平，憲宗遂肆

殺戮，宗族解體。合州之變，阿藍荅兒等謀立阿里不哥，郝經勸世祖忽必烈直趣燕京，大位始定。既而阿里不哥以少弟抗命，稱帝和林，六盤諸部，莫不響應，世祖親戰漠北，大衆方解。國歷三傳，内難輒作，母后銜冤，同氣流血，齊鸞、梁繹，代有其人。至元年間，世祖封其子那木罕爲北平王，帥兵鎮守，防海都也，久之昔里吉劫之以叛，伯顏平之。至元二十四年，復有乃顏之亂，甘麻剌出鎮，而叛黨尚逞，鐵木耳撫軍，而大同不寧。蓋海都以太宗長孫，世居北方，定宗以來，日尋干戈，未嘗稍息也。」語見元史紀事本末。所謂夫己氏者，出左文十四年傳，猶言「那個人」，不便斥言之也。

後晉高祖天福六年，彰義節度使張彥澤欲殺其子，掌書記張式素爲彥澤所厚，諫止之。彥澤怒，射之。

注曰：父子之道，天性也。張彥澤欲殺其子，其於天性何有！張式其所親者也，以諫而殺之，極其慘酷，其於所親亦何有！晉祖欲以君臣之分柔服之，難矣，此其所以貽負義侯之禍也。二八二

負義侯者，石敬瑭子齊王，契丹滅晉，降封爲負義侯。張彥澤其先突厥部人，驍勇善戰，與敬瑭連姻，敬瑭倚爲心腹，其後叛晉降虜。易序卦曰：「有父子而後有君臣。」張彥澤既無父子，何有君臣，其反覆暴戾無人性，蓋早見於殺子之時。敬瑭不之悟，卒以

亡其國，宜哉！

後晉齊王開運元年，朝廷以楊光遠罪大，而諸子歸命，難於顯誅，命李守貞以便宜從事。閏十二月癸酉，守貞入青州，遣人拉殺光遠於別第，以病死聞。丙戌，起復楊承勳，除汝州防禦使。

注曰：昔楚令尹子南以罪誅，其子棄疾，以不忍棄父事讎而死。李懷光之反，河中既破，唐德宗欲活其子璀，而不可得。彼二子者，以父子之親，居君臣之變，審義安命，以死殉親，夫豈不樂生，義不可也。若楊承勳兄弟，出於蕃落，梟獍其心，因父歸命，以希苟活，晉朝以不殺降爲説，於理且未安，又從而錄用之，宜異時契丹得假大義以洩其憤也。二八四

楊承勳沙陀部人，故曰「出於蕃落」。契丹既滅晉，責承勳劫父，臠而食之，故曰「假大義以洩其憤」。因父殺母，五代時習見，前有劉守光，此又有楊承勳，同時有李彥珣者，射殺其母，而石敬瑭拜爲房州刺史。歐公嘗論之曰：「甚哉人性之慎於習也！習見善則安於善，習見惡則安於惡。自唐之衰，干戈饑饉，父不得育其子，子不得養其親。其始也骨肉不能相保，蓋出於不幸，因之禮義日廢，恩愛日薄，習久而遂以大壞，至於父子之間，自相賊害。彥珣射其母，高祖從而赦之，彥珣不自知爲大惡，高祖亦安焉不以

爲怪。其極也，使人心不若禽獸，可不哀哉！」語見五代史五一。南北朝之亂，多兄弟相殘，五代之亂，乃至子父相殺，世道之升降，可於此見之。

後漢高祖天福十二年，南漢主恐諸弟與其子爭國，盡殺其男，納其女充後宮。

注曰：劉晟殘同氣而瀆天倫，桀紂之虐，不如是之甚也。二八七

劉晟之虐，惟金主亮似之。金史海陵紀稱海陵屠滅宗族，殺太宗子孫七十餘人，宗翰子孫三十餘人，諸宗室五十餘人，婦姑姊妹，盡入嬪御。其視劉晟，過無不及。然此亦至愚人耳，恐諸弟與其子爭國而盡殺之，則必累代獨子而後可，不然，子有弟，孫亦有弟，爭何時已乎？金史爲身之所未見，然逆亮之暴行，則固聲聞鄰國也。

後漢高祖乾祐元年，侍衛馬步都指揮使、同平章事史弘肇，遭母喪，不數日復出朝參。

注曰：居喪而經營起復，已得罪於名教。未起復而自出朝參，雖史弘肇武人無識，亦可見朝章之紊。二八七

墨經從戎，本出於不得已，非貪戀權利、鑽營起復者所可藉口，已於前文史嵩之之事論之。至元二十三年，宋降人程鉅夫薦謝枋得，謝適遭母喪，其與鉅夫書，即以是爲辭，並發揮其對起復之意見，曰：「咸淳甲戌而後，不復有禮法。賈似道起復爲平章，文天祥起復爲帥閫，徐直方起復爲尚書，陳宜中起復爲宰相，劉黻起復爲執政，饒信斗筲穿

以竊之徒，鑽刺起復，不可勝數。三綱四維，一旦斷絶，此生靈所以爲肉爲血，宋之所以暴亡不可救也。」語見疊山集四。然則宋末朝章之紊，不復拘守常制，殆與五代等，此季世之通患，不獨五代宋末爲然。「上無禮，下無學，賊民興，喪無日矣」。

出處篇第十四

出處之於人大矣，迫於饑寒，怵於威力，炫於榮利，皆足以失其所守也。故身之注通鑑，於出處之節，三致意焉。輯而存之，不啻一卷梅澗語録。即身之生平出處，亦可於此見之。如五十三卷之仇香，六十四卷之荀悦，一百七十九卷之李文博，皆身之所以自況也。惜乎王梓材撰宋元學案補遺，未及取材於此。

王莽始建國三年，龔勝不仕王莽死。班固贊曰：「守死善道，勝實蹈焉。郭欽、蔣詡，好遯不汙，絶紀、唐矣。」

注曰：師古曰：「欽、詡不仕於莽，遯逃濁亂，不汙其節，殊於紀逡及兩唐。」通鑑書龔勝之死，遂及一時人士，又書班固之論，其爲鑑也，不亦昭乎！卷三七

班固不叙殺身成仁之美，曾於龔勝傳末借「父老薰膏」之説以爲譏，今乃以「守死善道」稱之，可見其是非之心未泯也。紀逡、唐林、唐尊，皆漢末清名之士，仕莽封侯貴重。元初求賢江南，士有失其守者，故身之以爲鑒。元史一七二程鉅夫傳：「鉅夫叔父飛卿，仕宋通判建昌，世祖時以城降，鉅夫入爲質子。至元二十三年，拜侍御史，奉詔求

賢江南，薦趙孟頫等二十餘人，皆擢置臺憲及文學之職。」是舉也，即謝疊山與留夢炎書所謂「近江淮行省，將旨來南，根尋好人，根尋不覷面皮正當底人」也。詔旨原係口語，史飾之爲「奉詔求賢」。元庭蓋有見於當時投拜之徒，多非「不覷面皮正當底人」，而欲別求清名之士以用之，故疊山書曰：「此令一下，人皆笑之，何也？江南無好人，無正當人久矣！謂江南有好人，有正當人，皆欺皇帝也。」此其意與歐公之序唐六臣傳同，曰：「嗚呼！唐之亡也，賢人君子，既與之共盡，其餘在者，皆庸懦不肖、傾險獪猾、趨利賣國之徒也。不然，安能蒙恥忍辱於梁庭如此哉！」然元庭既有此一舉，清名之士，如謝疊山、吴草廬等，皆在薦中。草廬應徵，歷仕貴顯。疊山爲降臣魏天祐强起，至燕不食死，時至元廿六年四月也。然則草廬者元之紀、唐，疊山者宋之龔勝也，故身之痛之。

始建國五年，師友祭酒滿昌劾烏孫小昆彌使不當居大昆彌使上，莽怒，免昌官。

注曰：師友祭酒，龔勝不肯就，而滿昌爲之。鳳皇翻於千仞，烏鳶彈射不去，非虚言也。

卷三七

王莽地皇二年，公孫祿請誅國師劉秀等，以慰天下，莽怒，使虎賁扶祿出。

注曰：祿之言則直矣，然以漢舊臣而與莽朝之議，出處語默，於義得乎！事君若龔勝者

可也。卷三八

滿昌、公孫祿，皆莽時直臣，而皆不免。孟子曰：「枉己者未有能直人者也。」以宋舊臣而與元朝之議，亦未嘗無戇直之人，如史稱「趙與票之忠言讜論，無所顧惜」是也。而身之之論出處，終以「若龔勝者」爲宜，此温公學說也。温公集七十有龔君賓論，謂：「王莽慕龔君賓之名，訹以尊爵厚祿，劫以淫威重勢，而必致之。君賓不勝逼迫，絶食而死，班史以『薰膏』之語譏焉，未有爲之辨者也。失節之徒，排毁忠正，以遂己非，不察者又從而和之。太史公稱伯夷叔齊不有孔子，則西山之餓夫，誰識知之，信矣哉！」自温公此論出，而龔勝之是非定。至身之之時，其效尤著。身之之許龔勝，即許疊山也。疊山蓋儀型龔勝者，今疊山集存詩不過數十篇，而龔勝之名屢見，如「寧持龔勝扇，不着挺之綿。」「不爲蘇武即龔勝，萬一因行拜杜鵑。」「了知死別如龔勝，未必生還似子卿。」「天下久無龔勝潔，人間何獨伯夷清。」「平生愛讀龔勝傳，進退存亡斷得明。」其最後崇真院絶粒詩曰：「西漢有臣龔勝卒，閉口不食十四日。我今半月忍渴飢，求死不死更無朮。」足見其平日景仰有素，故能赴義從容，非激於一時義憤者所爲也。然同時降人中則有以「煎膏」之説譏疊山者矣，方回桐江續集廿五云：「鉛山虞華甫，往得謝枋得君直爲書『耕隱』二字，其子舜臣來見，求賦耕隱詩，詩曰：『君直不可見，見此長虹吐，使其尚未死，年始七十五。當時書此字，贈我老華甫，今年八十一，仍臥舊處所。謝公名太盛，殺身甘荼苦，虞公不競名，躬耕隱村塢。有名無名間，俛仰隔今古。直木先翦拜，明膏自煎煮。何如牛背上，一蓑弄煙雨。』」嗚呼！此周密所以譏方回爲無恥也。

漢光武帝建武十二年，初，公孫述徵廣漢李業爲博士，業固稱疾不起。

注曰：業，平帝元始中除爲郎，會王莽居攝，以病去官，杜門不應州郡之命。王莽以業爲酒士，病不之官，遂隱藏山谷，絶匿名跡。夫既不仕於莽，其肯爲述起乎！卷四三

此爲元初屢徵不起諸儒言之。

漢順帝永建二年，張楷謂樊英以不訾之身，怒萬乘之主。

注曰：按英傳：「英彊輿入殿，猶不以禮屈，帝怒謂英曰：『朕能生君，能殺君，能貴君，能賤君，能富君，能貧君，君何以慢朕命？』英曰：『臣受命於天，生盡其命，天也；死不得其命，亦天也，陛下焉能生臣？焉能殺臣？臣見暴君，如見仇讎，立其朝猶不肯，可得而貴乎？雖在布衣之列，環堵之中，晏然自得，不易萬乘之尊，又可得而賤乎？陛下焉能貴臣？焉能賤臣？非禮之祿，雖萬鍾不受也；申其志，雖簞食不厭也，陛下焉能富臣？焉能貧臣乎？』帝不能屈，而敬其名，使出就太醫養疾，月致羊酒。」卷五一

此後漢書方術傳語也。樊英之言，與皇甫謐高士傳成公對成帝之言相類。温公既略之矣，身之何爲具引之？曰：温公以其言慢上，故不載；身之則有感於當時之賤士，故先嚴衍而補之，所以振逸民之氣也。温公、身之，易地則皆然，學者觀二家之棄取，則知史之爲用廣矣，考據云乎哉！

漢質帝本初元年，自是遊學增盛，至三萬餘生。

注曰：此鄧后臨朝之故智，梁后踵而行之耳。遊學增盛，亦干名蹈利之徒，何足尚也！

或問曰：太學諸生三萬人，漢末互相標榜，清議此乎出，子盡以爲干名蹈利之徒可乎？答曰：積水成淵，蛟龍生焉。謂其間無其人則不可，然互相標榜者，實干名蹈利之徒所爲也。禍李膺諸人者，非太學諸生，諸生見其立節，從而標榜，以重清議耳。不然，則郭泰、仇香，亦游太學，泰且拜香而欲師之，泰爲八顧之首，仇香曾不預標榜之列，豈清議不足尚歟？抑香隱德無能名歟？卷五三

癸辛雜識後集，言：「南宋時三學之横，雖一時權相如史嵩之、丁大全，亦末如之何。至賈似道作相，度其不可以力勝，遂以术籠絡，每重其恩數，豐其饋給，增撥學田，種種加厚。於是諸生啖其利而畏其威，雖目擊似道之罪，而噤不敢發一語。及賈要君去國，則上書贊美，極意挽留，今日曰師相，明日曰元老，今日曰周公，明日曰魏公，無一

人敢少指其非。直至魯港潰師之後，始聲其罪。」嗚呼！此身之所謂「干名蹈利之徒」也。

東漢士林甚盛，身之於三君八顧之外，獨賞識一循吏仇香。此與胡明仲讀史管見五，謂「郭有道名在八顧，未若申屠蟠之以不見成德」，其意正同。迄今言浙東學術者，多舉厚齋、東發，而不舉身之；述台學統者身之僅與於訓詁之末。身之亦隱德無能名者歟？抑不標榜不倚傍門户之結果也？吾嘗於解釋篇「真隱」條詳論之。

漢獻帝建安十年，祕書監侍中荀悦，作申鑒五篇奏之。

注曰：荀悦申鑒，其立論精切，關於國家興亡之大致，過於彧、攸。至於揣摩天下之勢，應敵設變，以制一時之勝，悦未必能也。曹操姦雄，親信彧、攸，而悦乃在天子左右，悦非比於彧、攸，而操不之忌，蓋知悦但能持論，其才必不能辨也。嗚呼！東都之季，荀淑以名德稱，而彧、攸以智略濟，荀悦蓋得其祖父之彷彿耳。其才不足以用世，其言僅見於此書。後之有天下國家者，尚論其世，深味其言，則知悦之忠於漢室，而有補於天下國家也。卷六四

一則曰悦未必能，再則曰其才必不能辨，三則曰其才不足以用世，身之之於悦，若有憾焉者。深味其言，然後知身之之自寓也。悦作申鑒五篇，身之注通鑑，復作江東十鑒。

袁清容集十一，憶胡懷寧詩所謂「四城賦擬張衡麗，十鑒書同賈誼哀」是也。杜門著書，不忘故國，故曰「其才不足以用世」。今江東十鑒已佚，而鑑注獨附通鑑以傳，亦可曰「其言僅見於此書」也，此則身之之所不及料也。金仁山撰通鑑前編，其成亦在宋亡以後，其後序有曰：「荀悅漢紀、申鑒，志在獻替，而遭值建安之季。履祥末學，其生不辰，所以拳拳綴輯者，特不爲憂悴廢業耳。」蓋亦以悅自況也。

建安十九年，操使御史大夫郗慮，持節策收皇后璽綬，以尚書令華歆爲副，勒兵入宮。后閉戶藏壁中，歆壞戶發壁，就牽后出。

注曰：華子魚有名稱於時，與邴原、管寧號三人爲一龍，歆爲龍頭，原爲龍腹，寧爲龍尾。歆所爲乃爾，邴原亦爲操爵所縻，高尚其事，獨管寧耳。當時頭尾之論，蓋以名位言也。嗚呼！卷六七

嚴衍通鑑補，於勒兵入宮收后事，曾爲華歆辨誣，曰：「此事通鑑本之後漢書，後漢書本之曹瞞傳，曹瞞傳吴人作，焉知非異域傳聞之誤耶！」又以歆爲同時陳登、陳羣、王朗、傅玄、張華諸人所稱道，則此事爲理之所必不然者，故特去歆姓名，以此事專屬之郗慮，並將歆爲慮副一節而删之，謂「後之讀史者勿泥范曄之筆而疑予之言」云云。夫爲古人出處大節辨誣，美意也。爲通鑑補而删去通鑑華歆之名，是通鑑删，非通鑑補

也，衡之史例，未見其宜，此身之之所以不敢者也。

晉武帝泰始十年，初，魏邵陵厲公芳之廢遷金墉也，太宰中郎陳留范粲素服拜送，哀動左右。遂稱疾不出，陽狂不言，寢所乘車，足不履地。子喬等三人，並棄學業，絕人事。

注曰：按晉書：「喬年二歲，祖馨，臨終撫其首曰：『恨不見汝成人！』因以所用硯與之。至五歲，祖母以告喬，喬便執硯涕泣。九歲請學，在同輩之中，言無媟辭。李銓常論揚雄才學優於劉向，喬以爲向定一代之書，正羣籍之篇，使雄當之，故非所長，遂著劉揚優劣論。前後辟舉，皆不就。邑人臘日盜斫其樹，人有告者，喬陽不聞，邑人愧而歸之。喬曰：『卿節日取柴，欲與父母相歡娛耳，何以愧爲！』」嗚呼！觀喬之學行如此，則「棄學業，絕人事」，殆庶幾乎夷齊餓于首陽之下之意。卷八〇

喬著劉揚優劣論，今不傳。鮚埼亭集卄九曾仿爲之，謂：「向之優於雄，在忠貞大節，而不在區區著述之間。喬能知向之優，而不知其所以優」云。予謂謝山之説是也。然以喬父子出處觀之，喬之所論，必在向之忠貞，而不在著述，故與李銓持論不同。今晉書撰自唐初諸臣，如李義府、許敬宗等，出處皆有慚德，故於喬所論，就輕避重，未必即喬本旨。身之以夷齊比之，夷齊豈藉著述傳哉！

晉惠帝永興元年，劉淵以崔游爲御史大夫，游固辭不就。

注曰：崔游，淵之師也。游既能以師道不爲淵屈，且又得不變於夷之義。卷八五

劉淵雖出匈奴，然世居中國，生長中國，與華人無異。史稱其師事崔游，習毛詩、京氏易、馬氏尚書，尤好春秋左氏傳。孫吴兵法，略皆誦之，史、漢諸子，無不綜覽，所謂中國之學者，未能或之先也。崔游能用夏變夷，而不能保中國政治不腐敗，中國政治而腐敗，又安能禁其不生蔑視之心耶！

宋末有江漢先生趙復，以俘虜教授北方，北方知有程朱之學自復始。强之仕不仕，亦崔游之倫也。元史儒學傳："趙復字仁甫，德安人。太宗乙未歲，命太子闊出帥師伐宋，德安以嘗逆戰，其民數十萬，皆俘戮無遺。時姚樞奉詔即軍中求儒道釋醫卜士，凡儒生挂俘籍者輒脱之。復在其中，樞與之言，信奇士，以九族俱殘，不欲北，因與樞訣。樞恐其自裁，曉以徒死無益，復强從之。先是南北道絶，載籍不相通，至是復以所記程朱諸經傳注，盡錄以付樞。自復至燕，學子從者百餘人。世祖在潛邸，嘗召見，問曰：『我欲取宋，卿可導之乎？』對曰：『宋吾父母國也，未有引他人以伐吾父母者。』世祖悦，因不强之仕。雖居燕，不忘故土，以江漢自號，學者稱江漢先生。"黄百家跋魯齋學案曰："自燕雲十六州之割，北方之爲異域也久矣。雖有宋諸儒疊出，聲教不通，自趙江漢以南冠之囚，吾道入北，而姚樞、竇默、許衡、劉因之徒鬱起，彬彬郁郁矣。"萬季野

爲宋遺民廣錄訂誤，則謂：「復雖未受元職，然其教大行於北方，日主講席，終於燕都，非隱士也。不當入遺民」云。按元太宗乙未，即宋理宗端平二年，去宋之亡，尚四十餘載。江漢先生當卒在宋亡之前，故季野以爲不當入遺民，非謂先生變於夷也。

齊東昏侯永元元年，許準勸徐孝嗣廢立，孝嗣疑不決，帝並沈文季誅之。

注曰：沈慶之、沈文季，皆託老疾，不預朝權，而終不免於死。國無道而富貴，則進退皆陷危機也。一四二

陳宣帝太建十二年，周丞相堅執柳莊手，言當相與共保歲寒。

注曰：孔子曰：「歲寒然後知松柏之後彫。」何晏注曰：「大寒之歲，衆木皆死，然後知松柏不彫傷。平歲衆木亦有不死者，故須歲寒而後別之。喻凡人處治世，亦自能修整與君子同，在濁世然後知君子之不苟容。」後之言保歲寒者，義取諸此。一七四

此眼前成語，鑑中屢見，何須注，而此獨詳引以釋之者，正以見保歲寒之不易也。癸辛雜識續集上，載：「陳宜中、曾唯、黄鏞、劉黻、陳宗、林則祖，皆以甲辰歲史嵩之起復上書，時人號爲六君子。既貶旋還，時相好名，牢籠宜中爲掄魁，餘悉擢巍科，三數年間，皆致通顯。及鏞知廬陵，文宋瑞起義兵勤王，百端沮之，遂成大隙。既而北兵大入，則如黄如曾，皆相繼賣降，或言其前日所爲皆僞也，於是有爲之語云：『開慶六君子，至

元三搭頭。』宋之云亡，皆此輩有以致之。」按淳祐四年甲辰，上書論史嵩之不當起復者，是黄愷伯等，詳宋季三朝政要。陳宜中、黄鏞等，是寶祐四年丙辰上書攻丁大全被貶，開慶元年丁大全罷，六人放還，故稱開慶六君子。此誤記丁大全爲史嵩之，及誤記丙辰爲甲辰。六君子始皆負盛名，而其中一二人晚節不終，遂予人口實，歲寒之不易保如此，故身之特書以自儆。

太建十三年，美陽公蘇威，綽之子也。少有令名，周晉公護强以女妻之。威見護專權，恐禍及己，屏居山寺，以諷讀爲娛。周高祖聞其賢，除車騎大將軍、儀同三司，辭不拜。隋主爲丞相，高熲薦之，召見與語，大悦，居月餘，聞將受禪，遁歸田里。

注曰：觀蘇威之初，其立身何可議哉！至於末節，展轉於宇文化及、李密、王世充之朝，何其可鄙也！君子是以知令終之難。一七五

此亦爲嘗立名節而不終者言之。如葉李，杭州人，元史一七三稱其：「少補京學生，宋景定五年，與同舍生伏闕上書攻賈似道，竄漳州。似道既敗，乃得自便。宋亡，隱富春山，江淮行省及宣憲兩司争辟之，俱不應。」何其高也！「至元十四年，相威行臺江南，求遺逸，以李姓名上，即授浙西道儒學提舉。李聞命欲遁去，而使者致丞相安童書有云：『先生在宋以忠言讜論著稱，今授以五品秩，士君子當隱見隨時，其尚悉心以報殊

遇。』李乃幡然北向再拜曰：『仕而得行其言，此臣夙心也，敢不奉詔。』」嗚呼！又何其卑耶！「二十三年，程文海奉命搜賢江南，世祖諭之曰：『此行必致葉李。』既至，特拜御史中丞。二十五年，陞平章政事。會桑哥敗，事頗連及同列，李獨以疾得請南還。揚州儒學正李淦上書，言：『葉李本一縣徒，受皇帝簡知，即以舉桑哥爲第一事。人皆知桑哥用羣小之罪，而不知葉李舉桑哥之罪。葉李雖罷相，刑戮未加，天下往往竊議，宜斬葉李以謝天下』」云。令終之難如此，故身之借蘇威之事發之。

隋文帝仁壽二年，蜀王秀嘗從柳彧求李文博所撰治道集。

注曰：李文博，博陵人，仕隋不調。性貞介鯁直，好學不倦。至於教義名理，特所留心，讀書至治亂得失，忠臣烈士，未嘗不反覆吟翫。長於議論，亦善屬文，著治道集十卷，大行於世。夫其文大行，而仕不遇，何也！一七九

李文博治道集，兩唐志著錄法家類，今不傳。玉海五十一載杜佑理道要訣自序，言：「隋李文博理道集，多主於規諫。」則其書亦荀悅申鑒之倫，爲規正時政而作者也。「貞介鯁直」，即不遇之由，身之蓋有慨乎言之。身之墓誌，稱：「身之登第後，嘗爲慶元慈谿尉，剛直不阿，忤郡守罷去。會有以文學行誼薦者，遂授揚州江都丞。咸淳丁卯，差充壽春府府學教授，佐淮東幕府，考舉及格，改奉議郎，知江陵縣。丁母憂，服闋，改知安慶府

懷寧縣。甲戌，差充沿江制置司機宜文字，官至朝奉郎。」袁清容憶胡懷寧詩：「青衫不受折腰辱，白眼豈知徒步回。」注：「舊尉慈谿，爲郡守厲文翁劾去。」宋史四五理宗紀，厲文翁以景定二年七月知慶元府。御史洪天錫疏言：「厲文翁小人之無忌憚者也。藉衣錦威，行攫金術，今又移其剝越者剝鄞矣。然民敢怨不敢言者，以其依憑邸第耳。」語見齊東野語七，亦略見宋史天錫傳。身之所忤者，爲無忌憚之小人，足證其剛直不阿，故不遇與李文博同也。佐淮東幕府時，兩淮制置爲李庭芝，鑑注自序言「咸淳庚午，從淮壖歸」，當是因庭芝移京湖制置也。甲戌主管沿江制置司機宜文字，故陳著本堂集稱身之爲胡制機。時沿江制置使爲汪立信。賈似道督師江上，言輒不用，既而軍潰，遂間道歸，所謂「白眼豈知徒步回」也。清容集祭胡梅澗文，又言：「江上之策，不行於老姦，年運而往，知吾道之愈難，寫心聲之悲憤，聽澗水之潺湲。」即歎其所仕不遇，歸而注鑑也。據墓誌，所居澗旁多古梅，因稱梅澗。其地當在寧海，十七史商榷以爲即袁氏塾，非也。

唐高祖武德元年，先是竇建德陷景城，執户曹河東張玄素，以爲治書侍御史，固辭。及江都敗，復以爲黃門侍郎，玄素乃起。

注曰：史言隋之故官，漸就仕於他姓。一八五

張玄素先辭後起，以江都之敗否爲衡，所謂投機耳。崖山既覆，宋遺民亦漸有出爲告

羅之謀者，如月泉吟社中之仇遠、白珽、梁相皆是也。萬季野書元史陳櫟傳後云：「元初南士既附，科目猶未設，一時士人無仕進之路，相率而就有司之辟召。或庠序學官，或州縣冗秩，亦屈節爲之。如戴表元、牟應龍、熊朋來、馬端臨之屬，以文學名儒，或俯首以丐升斗之祿，而生平之名節不顧矣。其最無可取者，如休寧陳櫟，窮經講學，當時亦稱名儒，及科舉一開，争先赴之，雖僥倖一舉，所得幾何？吾獨惜陳氏以六十之年，而一旦喪其生平也。」語見羣書疑辨十一。季野蓋爲清初諸儒之應鴻博者言之。至於陳櫟之應舉，爲身之所不及見，仇、白、戴、牟之就微祿，則身之所親覩也。易曰：「履霜堅冰，所由來者漸。」故身之唏嘘言之。

武德二年，王世充令太常博士孔穎達造禪代儀，又以國子助教陸德明爲漢王師，令玄恕就其家行束脩禮。德明恥之，服巴豆散，臥稱病。玄恕入跪牀下，對之遺利，竟不與語。

注曰：陸德明過孔穎達遠矣。一八七

唐孔陸兩經師之優劣，鮚埼亭集外編三八曾論之，曰：「有唐一代，絕少經師，求其博通諸經，不爲專門之學者，祇孔陸二家。然仲達亦安敢望德明，仲達之在東都，爲隋皇泰主太常博士，時有道士桓法嗣，獻孔子閉房記，以爲王世充受命之符，世充即命仲達與其長史韋節、楊續撰禪代儀。仲達此事，可以比美新之大夫矣。其時德明亦爲國子助教，世充遣其子玄恕師之，德明竟不與語，斯其人視仲達爲何如，果誰得爲聖人之徒歟？且世充暴人也，徐文遠爲其師，猶拜伏見之，德明以一國子先生拒之，可謂大勇矣。」謝山此文，蓋即本之胡注。因孔穎達爲王世充造禪代儀事，不見兩唐書穎達傳，而唯見於通鑑，謝山蓋讀通鑑而得胡注之啓示者也，誰謂讀史僅知考證而已！

唐憲宗元和十二年，初，吐突承璀方貴寵用事，爲淮南監軍，李鄘爲節度使，性剛嚴，與承璀互相敬憚，故未嘗相失。承璀歸，引鄘爲相，鄘恥由宦官進，及將佐出祖，樂作，鄘泣下，曰：「吾老安外鎮，宰相非吾任也！」至京師，辭疾不入見，不視事，百官到門，皆辭不見。

注：史言李鄘知恥。二四〇

李鄘知恥，則蔡京爲不知恥，京之相由童貫也。

唐文宗太和九年，王涯有再從弟沐，家於江南，聞涯爲相，跨驢詣之，涯許以微官，自是旦夕造涯之門以俟命。及涯家被收，與涯俱腰斬。舒元輿有族子守謙，愿而敏，從元輿者十年，一旦忽以非罪怒之，日加譴責，守謙不自安，求歸江南。元輿收族，守謙獨免。

注曰：王沐之并命，躁之禍也；舒守謙之幸免，愿之餘福也。禍福之應，天豈爽哉！二四五

故君子貴淡泊寧靜。

唐宣宗大中四年，吏部侍郎孔温業，白執政求外官，白敏中謂同列曰：「我輩須自點檢，孔吏部不肯居朝廷矣。」温業，戣之弟子也。

注曰：孔温業之操行，不見於史，時人蓋以其家世而敬之。二四九

唐僖宗乾符五年，時連歲旱蝗，寇盜充斥，耕桑半廢，租賦不足，内藏虛竭，無所依助。兵部侍郎判度支楊嚴，三表自陳才短不能濟辦，辭極哀切，詔不許。

注曰：人見美官，誰不欲之，乃有辭而不獲者，可以觀世道矣。二五三

宋理宗初年，崔與之自成都乞歸廣州，除帥長沙，帥江南，除吏部尚書，皆力辭，至親洒宸翰以趣之。金亡，朝議取三京，聞之頓足浩歎。繼而予祠亦辭，拜參知政事，拜右丞相，皆終辭，至十有三疏。黄東發曰：「公之不作相，天下至今高之，公豈以不作相爲高者哉！天下安危，繫於邊閫，或乃視爲貨賂交私之地，公帥淮帥蜀，嘗獨盡心焉，而不得行，天下事已可知矣。及金滅韃興，正國家當憂危之日，反挑强敵，以開厲階，天下事又可知矣，尚何相爲，公豈得已而辭者哉！」語見古今紀要逸編。宋之將亡，諸大臣更相率遁去，咸淳四年正月，至有詔書爲之切責，曰：「邇年近臣，無謂引去以爲高，勉留再三，弗近益遠，往往相尚，不知其非義也，亦由一二大臣嘗勇去以爲衆望，相踵至今。朕於諸賢，允謂無負，其弗高尚，使人疑於負朕。」詔見宋史四六度宗紀。此身

之所親值，土崩之勢，甚於乾符，猶謂美官足以縻人乎！

唐僖宗廣明元年，黄巢以太常博士皮日休爲翰林學士。

注曰：陸游老學庵筆記曰：「該聞録言『皮日休陷黄巢爲翰林學士，巢敗被誅』，今唐書取其事。按尹師魯作大理寺丞皮子墓誌，稱：『曾祖日休，避廣明之難，徙籍會稽，依錢氏，官太常博士，贈禮部尚書。祖光業，爲吴越丞相。父璨，爲元帥府判官。三世皆以文雄江東。』據此，則日休未嘗陷黄巢爲其翰林學士被誅也。小説謬妄，無所不有。師魯文章傳世，且剛正有守，非欺後世者。」二二五四

談允厚通鑑補後序，謂通鑑有七病，其一曰誣，引孫光憲北夢瑣言皮日休事爲證，然身之先已引老學庵筆記辨之。筆記所據者尹師魯撰皮氏子孫墓誌，墓誌當然不能載其祖宗從「賊」。然公山之召，可爲東周；佛肸之往，無傷堅白，亦不必爲日休辨矣。

唐昭宗景福二年，以柳玭爲瀘州刺史，玭嘗戒其子弟曰：「凡門地高，不可恃也。立身行己，一事有失，則得罪重於他人，死無以見先人於地下。故膏粱子弟，學宜加勤，行宜加勵，僅得比他人耳。」

注曰：使柳氏子姪常能守玭之戒，各務修飭，雖至今爲名家可也。二二五九

身之此言，蓋有感於柳氏子姪之有璨也。

唐昭宗天祐元年，以柳璨爲右諫議大夫、同平章事。璨，公綽之從孫也。

注曰：自元和以來，柳氏以清正文雅，世濟其美，至柳璨而隤其家聲。所謂「九世卿族，一舉而滅之」，柳玭之家訓爲空言矣。二六四

璨見唐書姦臣傳。厚結朱全忠，與蔣玄暉、張廷範謀殺所仇媢有宿望大臣二十餘人於白馬驛，全忠不善也。又嘗脅昭宣帝揖讓授終，請自行進拜司空爲冊禮使，然卒爲全忠所惡，殺之。臨刑自呼曰：「負國賊柳璨，死其宜矣！」此身之所以爲柳氏痛惜之也。

唐昭宣帝天祐二年，初，禮部員外郎知制誥司空圖，棄官居虞鄉王官谷，昭宗屢徵之不起。柳璨以詔書徵之，圖懼，詣洛陽入見，陽爲衰野，墜笏失儀。璨乃復下詔，略曰：「既養高以傲代，類移山以釣名。」又曰：「匪夷匪惠，難居公正之朝，可放還山。」

注曰：柳璨言司空圖既非伯夷之清，又非柳下惠之和。且朝政如彼，而璨自謂公正。通鑑直叙其辭，而孅惡自見。二六五

以圖視璨，猶糞土耳。璨乃倚全忠勢，藉詔書斥之，邪正不明，孅惡倒置若此。司空表聖集有句云：「漢兒盡作胡兒語，却向城頭罵漢人。」其柳璨之謂乎，噫！

邊事篇第十五

邊事猶今言國際之事，息息與本國相通，不可不知己知彼者也。南宋國勢孱弱，百年大計，爭持於和戰之間，結果和與戰皆失，馴至亡國，可慨也已！身之所論，大抵重在自强自治，不與人以可乘之機。縱不得已而求助於人，亦必慎所與而毋貽拒虎進狼之悔，斯可謂善於交鄰者矣。

漢高帝七年，帝用陳平祕計，使使間厚遺閼氏。

注曰：應劭曰：「陳平使畫工圖美女，間遺閼氏曰：『漢有美女如此，今皇帝困急，欲獻之。』閼氏畏其奪己寵，言於冒頓，令解圍。」余謂祕計者，以其失中國之體，故祕而不傳。卷十一

史貴求真，然有時不必過泥。凡事足以傷民族之感情，失國家之體統者，不載不失爲真也。

漢文帝前六年，老上單于初立，帝復遣宗室女翁主爲單于閼氏，使宦者燕人中行說傅翁主，說不欲行，漢强使之，說曰：「必我也爲漢患者！」

注曰：言爲漢患者必我也。史倒其文，因當時語。卷十四

閹寺小人，不知大體，心有所怨，自噬其祖國而不卹，此恒情也，故君子思患而豫防之。

漢武帝太初四年，自大宛破後，西域震懼，漢使入西域者益得職。

注曰：師古曰：「賞其勤勞，皆得拜職也。」余謂顏説非也，此言漢使入西域，諸國不敢輕辱，爲得其職耳。得職者不失其職也。卷二一

宋南渡之初，使臣聘金者，每被抑留，强使拜職。如司馬朴、朱弁、王倫、宇文虚中之徒是也。朴、弁在元遺山中州集南冠五人中，倫、虚中則宋、金史皆有傳。身之以顏説爲非者，蓋有感於此。德祐之末，參政家鉉翁亦以奉使被留二十年，强授以官不拜，元人高之，元貞元年乃放還，此身之所親見也。故益不以顏説爲然。

漢成帝元延二年，康居驕黠，訖不肯拜使者。都護吏至其國，坐之烏孫諸使下，王及貴人先飲食已，乃飲啗都護吏，故爲無所省，以夸旁國。

注曰：師古曰：「言故不省視漢使也。」余謂夸者，自矜耀其能傲漢也，旁國，鄰國也。卷三二

此有感於中國國力之不振，而迭爲鄰國所蔑視也。

漢成帝綏和元年，匈奴有斗入漢地，直張掖郡，上欲從單于求之，爲有不得，傷命損威。

注曰：師古曰：「詔命不行爲傷命。」余謂天子之命不行於夷狄，爲損中國之威。卷三二

右三條皆不以師古說爲然，而别釋之者，唐宋時勢不同，則對古史之認識有異也。

漢安帝永寧元年，從班勇議，復置西域副校尉，居敦煌。雖復羈縻西域，然亦未能出屯。

注曰：謂未能如勇計，出屯樓蘭西也。然使盡行勇之計，亦未必能羈制西域，何者？武帝通西域，未能盡臣屬西域也，及宣帝時日逐降，呼韓邪内附，始盡得西域。明帝使班超通西域，未能盡臣屬西域也，及竇憲破北匈奴，超始盡得西域。今漢内困於諸羌，而北匈奴游魂蒲類，安能以五百人成功哉！卷五〇

此言國内不寧，不足以經營邊域。

晉武帝太康十年，慕容廆遣使請降，詔拜廆鮮卑都督。廆謁見何龕，以士大夫禮，巾衣到門，龕嚴兵以見之，廆乃改服戎衣而入。人問其故，廆曰：「主人不以禮待客，客何爲哉！」龕聞之甚慚，深敬異之。

注曰：受降如受敵，居邊之帥，嚴兵以見四夷之客，未爲過也，何必以爲慚乎！卷八二

中國以禮立國，恒言耀德不觀兵。慕容廆蓋漢化之深者，故其言如此。身之駁之，亦以中國積弱已久，驟有受降之事，嚴兵以待，固其所也。

晉惠帝元康五年，代人衛操與從子雄及同郡箕澹，往依拓跋氏，説猗㐌、猗盧招納晉人。猗

徂悦之，任以國事，晉人附者稍衆。

注曰：史言拓跋氏益彊。當是時，晉朝大臣宗室雖已自相屠，而四方未爲變也，衛操、箕澹輩何爲去華就夷如是其早計也！中國之人可爲凛凛矣。漢嚴邊關之禁，懼有罪者亡命出塞耳，若無威刑迫乎其後，一旦去桑梓而逐水草，是必有見也。邊關不之詰，朝廷不之虞，晉之無政，亦可知矣。卷八二

邊郡之民，每徘徊兩國之間，以求安全爲鵠的。其人多能操兩國語言，習知兩國風俗，欲堅凝此邊民之心，惟有政治修明，使之安居樂業，結其豪傑，使之不爲人用而已。孟子曰：「域民不以封疆之界。」身之不責輕去其國之衛、箕，而致歎晉之無政，諒哉！洪景盧曰：「西夏李元昊之叛，其謀皆出於華州士人張元與吴昊，而其事本末，國史不書，比得田晝承君集，實紀其事，云：『張元、吴昊、姚嗣宗，皆關中人，負氣倜儻，有縱横才。嘗薄遊塞上，觀山川風俗，有經略西鄙意。姚題詩崆峒山寺壁云：南粤干戈未息肩，五原金鼓又轟天，崆峒山叟笑無語，飽聽松聲春晝眠。范文正公巡邊，見之大驚。又有『踏破賀蘭石，掃清西海塵』之句。張爲鸚鵡詩，卒章曰：『好著金籠收拾取，莫教飛去别人家。』吴亦有詩。將謁韓、范二帥，恥自屈，不肯往，乃礱大石，刻詩其上，使壯夫拽之於通衢，三人從後哭之，欲以鼓動二帥。既而果召與相見，躊躇未用間，

張、吴徑走西夏，范公以急騎追之不及，乃表姚入幕府。張、吴既至夏國，夏人倚爲謀主，以抗朝廷。連兵十餘年，西方至爲疲弊，職此二人爲之。自是邊帥始待士矣。』承君所記如此。予謂張、吴在夏國然後舉事，不應韓、范作帥日猶在關中，豈非記其歲時先後不審乎！姚、張詩，筆談諸書頗亦紀載，張、吴之名，正與羌酋二字同，蓋非偶然也。」語見容齋三筆十一。然則結邊民豪傑之心，亦必有道矣，張、吴即衛、箕之流也。

晉元帝大興元年，初，曹嶷既據青州，乃叛漢來降。又以建康懸遠，勢援不接，復與石勒相結，勒授嶷東州大將軍、青州牧。

注曰：曹嶷反側二國之間，終爲人禽而已矣。卷九〇

此爲張中孚、中彥兄弟等言之也。金史七九言：「中孚兄弟以宋大臣之子，父戰没於金，若金若齊，義皆不共戴天。金以地與齊，則甘心臣齊，以地歸宋，則忍恥臣宋，金取其地，則又比肩臣金，若趨市然，惟利所在。」金史非身之所及見，但三朝北盟會編二百，載：「紹興十年，中孚爲永興軍路經略安撫使，與其弟自陝西赴臨安行在，時人爲之語曰：『張中孚、張中彥，江南塞北皆行遍，教我如何做列傳！』」此語傳誦一時，身之所謂「反側二國之間」者此也。此等人史傳最難位置，金末李全、李璮父子亦然。全據山東，反覆於宋金元之間，卒也父子分入宋、元史叛臣傳。宋、元史亦非身之所及

見，然其父子反側於二國之間，則身之所飫聞者也。齊東野語九有李全本末，二十有「張中孚」條。

晉成帝咸和七年，趙主勒大饗羣臣，謂：「終不效曹孟德、司馬仲達，欺人孤兒寡婦，狐媚以取天下也。」

注曰：狐妖獸也，能蠱媚人，而勒以此論曹、馬，使死者有知，孟德、仲達其抱愧於地下矣。卷九五

史稱石勒爲羯，今觀其所言，不自以爲羯，亦不承認爲亂華，而自以爲效湯武之革命也。蓋其沾被華風已久，故昌言攘奪不之諱。

晉成帝咸康六年，趙王虎遺漢主壽書，欲與之連兵入寇，約中分江南。壽乃命羣臣大議利害，龔壯曰：「陛下與胡通，孰若與晉通！胡豺狼也，既滅晉，不得不北面事之，若與之爭天下，則彊弱不敵，危亡之勢也。虞、虢之事，已然之戒，願陛下熟慮之。」羣臣皆以壯言爲然，壽乃止，士卒咸稱萬歲。

注曰：士無樂戰之心，驅之而赴死地，未有不敗者。使李壽不用龔壯之言，固不待李勢而蜀亡也。卷九六

龔壯見晉書隱逸傳，蓋蜀人深識華夷之辨者。曰「與胡通孰若與晉通」，晉德雖薄，固

諸華也。師出宜有名，摟諸夷以伐諸夏，言之至不順者也，言不順則士何能樂戰，其敗必矣。

晉孝武帝太元十二年，劉衛辰獻馬於燕，劉顯掠之。燕主垂怒，遣太原王楷將兵助趙王麟擊顯，大破之，顯犇馬邑西山。魏王珪引兵會麟，擊顯於彌澤，又破之，顯犇西燕。麟悉收其部衆，獲馬牛羊以千萬數。

注曰：劉顯滅而拓跋氏彊矣。爲慕容氏計者，莫若兩利而俱存之，可以無他日亡國之禍。一〇七

劉衛辰，西夏赫連勃勃之父。劉顯，劉庫仁之子，亦衛辰宗也，見魏書廿三。衛辰與顯不相容，後燕慕容垂亦與西燕慕容永不相容，拓跋珪乃坐觀其成敗，而收卞莊之利。

晉安帝隆安五年，初，涼將姜紀降於河西王利鹿孤，廣武公傉檀與論兵略，甚愛重之，每談論以夜繼晝。利鹿孤謂傉檀曰：「姜紀信有美才，然視候非常，必不久留於此，不如殺之。紀若入秦，必爲人患。」傉檀曰：「臣以布衣之交待紀，紀必不相負也。」八月，紀將數十騎奔秦軍。

注曰：秃髮兄弟皆推傉檀之明略，余究觀傉檀始末，未敢許也。又究觀姜紀自涼入秦始末，則紀蓋反覆詭譎之士，而傉檀愛重之，則傉檀蓋以才辨爲諸兄所重，而智略不能濟，

此其所以亡國也。一一二

姜紀後涼吕氏之叛臣，既降南涼利鹿孤，復奔後秦姚興，史稱其阿諂姦詐，好間人之親戚，蓋習戰國遊士之風者也。傉檀愛之，亦愛其類己耳。身之不喜辨給之士，屢見於注，評論篇所以謂身之爲寡言沉默之人也。

宋文帝元嘉三年，秦王熾磐伐河西，蒙遜發兵禦之，且遣使説夏主，使乘虛襲枹罕，熾磐聞之引歸。

注曰：蒙遜借助於夏以退秦師，秦既敝於夏，夏亦債於魏，而涼亦不能以自立。是以親仁善鄰，國之寶也。一二〇

此有感於宣和海上之盟，及端平夾攻之役也。宣和與金滅遼，遼滅即與金争燕雲。端平與元滅金，金滅即與元争汴洛。静言思之，國力不充，不可以倖勝。宋借助於金以攻遼，猶蒙遜借助於夏以退秦師也。遼既敝於金，金亦債於元，而宋亦不能以自立，猶秦既敝於夏，夏亦債於魏，而涼亦不能以自立也。

梁武帝大同三年，時南北通好，務以俊乂相誇，銜命接客，必盡一時之選，無才地者不得與焉。每梁使至鄴，鄴下傾動，貴勝子弟，盛飾聚觀，館門成市。宴日，高澄常使左右覘之，一言制勝，澄爲之拊掌。魏使至建康亦然。

注曰：兩國通使，各務夸矜，以見所長，自古然矣。昭奚卹之事，猶可以服覘國者之心。一五七

昭奚卹楚臣，新序一言秦欲伐楚，使使者往觀楚之寶器，昭奚卹示以楚之賢臣，秦遂不敢伐楚。然南北朝之通使，務以人選相誇，則別有其故。蓋當時南北皆華人，强分裂爲二國，使不得相聞問，事之至不自然者也。一旦通使，則疇昔衣冠之族，皆可藉此得消息，朝市烏得不爲之傾動乎！南齊書四七王融疏言：「虜前後奉使，不專漢人，必介以匈奴，備諸覘獲。」正爲此也。南宋初，施宜生之事亦然。宜生本名逵，福建士人，入范汝爲黨。范敗，逃入北，改名宜生，登僞科，擢用甚峻。逆亮將犯淮，猶以之爲奉使，宋命張燾館之，嘗諷以首丘之義，宜生顧其介不在，忽爲廋語曰：「今日北風甚勁。」又取几間筆扣之，云：「筆來筆來！」於是宋始警備，宜生實先漏師焉。歸爲介所告，烹而死。桯史一及朱子語類盜賊門詳載之，金史採以入宜生傳。然則南北朝之通使，各務夸矜，特其表面云爾，由民族感情之親熱覘之，中國之分裂應不能久也。

大同十一年，高歡聘柔然女，號曰蠕蠕公主。

注曰：魏明元帝命柔然曰蠕蠕，謂其蠕動無知識也。阿那瓌封蠕蠕王，雖曰以爲國號，猶鄙賤之也。至高歡納其女，號曰蠕蠕公主，則徑以爲國號，不復以爲鄙賤矣。一五九

柔然爲北方大國，自晉孝武帝太元十九年起，至陳武帝永定元年止，爲突厥所併，建國凡一百六十四年，幾與北魏相終始。魏之所以不能混一南北者，未始非懼柔然之躡其後也。柔然、蠕蠕皆譯音，無定字。錢竹汀曰：「柔然北方之國，不通中華文字，史家據譯音書之，或稱芮芮，或稱茹茹，其實即柔然二字之轉也。明元易茹爲蠕，不過借同音字寓蚩鄙之意，元非改其國號。北史后妃傳中，或稱蠕蠕公主，或稱茹茹公主，猶言柔然公主云爾。通鑑于紀事例稱柔然，而述魏人之詞則曰蠕蠕，至如阿那瓌之稱王，其女之稱公主，亦當從紀事之例，偶沿舊史元文，不及畫一刊改，注家未通譯語，又從爲之詞，殊多事矣。」語見通鑑注辨正二。謂「注家未通譯語」，然則誰通蠕蠕語者？不得以此譏胡注也。

陳長城公禎明二年，是歲吐谷渾裨王拓跋木彌，請以千餘家降隋，隋主曰：「朕之撫育，俱存仁孝。渾賊惛狂，叛夫背父，不可收納。然其本意，正自避死，今若違拒，又復不仁，若更有音信，任其自拔，不須出兵應接。其妹夫及甥欲來，亦任其意，不勞勸誘也。」

注曰：所謂「叛夫背父」，「妹夫及甥」，當時必皆有主名，而史不詳紀。隋書作「名王拓拔木彌」，「裨王」亦用漢書語。一七六

史家記事，只隨時代所見之需要以爲去取。史識遠者，或能預見千百年後之需要而記

之，不能巨細畢載也。如此條之「叛夫背父」，必有本事，而史不詳紀，身之所揭示者一。又史家運用史料，有引用及檃括二法，引用但引原文，檃括則可增改文字。此條「裨王」隋書作「名王」，今用漢書語，是檃括法，身之所揭示者二。皆學者所當知也。

唐太宗貞觀元年，初，突厥性淳厚，政令質略，頡利可汗得華人趙德言，委用之。

注曰：華人謂中國人也。一九二

中國人仕外國者，古有之矣，苟不戕賊祖國，君子所不棄也。且仕異國與仕敵國不同，仕異國者客卿耳，仕敵國則降虜也。

貞觀三年，代州都督張公謹言突厥可取狀，曰：「華人入北，其衆甚多。比聞所在嘯聚，保據山險，大軍出塞，自然響應。」

注曰：華人因隋末之亂，避而入北。一九三

隋唐之交，華人固有入北避亂者，然自五胡亂華以來，北人華化者不可勝計，隋唐混一而後，涵容孕育，又數百年，遂與諸華無異矣。

唐高宗調露元年，都支先與李遮匐約，秋中拒漢使。

注曰：漢家威加四夷，故夷人率謂中國人爲漢人，猶漢時匈奴謂漢人爲秦人也。二〇二

宋時海上諸國則謂中國爲唐人，陸地諸國仍謂中國爲漢人，元時功令，則並以高麗、契

丹、女真爲漢人矣。

武后萬歲通天元年，改李盡忠爲李盡滅，孫萬榮爲孫萬斬。

注曰：武后改突厥骨咄禄爲不卒禄，又改李盡忠爲李盡滅，孫萬榮爲孫萬斬。此事何異王莽所爲，顧有成敗之異耳。二〇五

漢書匈奴傳，莽拜單于爲孝單于及順單于，又改匈奴曰恭奴，單于曰善于。西域傳，莽封戊己校尉郭欽爲剼胡子。皆非和睦遠人之道。自是王莽、武后之謬，謀國者深當以爲戒也。

唐玄宗開元四年，契丹李失活、奚李大酺，帥所部來降。

注曰：武后萬歲通天時，奚、契丹叛。帝即位之後，孫佺、薛訥，相繼喪師，兩蕃不敢乘勝憑陵中國，乃相帥來降。中國之勢安强，有以服其心故也。二一一

國力充實，雖敗不足憂，國力空虚，雖勝不足喜。憂喜視國力之盈虚，不繫乎一時之勝敗，開元契丹之事其佳證也。

唐德宗建中三年，吐蕃歸鄏日所俘掠兵民八百人。

注曰：自吐蕃陷河隴，入京師，俘掠唐人，可以數計邪！德宗先歸所俘者以懷之，其歸向日所俘者八百人而已，狼子野心，姑以此報塞中國，其志果如何哉！觀異日平涼劫盟之

事可見也。二二七

邊釁之開，略分四階段：其先掠物，其次掠人，又其次掠地，至於掠國而極矣。吐蕃之於唐，至第二階段而已，身之猶謂之「狼子野心」，然則金元之於宋，其狼野又何如！

建中四年四月，上命宰相尚書與吐蕃區頰贊盟於豐邑里，區頰贊以清水之盟，疆場未定，不果盟。己未，命崔漢衡入吐蕃，決於贊普。

注曰：是年二月，命崔漢衡送區頰贊，蓋欲與之盟而遣之，久而盟未定。又命漢衡入吐蕃，決於贊普。此時中國疲於兵，彼固有以窺唐矣，盟無益也。二二八

邊境之靖擾，盟約之守渝，皆與國内之治亂相消息。我苟有隙可乘，敵必狡焉思逞，更有奸人爲之勾結，則邊境將無日寧矣。

唐德宗興元元年，上遣崔漢衡詣吐蕃發兵，李懷光固執以爲不可，曰：「若克京城，吐蕃必縱兵焚掠，誰能遏之，此一害也。前有勑旨，募士卒克城者，人賞百緡，彼發兵五萬，若援勑求賞，五百萬緡，何從可得，此二害也。虜騎雖來，必不先進，勒兵自固，觀我兵勢，勝則從而分功，敗則從而圖變，譎詐多端，不可親信，此三害也。」

注曰：李懷光雖欲養寇以自資，然其陳用吐蕃三害，其言亦各有理。二三〇

聯與國以拒共同之敵，與借外兵以平内亂不同，前者利害與共，後者引狼入室也。

唐德宗貞元七年，安南都護高正平重賦斂，羣蠻酋長杜英翰等起兵圍都護府，正平以憂死，羣蠻聞之皆降。

注曰：史言蠻非好亂，苦於貪帥而亂。二三三

蠻雖開化稍遲，其性固與人無異，安之則寧，虐之則亂。亂之所由起，孰非安之不得其宜者。故動亂之程度，隨虐之之程度爲高下，如止沸然，火不熄沸不止也。然則邊吏之選任，戒貪其第一義矣。

貞元十五年，南詔異牟尋遣使與韋皋約，共擊吐蕃。皋以兵糧未集，請俟他年。

注曰：韋皋有智略，恐南詔貌與，而未悉其心也，故以「兵糧未集」辭，此可與智者道。二三五

所謂外交詞令也。

唐武宗會昌二年，安西、北庭達靼等五部落。

注曰：李心傳曰：「達靼之先，與女真同種，靺鞨之後也。其居陰山者，自號爲韃靼。韃靼之人，皆勇悍善戰，其近漢地者謂之熟韃靼，尚能種秫穄，以平底瓦釜煮而食之；其遠者謂之生韃靼，以射獵爲生，無器甲，矢貫骨鏃而已。」余謂李心傳蜀人也，安能知直北事，特以所傳聞書之。二四六

語見建炎以來朝野雜記乙集十九「韃靼款塞」條。身之似有憾於心傳者，非也，故爲貶詞，以避時忌耳。今武英殿刊本於此條即多所删節，據陸心源羣書校補，知身之所引尚是宋本原文也。

會昌三年，李德裕追論維州悉怛謀事，詔贈悉怛謀右衛將軍。温公論曰：論者多疑維州之取捨，不能決牛、李之是非。臣以爲悉怛謀在唐則爲向化，在吐蕃不免爲叛臣，非受誅也，又何矜焉！且德裕所言者利也，僧孺所言者義也，牛、李之是非，端可見矣。

注曰：元祐之初，棄米脂等四寨以與西夏，蓋當時國論，大指如此。二四七

悉怛謀以維州叛降我，李德裕受之。牛僧孺以爲失信，詔執送悉怛謀，令彼自戮，此太和五年事也。温公是牛非李，身之言當時國論如此，明其後並不如此也。讀史管見廿五曰：「僧孺以小信妨大計，德裕以大義謀國事，此二人是非之辨也。」朱子語類一三六曰：「德裕所言雖以利，然意却全在爲國；僧孺所言雖以義，然意却全濟其私。且德裕既受其降矣，雖義有未安，也須别做置處，乃縛送悉怛謀，使之恣其殺戮，果何爲也。」明胡廣亦嘗論之，曰：「温公直牛曲李，其意蓋有所爲。宋神宗在位喜論兵，富鄭公嘗云：『願陛下二十年不可道着用兵二字。』温公之意，即鄭公之意也。當西夏部將嵬名山欲以横山之衆，取李諒祚以降，詔邊臣招納其衆，公上疏極論，以爲：『名山之

衆,未必能制諒祚,幸而勝之,滅一諒祚,生一諒祚,何利之有!』神宗不聽,遣种諤發兵迎之,取綏州,費用六十萬。西方用兵,蓋自此始矣。後城永樂,夏人來争,喪師數十萬,神宗臨朝大慟,於是公言始驗。然則牛、李之論,公欲假此以抑要功生事之人,矯當時之弊耳。」語見明文衡五十五。

唐宣宗大中十一年,李承勳奏吐蕃酋長尚延心爲河渭都遊弈使,使統其衆居之。

注曰:史言唐之邊鎮,自將帥至於偏裨,詳於身謀,略於國事,故夷人窺其肺肝,亦得行其自全之謀。二四九

「詳於身謀,略於國事」,二語切中時人之病。當國家危亡時,此病尤顯,不獨將帥然,即文臣亦何莫不然!李綱梁溪集卅四,載:「建炎元年,戒勵士風詔,有曰:『日者二聖播遷,宗社幾於顛覆。肆朕纂承,慨然思任羣材,相與協濟,而士大夫奉公者少,營私者多,徇國者希,謀身者衆。乞去則必以東南爲請,召用則必以疾病爲辭,投檄以自便者相望於塗,避寇而去官者日形於牘。甚者至假託親疾,不候告下,挈家而遠遯』」云云。此私天下之餘毒也。賢者潔身以遠禍,不肖者冒進以營私,任之則愈肆猖狂,嚴之則挺而走險,如是,豪傑安得不生心,敵人安得不窺伺乎!陳涉輟耕於隴上,石勒倚嘯於東門,正爲此也。

唐昭宗乾寧四年，王建鎮西川，蠻亦不敢侵盜。

注曰：史言安邊之術，惟洞知近塞蕃落情僞而折其姦，則外夷不敢有所侮而動。二六一

安邊之術，首在不貪不暴。蜀王建號「賊王八」，然其鎮蜀初政，不獨能撫民，且善待士，故唐末人士之避亂者多往依之，卒能據有全蜀三十餘年。身之稱之，愧乎「賊王八」之不如者耳！

後梁太祖開平二年，契丹主阿保機遣使隨高頎入貢，且求册命。

注曰：夷狄覘國勢而爲去來，彼以梁爲彊，則其背晉宜矣。二六六

先是阿保機與李克用約擊梁，既而背之，稱臣於梁，約梁滅晉。阿保機誠可恨，然是時梁强晉弱，安能禁其反覆乎！故凡欲得人之助者，必須能自强，不能自强而欲得人之助難矣。

後梁均王貞明三年，契丹主選騎三萬欲攻幽州，述律后指帳前樹曰：「此樹無皮可以生乎？」契丹主曰：「不可。」述律后曰：「幽州城亦猶是矣。吾但以三千騎伏其旁，掠其四野，使城中無食，不過數年，城自困矣，何必如此躁動輕舉！萬一不勝，爲中國笑，吾部落亦解體矣。」契丹主乃止。

注曰：婦人智識若此，丈夫愧之多矣。此特阿保機因其能勝室韋，從而張大之以威鄰敵

耳。就使能爾，曷爲不能止德光之南牧，既内虚其國，又不能爲根本之計，而終有木葉山之囚乎？二六九

身之不滿於述律后，爲元太宗后乃馬真氏言之也。述律后佐阿保機得國，歐史四夷附録稱其「多智而忍」，後爲其孫兀欲囚於木葉山。乃馬真后稱制四年，元史耶律楚材傳稱其「崇信姦回」，後爲太祖孫蒙哥徙於極邊。二后晚年所遇相同。並見倫紀篇。

貞明五年，詔削劉巖官爵，命吴越王鏐討之。鏐雖受命，竟不行。

注曰：受命者不逆梁之意，不行者不肯自弊其力以伐與國，此割據者之常計也。二七〇

令吴越討南漢，此梁之利，而吴越之弊也。注言吴越「不肯自弊其力」，中吴越之隱矣。

後梁均王龍德二年，大封王躬乂，性殘忍，海軍統帥王建殺之自立，復稱高麗王，以開州爲東京，平壤爲西京。建儉約寬厚，國人安之。

注曰：徐兢高麗圖經曰：「高麗王建之先，高麗大族也。高氏政衰，國人以建賢，立爲君長。後唐長興二年，自稱權知國事，請命于明宗，乃拜建大義軍使，封高麗王。」按徐兢宣和之間使高麗，進圖經，紀載疏略，因其國人傳聞，遂謂建得國於高氏之後，不知建實殺躬乂而得國也。詳見貞明五年考異。二七一

高麗王建之建國，在西紀九一八，即梁貞明四年，見鄭麟趾等所撰高麗史。通鑑蓋從

其國勢既定之後追紀之，故相差數年，至後唐長興中，則已建國十餘年矣。徐兢高麗圖經不足據。

後唐明宗天成三年，吴遣使求和於楚，請苗璘、王彦章，楚王殷歸之，使許德勳餞之。德勳謂二人曰：「楚國雖小，舊臣宿將猶在，願吴朝勿以措懷，必俟衆駒争皁棧，然後可圖也。」時殷多内寵，嫡庶無别，諸子驕奢，故德勳語及之。

注曰：其後馬氏諸子争國，南唐乘而取之，卒如許德勳之言。然德勳相楚，知其將亂，不以告戒其主，而以語鄰國之人，非忠也。左傳鄭子太叔謂晉張趯有智，然猶在君子之後者，正此類也。二七六

是時吴楚異國，同是諸華。夫不滿現在者，人之恒情，相知深，接觸多，則反易相左也。故在其地有不滿意於其地者，在其時有不滿意於其時者，惟君子家醜不外揚而已。鄭子太叔語，見昭三年傳。

後漢高祖天福十二年，契丹主每謂晉臣曰：「中國事我皆知之，吾國事汝曹不知也。」

注曰：契丹主自謂周防之密，以夸晉臣。然東丹之來，已胎兀欲奪國之禍，雖甚愚者知之，而契丹主不知也。善覘國者不觀一時之彊弱，而觀其治亂之大致。二八六

目能及遠，而不能自見其睫，契丹主之謂也。豈獨契丹主然哉！

夷夏篇第十六

夷夏者，謂夷與夏之觀念，在今語爲民族意識。公羊成十五年傳：「春秋内其國而外諸夏，内諸夏而外夷狄。」非尊己而卑人也，内外親疏之情，出於自然，不獨夏對夷有之，夷對夏亦宜然，是之謂民族意識。當國家承平及統一時，此種意識不顯也；當國土被侵陵，或分割時，則此種意識特著。身之生民族意識顯著之世，故能了解而發揮之，非其世，讀其書，不知其意味之深長也。

晉惠帝永興元年，劉淵將發兵擊鮮卑、烏桓，劉宣等諫曰：「晉人奴隸御我，今其骨肉相殘，是天棄彼，而使我復呼韓邪之業也。鮮卑、烏桓，我之氣類，可以爲援，奈何擊之！」

注曰：鮮卑、烏桓，東胡之種，與匈奴同禀北方剛强之氣，又同類也。卷八五

此所謂民族意識也。鮮卑、烏桓，時未混同於漢，故劉宣引以爲氣類。劉宣者，淵之從祖也。淵之興，國號漢，本欲自居於華，惜乎爲日尚淺，未能泯然無間也。

晉懷帝永嘉三年，漢安東大將軍石勒，寇鉅鹿常山，集衣冠人物，别爲君子營。

注曰：石勒起於胡羯餓隸，而能如此，此其所以能跨有中原也。卷八七

衣冠人物，謂中原之知識分子。孟子曰：「爲政不難，不得罪於巨室，巨室之所慕，一國慕之。」石勒其知此道乎！

晉元帝建武元年，處士遼東高詡説廆曰：「霸王之資，非義不濟。今晉室雖微，人心猶附，宜遣使江東，示有所尊，然後仗大義以征諸部，不患無辭矣。」

注曰：晉室雖衰，慕容、苻、姚之興，其初皆借王命以自重。卷九〇

借王命自重，猶言擁護中央，其始叛晉者匈奴、羯耳，鮮卑、氐、羌，猶奉王命，及晉内亂不已，堅凝之力衰，乃各據地自立，而成歷史上所謂五胡亂華之局。

晉元帝太興二年，石勒重禁胡人不得陵侮衣冠華族。

注曰：華族，中華之族也。勒胡人也，能禁其醜類不使陵暴華人及衣冠之士，晉文公初欲俘陽樊之民，殆有愧焉。卷九一

此有感於士流之被侮辱也。元皇子闊端鎮西涼，儒者皆隸役，同厮養，見元史一二五高智耀傳。晉文公欲俘陽樊之民，見左僖廿五年傳。

又，慕容廆以高瞻爲將軍，瞻稱疾不就，廆數臨候之，撫其心曰：「君之疾在此，不在他也。今晉室喪亂，孤欲與諸君共清世難，翼戴帝室。君中州望族，宜同斯願，奈何以華夷之異，介然疏之哉！」

注曰：以瞻薄廆起於東夷，不肯委身事之，故有是言。卷九一

太興三年，石虎攻厭次，執邵續，勒以爲忠，釋而禮之，以爲從事中郎。因下令：「自今克敵，獲士人，毋得擅殺，必生致之。」

注曰：勒禮續，而終於殺續，所以令生致士人者，不過欲使之從己耳。卷九一

元初亦嘗懷柔士人，然終以受歧視故，不能安於其位。癸辛雜識續集下言：「丙子春，三學歸附士子入燕者九十九人，至至元十五年戊寅，所存者止一十八人。」未知其逃亡乎？抑死亡乎？然三年之間，亡者大半，其因受鄙賤而不樂爲之用，亦昭然矣。

又，裴嶷至建康，盛稱慕容廆之威德，朝廷始重之。帝謂嶷曰：「卿中朝名臣，當留江東，朕別詔龍驤，送卿家屬。」嶷曰：「臣少蒙國恩，若得復奉輦轂，臣之至榮。但以舊京淪沒，名臣宿將，莫能雪耻，獨慕容龍驤竭忠王室，志除凶逆，故使臣萬里歸誠。今臣來而不返，必謂朝廷以其僻陋而棄之，孤其嚮義之心，此臣之所甚惜，不敢徇私而忘公也。」

注曰：謂留江東，乃是徇一身之私計，歸棘城，則可輔廆以討賊，乃天下之公義也。嶷之心，蓋以廆可與共功名，鄙晉之君臣宴安江沱，爲不足與共事而已。卷九一

裴嶷出處，與高瞻相反，而夷夏觀念則同。所不同者，嶷以廆爲可與，瞻以廆爲不可與耳。

晉成帝咸和八年，趙主勒遣使來修好，詔焚其幣。

注曰：晉雖未能復君父之讎，而焚幣一事，猶足舒忠臣義士之氣。卷九五

此與深寧王氏之説，同一感慨。困學紀聞十三曰：「焚石勒之幣，江左君臣之志壯矣。」閻百詩曰：「王氏得毋自傷其本朝乎！」

晉穆帝永和五年，冉閔之篡石趙也，下令城中曰：「今日已後，與官同心者留，不同者各任所之。」於是趙人百里内悉入城，胡羯去者填門。閔知胡之不爲己用，班令内外趙人，斬一胡首者，文官進位三等，武官悉拜牙門。一日之中，斬首數萬。或高鼻多鬚，濫死者半。

注曰：趙人謂中國人也。高鼻多鬚，其狀似羯胡，故亦見殺。卷九八

此有感於金末種人被害之慘也。趙爲石氏國號，而身之釋之曰「中國人」，蓋國號雖易，而民族不改，名爲趙人，實皆中國人，猶之金據河北，國號曰金，其民皆中國人也。及其既衰，乃有石氏同樣之變。事見元遺山集，而金史不載，廿二史劄記曾揭出之。遺山集二十八，臨淄令完顏懷德碑云：「貞祐二年，中夏被兵，盜賊充斥，讐撥地之酷，睚眦種人，期必殺而後已。若營壘，若散居，若僑寓託宿，羣不逞鬨起而攻之，尋蹤捕影，不遺餘力，不三二日，屠戮淨盡，無復噍類。至於發掘墳墓，蕩棄骸骨，在所悉然」云。嗚呼！何其酷耶！中國人雅愛和平，非積怨深仇，不應若是，金時虐政，概可知

矣。石氏之變，猶是冉閔率之，貞祐之變，則人自爲之也。身之特標出趙人爲中國人者，明中國人雖愛和平，然不可陵暴之至於忍無可忍也。

永和十二年，秦遣閻負、梁殊，説涼使稱藩，謂江南文身之俗。

注曰：古者荆蠻之俗，斷髮文身，以避蛟龍之害，負、殊以此斥言之耳。是時衣冠文物，皆在江南，且正朔所在也，負、殊吠堯刺由，知各爲其主而已。一〇〇

閻負、梁殊者，亦中國人，時其地爲苻氏所據，故仕於秦，何遽謂江南爲文身之俗耶！是知習俗移人，久而忘本，甚矣邊疆之不可長淪於敵也！

晉穆帝升平二年，燕泰山太守賈堅屯山茌，荀羨引兵生擒之，羨謂堅曰：「君父祖世爲晉臣，奈何背本不降？」堅曰：「晉自棄中華，非吾叛也。」

注曰：堅發此言，江東將相其愧多矣。一〇〇

賈堅之言雖不道，然晉人亦當以此自儆。

晉孝武帝寧康三年，秦王堅親至猛第視疾，訪以後事，猛曰：「晉雖僻處江南，然正朔相承。臣没之後，願勿以晉爲圖。」

注曰：王猛事秦，亦知正統之在江南，徐光之論非矣。一〇三

此有感於金時漢相之不敢沮伐宋也。王猛究竟非凡，異乎閻負、梁殊之所云矣。徐光

則嘗謂勒：「陛下既苞括二都，爲中國帝王，彼司馬家兒復何異玄德，李氏亦猶孫權。符籙不在陛下，竟欲安歸？」語見晉書石弘載記，蓋不由衷之言也。彼豈不知「正統之在江南」哉，阿媚取寵耳。元遺山集十八楊雲翼碑言：「金自貞祐以後，主兵者不能外禦大敵，而取償於宋，頻歲南伐。有沮其兵者，不謂之與宋爲地，則疑與之有謀。進士至宰相，於他事無不言，獨論南伐，則一語不敢及」云。嗚呼！何以不敢及，避袒中國之嫌耳。進士至宰相，謂中國人之爲宰相者。金朝宰相，以内屬外戚，與國人有戰伐之功者爲多；潢霫之人，以門閥見推者次之；參用進士，則又次之。元遺山集十六張萬公碑，謂：「宰相參用進士，特以示公道，繫人望焉爾。軒輊之權既分，疏密之情亦異。孤立之跡，處乎危疑之間，難入之言，奪於衆多之口。故凡在此位者，必以苟容爲得計，循默爲知體」云。劉祁歸潛志十二，論金國之亡，亦謂其「偏私族類，疏外漢人，機密謀謨，漢相不得預。故當路者唯知迎合其意，謹守簿書而已。」由是觀之，徐光不足道，以王猛得君之專，亦臨終而後敢沮伐晉，則夷夏之嫌深矣，身之所以爲仕於夷者危也。

晉孝武帝太元七年，秦王堅鋭意欲取江東，陽平公融諫曰：「『知足不辱，知止不殆』，自古窮兵極武，未有不亡者。且國家本戎狄也，正朔會不歸人，江東雖微弱僅存，然中華正統，天意必不絶之。」

注曰：會，要也。言大要中國正朔相傳，不歸夷狄也。一〇四

正朔不歸夷狄，乃當時一般公論，不獨苻融言之。劉聰卒時，太子粲即位，靳準執而殺之，謂安定胡嵩曰：「自古無胡人爲天子者。今以傳國璽付汝，還如晉家。」此一事也。姚弋仲有子四十二人，常戒諸子曰：「自古以來，未有戎狄作天子者。我死汝便歸晉，竭盡臣節，無爲不義。」此又一事也。嗚呼！晉澤實淺，何由得此。更可以楊盛父子之事觀之，宋書氐胡傳：「晉安帝以楊盛爲仇池公，永初三年，封武都王，以長子玄爲世子。武都王雖爲蕃臣，猶奉義熙之號，子玄乃改奉元嘉正朔。初，盛謂玄曰：『吾年已老，當爲晉臣，汝善事宋帝。』故玄奉焉。」然則盛之心無所分晉宋也，特以其爲中華正統所在而已。如必爲晉，則裕之篡，盛當興師討逆，否亦當抗顔獨立，胡爲委順如此，此皆足與苻融之言相印證者，中國人所以有信心恢復中原也。

太元八年，秦王堅下詔大舉入寇，朝臣皆不欲堅行，獨慕容垂、姚萇及良家子勸之。陽平公融曰：「鮮卑、羌虜，我之仇讎，常思風塵之變，以逞其志，所陳策畫，何可從也。」

注曰：慕容垂，鮮卑也，姚萇，羌也，其國皆爲秦所滅，雖曰臣服，其實仇讎。一〇五

苻融深了解民族意識，與靖康中監察御史馬伸上金主乞存趙氏狀，言頗相類，曰：「竊

觀今日計議之士，多前日大遼亡國之臣，畫策定計，所以必滅宋者，非忠於大金也，特假威以報怨耳。」語載東都事略張邦昌傳，以爲狀出秦檜。時檜爲臺長，故署其名。玉照新志三，及宋史馬伸、秦檜傳皆曾辨之。

晉安帝隆安二年，楊佺期自以其先漢太尉震，至父亮，九世皆以才德著名，矜其門地，謂江左莫及。有以比王珣者，佺期猶恚恨。而時流以其晚過江，婚宦失類。

注曰：佺期曾祖準，晉太常，自震至準，七世有名德。祖林，少有才望，值亂没胡。父亮，少仕僞朝，後歸晉，比王、謝諸家爲晚。亮及佺期，皆以武力爲官，又與傖荒爲婚，故云失類。一一〇

晉室之亂，士人晚渡者，南朝恒以傖荒遇之。然早渡固爲見幾，晚渡亦未爲後義，顧視其能否不變於夷耳。遲遲其行，去父母國之道也。且恢復之望，一日未絶，所食者吾之毛，所踐者吾之土，亦何愧乎！惟楊亮少仕僞朝，其子尚自矜門地，斯爲可哂耳。

隆安三年，魏主珪問博士李先曰：「天下何物最善，可以益人神智？」對曰：「莫若書籍。」珪曰：「書籍凡有幾何，如何可集？」對曰：「自書契以來，世有滋益，不可勝計，苟人主所好，何憂不集。」珪從之，命郡縣大索書籍，悉送平城。

注曰：魏主珪之崇文如此，而魏之儒風，及平涼州之後始振，蓋代北以右武爲俗，雖其君

尚文，未能回也。嗚呼！平涼之後，儒風雖振，而北人胡服，至孝文遷洛之時，未盡改也。用夏變夷之難如是夫！一一一

由晉隆安三年，至魏平北涼，凡四十年，又至孝文遷洛，凡五十五年，共九十五年，而夷風未盡改也。「善人爲邦百年，而後可以勝殘去殺」，信矣！

又，先是魏主珪圍中山，久未下，軍乏食，問計於羣臣，崔逞對曰：「桑椹可以佐糧，飛鴞食椹而改音，詩人所稱也。」珪雖用其言，聽民以椹當租，然以逞爲侮慢，心銜之。

注曰：詩：「翩彼飛鴞，集于泮林，食我桑椹，懷我好音。」注云：「鴞，惡聲之鳥也。鴞恒惡鳴，今食桑椹，故改其鳴，歸就我以善音。」珪本北人而入中原，故銜逞以爲侮慢。一一一

珪固多疑，然亦因夷夏觀念過深，所以銜此。癸辛雜識續集下，言：「鹽官縣學教諭黃謙之，甲午歲題桃符云：『宜入新年怎生呵，百事大吉那般者。』爲人告之官，遂罷去。」怎生呵，那般者，爲元時詔令常用句語，蓋由北語翻譯而成，亦以其侮慢而銜之也。

又，燕主寶之敗也，民部尚書封懿降於魏，珪以懿爲都坐大官，問以燕氏舊事，懿應對疏慢，亦坐廢於家。

注曰：珪蓋自疑，以爲衣冠之士慢之也。一一一

民族意識，人皆有之，故身之獨拈出魏主珪之隱。

晉安帝義熙十三年，河西王蒙遜，聞太尉裕滅秦，怒甚。門下校郎劉祥入言事，蒙遜曰：「汝聞劉裕入關，敢研研然也！」遂斬之。

注曰：河西士民，乃心晉室，蒙遜胡人，竊據其土，聞裕入關，慮其響應，故斬祥威衆，以鎮服其心也。姦雄之喜怒，豈苟然哉！魏書沮渠傳作「妍妍」，華人服飾，妍靡自喜，故蒙遜云然。妍讀如字，音義皆通，當從魏書。一一八

劉裕入關消息，傳至河西，蒙遜聞之怒，劉祥聞之欣欣有喜色。同在一城，心理何差異若此，民族意識使然也。

晉恭帝元熙元年，夏主勃勃徵隱士京兆韋祖思，祖思既至，恭懼過甚，勃勃怒曰：「我以國士徵汝，汝乃以非類遇我，汝昔不拜姚興，今何獨拜我？我在，汝猶不以我爲帝王；我死，汝曹弄筆，當置我於何地邪？」遂殺之。

注曰：勃勃之殺祖思，虐矣。然祖思之恭懼過甚，勃勃以爲薄己而殺之，則勃勃爲有見，而祖思爲無所守也。一一八

趙紹祖通鑑注商曰：「祖思無所守，誠如胡氏之言，若勃勃殺祖思爲有見，不知此何所見也。」趙君昧於夷夏觀念，故不知身之所云。

宋文帝元嘉二十七年，魏司徒崔浩，書魏之先世事，皆詳實，列於衢路，北人無不忿恚。

注曰：北人，謂其先世從拓跋氏來自北荒者。一二五

南人北人，所指至無定，燕薊之人，亦曰北人。今謂其先世來自北荒者，明所指非中國人也，浩卒因此被族誅。宇文虛中之在金也亦然，宋、金史本傳，皆言其好譏訕，見女直人，輒以礦鹵目之，貴人達官，積不能平，告以謀反，老幼百口，同日被焚死，慘與崔浩同。元遺山以虛中冠中州集，極稱其寃也。

元嘉二十八年，魏主遺臧質書曰：「吾今所遣鬭兵，盡非我國人，城東北是丁零與胡，南是氐羌。設使丁零死，正可減常山趙郡賊，胡死，減并州賊，氐羌死，減關中賊。卿若殺之，無所不利。」

注曰：自苻、姚據關中，其種類蕃滋，雖其國已滅，而其種實繁。「殺之無不利」，言於魏國無所不利。一二六

國與種之別，此條至爲明顯。經若干年，語言文字，姓氏衣服，乃至血統，與中國混而無別，則同爲中國人矣，中國民族老而不枯者此也。

又，質又與魏衆書曰：「爾語虜中諸士庶，佛狸所與書，相待如此。爾等正朔之民，何爲自取糜滅，豈可不知轉禍爲福邪。」

注曰：以魏主書言其兵鬪死，正滅國中賊也，因而攜之，術莫近乎此矣。魏主得質此書，豈不悔前所與質書乎？中原之民，本稟漢晉正朔，故謂之正朔之民。一二六

魏主與臧質往復書，雖寥寥數行，於民族意識，可謂發揮盡緻。是時中原雖爲魏所據，而其民皆曾奉漢晉正朔，固不忘中國也。

齊東昏侯永元元年，魏任城王澄，以王肅羈旅，位加己上，意頗不平。

注曰：王肅本江南人，而奔魏，故以爲羈旅。肅爲尚書令，而澄爲右僕射，故以爲位加己上。一四二

王肅，琅邪臨沂人，仕齊祕書丞，父奂及兄弟，並爲齊武所殺。肅自建鄴奔魏，魏孝文欲利用之以圖南，故禮遇加乎貴近之上。

梁武帝天監十四年，魏尚書裴植，自謂人門不後王肅，以朝廷處之不高，意常怏怏，表請解官隱嵩山，世宗不許，深怪之。及爲尚書，志氣驕滿，每謂人曰：「非我須尚書，尚書亦須我。」又表征南將軍田益宗，言：「華夷異類，不應在百世衣冠之上。」于忠、元昭，見之切齒。

注曰：忠、昭皆北人，故深諱此言。一四八

裴植以門第自高，即不應屈身異類，既屈身異類，而猶以衣冠驕人，野諺所謂「臭架子」也。田益宗，光城蠻，于忠本勿忸于氏，元昭本拓跋氏，皆鮮卑，故恨其言。至正直記

四言：「許敬仁，祭酒魯齋子也，學行皆不逮于父，以門第自高，嘗忽傲人。每説及乃父奉旨之榮，口稱先人者不一。又頗尚朔氣，習國語，乘怒必先以阿剌花剌等句叱人，人咸以爲誚」云，阿剌花剌者，辟人使避己也。裴植以華驕人，許敬仁則以變於夷自得，其凡鄙又在裴植下，君子可以觀世變矣。

天監十八年，魏征西將軍張彝之子仲瑀上封事，求銓削選格，排抑武人，不使豫清品。於是喧謗盈路，立榜大巷，克期會集，屠害其家。彝父子晏然，不以爲意。

注曰：方羽林虎賁立榜克期之初，魏朝既不爲之嚴加禁遏，縱彝父子欲以爲意，奈之何哉！一四九

此張彝父子自取之也。所謂羽林虎賁者，皆種人，故此非文武問題，乃種族問題，排抑武人，實排抑種人耳。張彝父子恨種人之縱橫，不立乎其朝可也，立乎其朝而欲排抑其人，非天下之至愚者乎！馬貴與兵考嘗論之矣，曰：「拓跋氏起自雲朔，據有中原，兵戎乃其所以爲國也。羽林虎賁，則宿衛之兵，六鎮將卒，則禦侮之兵，往往皆代北部落之苗裔，其初藉之以横行中國者。自孝文定鼎伊洛，務欲以夏變夷，遂至矯枉過正，崇文鄙武，邊任浸輕，魏之衰弱，實肇於此。而彝復欲排抑武人，不豫清品，且當時所謂清品，豈皆佳士，而獨欲擯羽林虎賁，使不得預乎！軍士賊殺大臣而不能討，紀綱隳

矣。然彝父子謀之不臧，固有以取死也。」貴與與身之同時，蓋有所感而云然。

梁武帝中大通元年，陳慶之自魏還，特重北人，朱异怪而問之，慶之曰：「吾始以爲大江以北，皆戎狄之鄉。比至洛陽，乃知衣冠人物，盡在中原，非江東所及也。奈何輕之？」

注曰：陳慶之特有見於洛陽華靡之俗而爲是言耳。一五三

陳慶之語出北朝人撰洛陽伽藍記二，未知果有是言否，通鑑採之，示中原遺黎之可念耳。時中原統治者戎狄，而被統治者實遺黎，江左君臣既不能恢復中原，應深自愧責，更奈何輕之。黄東發跋俞庭椿北轅録曰：「奉使俞公，身入京洛，歷覽山川，訪問故老，歸而録之。慷慨英發，意在言外。而中原之故老，皆我宋之遺黎，一一能爲奉使公吐情實，亦足見忠義人心之所同。覽之不覺流涕。或者因以『忠信行蠻貊』褒之，是置中原於度外，棄赤子爲龍蛇也。嗚呼！豈奉使公作録本心哉！」語見日鈔九一。由是觀之，則視淪陷之民爲蠻貊者，東發所不取也。然果是「衣冠人物」，必不顯於戎狄之朝，其顯於戎狄之朝者，特降虜耳，曷足貴乎！此身之所以不滿於陳慶之之言也。

中大通四年，魏孝武帝即位於東郭之外，用代都舊制，以黑氈蒙七人，歡居其一，帝於氈上西向拜天畢，入御太極殿。

注曰：魏自孝文帝用夏變夷，宣武、孝明即位，皆用漢魏之制，今復用夷禮。一五五

自孝文遷洛，至此不過四十年，復用夷禮。蓋遷洛後國勢不見增强，反見衰落，遂有歸咎華化之意歟！

梁武帝大同三年，東魏行臺郎中杜弼，以文武在位多貪汙，言於丞相歡，請治之。歡曰：「天下貪汙，習俗已久。今督將家屬，多在關西，宇文黑獺常相招誘；江東復有吴翁蕭衍，專事衣冠禮樂，中原士大夫望之以爲正朔所在。我若急正綱紀，不相假借，恐督將盡歸黑獺，士子悉奔蕭衍，人物流散，何以爲國！」

注曰：史言高歡權時施宜，以凝固其衆，捨小過以成大功。一五七

世亂則官吏貪汙，此必然之勢，天地清明，妖魅自熄，故高歡不急急於此。然種人貪汙，每有國力爲之支援，元遺山集廿一，大司農丞康錫墓表，言：「錫嘗彈種人贓汙尤狼藉者五六輩，宰相不悦曰：『康錫不欲吾種人在仕路耶？』因以飛語中之。」與東魏時事，如出一轍，古今人情，相去不遠也。至正朔之在江南，乃當時民族意識所公判，非口舌可得而争，高歡亦知之矣。

又，東魏丞相歡，每號令軍士，常令代郡張華原宣旨，其語鮮卑，則曰：「漢民是汝奴，夫爲汝耕，婦爲汝織，輸汝粟帛，令汝温飽，汝何爲陵之？」其語華人，則曰：「鮮卑是汝作客，得汝一斛粟，一匹絹，爲汝擊賊，令汝安寧，汝何爲疾之？」

注曰：史言高歡雜用夷夏，有撫御之術。一五七

然是種畛域，非俟鮮卑華化後，終不能泯除。其始所以能壓服華人者，純恃武力耳！又，時鮮卑共輕華人，唯憚高敖曹。歡號令將士，常鮮卑語，敖曹在列，則爲華言。御史中尉劉貴，與敖曹坐，外白治河役夫多溺死，貴曰：「一錢漢，隨之死！」敖曹怒，拔刀斫貴。

注曰：一錢漢，言漢人之賤也。一五七

一錢漢，北史高昂傳作「頭錢價漢」，温公以意易之，言漢人不值錢也。自劉石憑陵以來，漢人仰食於胡者衆，其爲人蔑視固宜。輟耕錄八，言：「今人謂賤丈夫曰漢子。按北齊魏愷，自散騎常侍遷青州長史，固辭，文宣帝大怒曰：『何物漢子，與官不就！』」此輟耕錄引北史魏愷傳文也，説本老學庵筆記三。北齊賤視漢人史料，比他史特多，其甚者至詈人爲狗漢、賊漢，見韓鳳傳。且不獨詈漢人然，如和士開，本西域商胡，琅邪王儼傳：「儼既殺士開，斛律光曰：『天子弟殺一漢，何所苦！』」是以胡爲漢也。源師本出鮮卑，高阿那肱傳斥之爲漢兒，是以鮮卑爲漢也。蓋「漢」之一字，始以罵漢，繼乃泛以罵人，不專屬於漢矣。然北齊時何以此類語獨多，則以其書原本王劭齊志，劭固喜以俗語入史者也，故隋書劭傳，嗤其文詞鄙野，而史通雜説篇則極稱齊志之能多記鄙言。

陳武帝永定二年，齊太子殷自幼温裕開朗，禮士好學，甚有美名。帝嘗嫌太子得漢家性質，不似我，欲廢之。

注曰：鮮卑謂中國人爲漢。一六七

太子母李太后，漢人，故曰「得漢家性質」。二族通婚融洽最易，通婚而普遍，則夷夏不復能辨矣，故隋唐以後之鮮卑，悉成爲中國人。

永定三年，齊主之爲魏相也，杜弼爲長史，帝問：「治國當用何人？」對曰：「鮮卑車馬客，會須用中國人。」帝以爲譏己，銜之。高德政用事，數言其短於帝，弼恃舊不自疑。

注曰：高德政讒杜弼，而不知楊愔之忌己，杜弼恃舊，而不疑德政之讒己。昏昏於利欲之場，祇思害人，而不知其身之受害者多矣。一六七

杜弼、高德政，皆中國人，而不相能。杜弼既以讒死，德政後亦被殺。齊文宣謂羣臣曰：「高德政常言宜用漢人，除鮮卑，此即合死。」又教我誅諸元，我今殺之，爲諸元報讐也。」語見北齊書德政傳。嗚呼！種族相仇，何至於此！以常情論之，鮮卑侵略中華，恨鮮卑者宜莫南朝若，若北朝諸臣，固與鮮卑合作者也，而勸用中國人，除鮮卑，及誅諸元者，乃出於仕北之徒，是真不可解者。身之以「昏昏於利欲之場」釋之，蓋認此爲勇於私鬭，非能愛其族類者也。

陳文帝天嘉元年，齊楊愔被殺。

注曰：楊愔受託孤之寄，不能尊主庇身者，鮮卑之勢素盛，華人不足以制之也。一六八

楊愔所遇，與張彝父子同。鄙諺有之，曰疏不間親。

陳宣帝太建五年，齊源師爲左外兵郎中，攝祠部，嘗白高阿那肱：「龍見當雩。」阿那肱驚曰：「何處龍見？其色如何？」師曰：「龍星初見，禮當雩祭，非真龍也。」阿那肱怒曰：「漢兒多事，强知星宿！」遂不祭，師出竊歎曰：「禮既廢矣，齊能久乎！」

注曰：通鑑言國之將亡，其禮先亡。諸源本出於鮮卑禿髮，高氏生長於鮮卑，自命爲鮮卑，未嘗以爲諱，鮮卑遂自謂貴種，率謂華人爲漢兒，侮詬之。諸源世仕魏朝，貴顯習知典禮，遂有雩祭之請，冀以取重，乃以取詬。通鑑詳書之，又一慨也。一七一

源師之華化，得風氣之先者也，而竟因此受胡兒之侮辱。諸華之不競久矣，剥極則復，故源師以爲齊不能久。果也，不五年而周滅齊，不十年而隋滅周，鮮卑之鼎，復歸中國。

太建十一年，周主受朝於露門，始與羣臣服漢魏衣冠。

注曰：以此知後周之君臣，前此蓋胡服也。一七三

北朝至此，遂完全無異於華，故有唐一代，民族意識不顯。

後晉高祖天福二年，張礪自契丹逃歸，爲追騎所獲，契丹主責之曰：「何故捨我去？」對曰：「臣華人，飲食衣服，皆不與此同，生不如死。」契丹主顧通事高彥英曰：「吾常戒汝，善遇此人。」

〔注曰：契丹置通事以主中國人，以知華俗、通華言者爲之。宋白曰：「契丹主腹心能華言者，目曰通事，謂其洞達庶務。」二八一

張礪唐明宗時爲翰林學士，唐主遣礪督趙延壽進軍於團柏，遂與延壽俱入契丹。張礪自知爲華人，而輕背其祖國，蓋別有肺腸者也。

後晉齊王天福八年，契丹主集山後及盧龍兵合五萬人，使趙延壽將之，經略中國，曰：「若得之，當立汝爲帝。」延壽信之，由是爲契丹盡力畫取中國之策。

〔注曰：山後即嬀、檀、雲、應諸州，盧龍，幽州軍號，此皆天福之初，割與契丹之土地人民也。契丹用中國之將，將中國之兵以攻晉，藉寇兵而齎盜糧，中國自此胥爲夷矣。又曰：趙延壽爲契丹主愚弄鼓舞，至死不悟，嗜欲深者天機淺也。二八三

後晉齊王開運二年，契丹自恒州還，過祁州城下，刺史沈斌出兵擊之，契丹以精騎奪其城門，州兵不得還。趙延壽知城中無餘兵，引契丹急攻之。斌在城上，延壽語之曰：「沈使君，吾之故人，何不早降？」斌曰：「侍中父子，陷身虜庭，忍帥犬羊以殘父母之邦，不自愧

恥，更有驕色，何哉！」

注曰：言趙延壽與其父德鈞，不能救張敬達，邀契丹求帝中國，玩寇致禍，並爲俘虜也。趙延壽聞斌言，尚欲復求帝乎？陷身事見二百八十卷高祖天福元年。趙延壽在唐時加侍中，沈斌稱其舊官。二八四

開運三年，契丹主遣趙延壽衣赭袍至晉營，慰撫士卒曰：「彼皆汝物也。」杜威以下，皆迎謁於馬前，亦以赭袍衣威，以示晉軍，其實皆戲之耳。

注曰：契丹主非特戲杜威、趙延壽也，亦以愚晉軍。彼其心知晉軍之不誠服也，駕言將以華人爲中國主，是二人者，必居一於此。晉人謂喪君有君，皆華人也，夫是以不生心，其計巧矣。然契丹主巧於愚弄，而入汴之後，大不能制河東，小不能制羣盜，豈非挾數用术者有時而窮乎！二八五

右數條蓋有感於金人之立張邦昌、劉豫也。金人非有所愛於張邦昌、劉豫，猶契丹非有所愛於趙延壽、杜威，特恐宋人不服，假以名義，使爲緩衝，或自相攻伐，則可得漁人之利耳。張邦昌似尚非自願，劉豫則實自求之，卒至身敗名裂而後已，亦可憫也。宋史岳武穆傳，紹興七年，武穆手疏言：「金人所以立劉豫於河南，蓋欲荼毒中原，以中國攻中國，粘罕因得休兵觀釁。」劉豫事跡阜昌七年條，亦言：「豫聞宋將親征，告急求

援，金主召諸將議，宗磐曰：『先帝立豫，欲豫闢疆保境，我得按兵息民也。今豫進不能取，退不能守，兵連禍結，休息無期，從之則豫收其利，而我實受敝，奈何許之！』」嗚呼！金人立豫之本心如此。故明年廢豫勅，亦以此理由爲詞。曰：「朕丕席洪休，光宅諸夏，將俾内外，咸登太平。故自濁河以南，割爲鄰壤之界，灼見先帝舉合大公，罪則遄征，固不貪其土地，從而變置，庶共撫其生靈。建爾一邦，迄今八稔，尚勤兵戍，安用國爲」云云。蓋利用之時機已過，則獵狗可烹矣。豫父子猶醉生夢死，徒顧目前，不能自拔，身之所謂「嗜欲深天機淺」者，其劉豫父子之謂乎！道園學古録十三，有福州總管劉侯墓碑云：「侯諱濟，字濟川，世爲大名人，在金時常顯宦，而事軼不傳。所可以名知者，義軍千户暉而已。」此劉豫子孫也。元遺山集四爲劉濟川題紫微山水，明謂濟川爲阜昌孫，今碑乃云「事軼不傳」。非不傳也，不可道也，所可道也，言之醜也。貪一時之富貴，而爲子孫百世所羞稱，人亦何樂乎此哉！

又，契丹翰林承旨吏部尚書張礪，言於契丹主曰：「今大遼已得天下，中國將相，宜用中國人爲之，不宜用北人及左右近習。苟政令乖失，則人心不服，雖得之，猶將失之。」契丹主不從，引兵自邢相而南，杜威將降兵以從。

注曰：或問杜威不降契丹，晉可保乎？曰：設使杜威藉將士之力，擊退契丹，契丹主歸北完聚，必復南來，晉不能支也。使其間有英雄之才，奮然出力，擊破契丹，使之不敢南向，則負震主之威，挾不賞之功，將士又將扶立以成篡事，石氏必不能高枕大梁，劉知遠亦不可得而狙伺其旁也。二八五

身之之意，無論杜威勝敗，石氏必亡。敗則亡於契丹，勝則亡於所勝之人，終非石氏有也。張礪對契丹主之言，與杜弼對北齊主之言同。契丹國志十六，載：「礪晚居恒州，蕭翰以鐵騎圍其第，礪方卧病，翰數之曰：『汝何故言於先帝，云北人不可爲節度使，又譖我及解里於先帝，我必殺汝。』命鎖之，礪憤恚而卒。」其受侮辱，亦與杜弼同，皆可爲仕於夷者之龜鑑也。

後漢高祖天福十二年，東方羣盜大起，陷宋、亳、密三州，契丹主謂左右曰：「我不知中國之人，難制如此。」

注曰：中國之人，困於契丹之陵暴掊克，咸不聊生，起而爲盜，烏有難制者乎！盍亦反其本矣。二八六

此有感於元初「叛亂」之衆也。萬季野曾將元史世祖紀至元十五年至廿七年之間，叛亂被誅者，輯爲一篇，附宋季忠義錄後。雖未該備，然已達五六十起。復爲之跋曰：「宋社既移，四方稱兵者蜂起，大都宋之遺民，不忘故主，欲噓既燼之灰，非弄兵潢池者

比也。所謂周之頑民，非即商之義士乎！乃元史概書之爲盜，彼史臣之體宜爾，而諸人之心，則不白於天下萬世矣。今悉採而録之，竊比朱子綱目不書樊崇、楊玄感爲盜之義」云。是可與身之此條相發明者也。

又，契丹主命蕃漢諸軍急攻相州，食時克之，悉殺城中男子，驅其婦女而北，胡人擲嬰孩於空中，舉刃接之以爲樂。

注曰：觀佛狸之飲江，侯景之亂江南，其肆毒類如此。不嗜殺人，然後能一天下，孟子之言，豈欺我哉！二八六

非必其生性殘忍也，蔑視之甚，故以非人道待之。舒閬風集三己丑詩，言：「去年大兵入台，仙居幸免。今冬屠掠無噍類，衣冠婦女，與牛羊俱北，聞而傷之。」有「初謂無兵禍，那知酷至斯，相看不敢哭，有死未知期」之句，閬風所詠，即身之所值也。

又，契丹主見所過城邑丘墟，謂蕃漢羣臣曰：「致中國如此，皆燕王之罪也。」顧張礪曰：「爾亦有力焉。」

注曰：燕王謂趙延壽。張礪隨趙延壽入北，又與趙延壽俱南，以殘中國。契丹主猶知其罪，況中國之人乎！二八六

身之諄諄於中國之人者，明契丹主不足怪也。然契丹在金元，均稱漢人，已與中國爲

一家矣。豈獨契丹，女直在元，亦已稱漢人，在今則皆謂之華人。身之嘗歎中國自此胥爲夷，豈知夷至此胥爲中國乎！

民心篇第十七

民心者人民心理之向背也。人民心理之向背，大抵以政治之善惡爲依歸，夷夏之防，有時並不足恃，是可惕然者也，故胡注恒注意及之。孟子曰：「三代之得天下也，得其民也，得其民者，得其心也。」恩澤不下於民，而責人民之不愛國，不可得也。夫國必有可愛之道，而後能令人愛之，天下有輕去其國，而甘心託庇於他政權之下者矣。碩鼠之詩人曰：「逝將去汝，適彼樂國。」何爲出此言乎？其故可深長思也。故夷夏篇後，繼以民心。

漢成帝元延元年，上雅信愛禹，由此不疑王氏。

注曰：元帝師蕭望之，成帝師張禹，皆敬重之矣。元帝不能聽望之言，疏許、史而去恭、顯；成帝則聽禹言，而不疑王氏。望之以此殺身，禹以此苟富貴。漢祚中衰，實由此也。又，成帝之時，吏民猶譏切王氏，平帝之末，吏民以王莽不受新野田，上書者至四十八萬七千五百七十二人。何元、成帝之時吏民猶忠於漢，平帝之時吏民則附王氏也？政自之出久矣，人心能無從之乎！有國家者尚監兹哉！卷三二此莽黨所假造之民意也。然久假不歸，烏知非有，白樂天詩曰：「周公恐懼流言後，王莽謙恭未簒時，向使當初身便死，一生真僞復誰知！」正可見莽之嘗得民也。

漢獻帝興平二年，曹操欲取徐州，荀彧請先平兖州，以固根本，曰：「前討徐州，威罰實行，其子弟念父兄之恥，必人自爲守，無降心，就能破之，尚不可有也。」

〖注曰：徐州子弟既有父兄之讎，必不心服於操，縱破其兵，猶不能有其地也。卷六一

此内戰也，外戰猶有民族意識爲之防，内戰則純視民心之向背。或爲操謀，亦嘗於民心上用工夫矣。

漢獻帝建安二十四年，關羽數使人與吕蒙相聞，蒙輒厚遇其使，周游城中，家家致問，或手書示信。羽人還，私相參訊，咸知家門無恙，見待過於平時，故羽吏士無鬭心。

〖注曰：吕蒙所以禽關羽者，攜之而已。卷六八

吕蒙之術甚淺，而羽不爲之備，毋乃輕敵太過乎！蒙之於羽，固鬭智不鬭力也。

魏文帝黄初六年，漢諸葛亮率衆討雍闓，參軍馬謖送之數十里，曰：「用兵之道，攻心爲上，攻城爲下；心戰爲上，兵戰爲下，願公服其心而已。」

〖注曰：此馬謖所以爲善論軍計也。卷七〇

馬謖之言，乃千古不磨之論。得其地而不得其心，未爲真得也；反之，失其地而未失

其心，亦未爲真失也，故得失在心不在地。吴泳曰：「馬謖之論高矣，街亭之敗，用秦穆宥孟明故事可也。蜀勢日傾，蜀才日少，而乃流涕斬謖，過矣！夫法立必誅，而不權以古人八議之仁，此申韓之所爲也。前輩謂孔明之學，出於申韓，信矣。近世如張魏公之斬曲端、趙哲，乃傚孔明所爲，尤非也。」語見鶴林集卅七。

魏高貴鄉公甘露三年，司馬昭克壽春，諸葛誕麾下數百人，皆拱手爲列，不降。每斬一人，輒降之，卒不變，以至於盡。

注曰：史言諸葛誕得人心，人蒙其恩而爲之死。卷七七

誕在諸葛兄弟中所被詈爲狗者，狗能得人心如是乎？方正學曾辨之矣，曰：「諸葛兄弟三人，才氣雖不相類，皆人豪也。誕當司馬昭僭竊之時，拒賈充之説，起兵討之，事雖無成，身不失爲忠義，豈非凛然大丈夫乎！世俗乃以是訾之，謂蜀得龍，吴得虎，魏得狗。爲斯言者，必賈充之徒，自以鬻國弑君取富貴爲得計，論人成敗，而不識順逆是非之辨者也。」語見遜志齋集五。誕被詈爲狗，見世説新語品藻篇。

晉武帝泰始二年，罷山陽國督軍，除其禁制。

注曰：魏奉漢獻帝爲山陽公，國於河内山陽縣之濁鹿城，置督軍以防衛之。至晉時，帝孫康嗣立，人心去漢久矣，故罷其衛兵，除其禁制。卷七九

漢獻帝廢後，至是才四十六年，身之以爲人心去漢已久。然再閱四十年，劉淵之興，猶冒漢以爲號召，則懷舊之念誠可利用也。宋亡後八十年，而韓林兒、劉福通之徒，假名於宋，終屋元社，此身之所想望而不及見者也。

泰始八年，羊祜歸自江陵，務修德信，以懷吴人。每交兵，刻日方戰，不爲掩襲之計；出軍行吴境，刈穀爲糧，皆計所侵，送絹償之；每會衆江沔遊獵，若禽獸先爲吴人所傷，而爲晉兵所得者，皆送還之。於是吴邊人皆悦服。

注曰：成伐吴之計者祜也，凡其所爲，皆豢吴也。正以陸抗對境，無間可乘，故爲是耳。若曰「務修德信」，則吾不知也。卷七九

羊、陸對峙，各務得民，故斯時之民，汔可小息。

晉武帝太康十年，詔以劉淵爲匈奴北部都尉。淵輕財好施，傾心接物，五部豪傑、幽冀名儒，多往歸之。

注曰：爲劉淵得衆以移晉祚張本。卷八二

明前此之易代，胥爲内政之争，自此以後，始有異族相傾之局也。内争不已，異族紛乘，自晉太康十年己酉，至隋開皇九年己酉，凡三百年，中國始復歸一統。身之於此大書特書劉淵之得衆者，謂其得民心也，晉不足惜，如中國何！故與其謂之南北分裂三

百年，毋寧謂之民心被劫三百年之爲合於史實也。

晉懷帝永嘉二年，荆州寇盜不禁，詔起劉璠爲順陽内史，江漢間翕然歸之。

注曰：璠父弘之喪未終，起之於苦塊，荆州之民懷其父，故翕然歸其子。卷八六

永嘉三年，山簡爲征南將軍，嗜酒不卹政事，表「順陽内史劉璠得衆心，恐百姓劫璠爲主」，詔徵璠爲越騎校尉。南州由是遂亂，父老莫不追思劉弘。

注曰：史言劉弘父子得江漢間民心。卷八七

民主政治未建立之時，以天下爲私物，忌疆吏之得衆，然則疆吏之虐用其民，乃君主所深喜也。嗚呼！忌同種之劉璠，而其害乃在異種之劉淵，豈山簡之徒所及料哉！靖康元年，李邦彦等之譖罷李綱也，太學生上書請留，軍民數萬，撾鼓喧呼，唾邦彦，殺内侍，義出衆憤，而賊臣即以此中綱，謂綱爲民心所歸，帝亦愈疑綱而不可解，宋遂不得不南渡矣。

晉元帝建武元年，聰饗羣臣于光極殿，使愍帝行酒洗爵，已而更衣，又使之執蓋。晉臣多涕泣，有失聲者。尚書郎隴西辛賓起，抱帝大哭，聰命引出斬之。

注曰：使之執戟前導，使之行酒洗爵，使之執蓋，所以屈辱之至此極矣！戎狄狡計，正以此觀晉舊臣及遺黎之心也。卷九〇

劉淵父子雖匈奴，自謂同化於漢，其滅晉也，自詭於政治革命，而非蠻夷猾夏也。豈知中國人心未死，晉猶能偏安者百年。

晉簡文帝咸安元年，秦王堅以關東初平，守令宜得人，令王猛以便宜簡召英俊，補六州守令。授訖，言臺除正。

注曰：奏上秦朝，除爲正官也。嗚呼！荀卿子有言，「兼并易也，堅凝之難」，以苻堅之明，王猛之略，簡召六州英俊，以補守令，然鮮卑乘亂一呼，翕然爲燕，以此知天下之勢，但觀人心向背何如耳！一〇三

善政本可得民，然有時政雖善而仍不得民，則其善政未足以敵其民族意識也，觀苻秦與鮮卑慕容氏之事可知矣。前燕既滅，十餘年後，後燕、西燕、南燕，相繼踵起；宋則二王之後，一蹶不振，更無所謂後宋、西宋。曾慕容氏之不如，此身之所爲欷歔也！

咸安二年，温公論曰：古之人滅人之國而人悦，何哉？爲人除害故也。

注曰：此惟湯武足以當之，下此則漢高帝猶庶幾焉。一〇三

明元之滅宋，非能爲人除害，僅以武力取之，知其不能久也。

晉孝武帝太元八年，謝安得驛書，知秦兵已敗，時方與客圍棊，攝書置牀上，了無喜色，圍棊如故。客問之，徐答曰：「小兒輩遂已破賊。」既罷還内，過户限，不覺屐齒之折。

注曰：言其喜甚也。史言安矯情鎮物。人臣以安社稷爲悦者也，大敵壓境，一戰而破之，安得不喜乎！屐齒之折，亦非安之訾也。一〇五

肥水一役，爲吾國歷史上有名外戰。聞勝而喜，國民心理所同然，豈獨謝安，固將舉國若狂也，安特其代表焉耳。

太元十年，呂光寵信主簿尉祐，譖殺名士姚皓等十餘人，涼州人由是不悦。

注曰：昔齊人伐燕，勝之，孟子曰：「取之而燕民悦則取之，取之而燕民不悦則勿取。」其後燕卒報齊。呂光始得涼土，而無以收涼人之心，宜其有國不永也。一〇六

元世祖平宋，不務卹民，專任姦徒，横征暴斂，南人不服，叛亂四起，其始與呂光之得涼土無以異也。

晉安帝義熙十四年，長安百姓逐朱齡石。齡石焚其宮殿，犇潼關。

注曰：義真既大掠長安而歸，長安之人，固仇視晉人矣。齡石奉宋公之命，與義真俱歸可也，癡坐長安以待逐，何歟？一一八

去年三秦父老聞劉裕將還，詣門流涕訴曰：「殘民不霑王化百年，始覩衣冠，人人相賀。」其情緒之熱烈可知也。曾不一年，而朱齡石被逐，何耶？語曰：「民猶水也，水能載舟，亦能覆舟。」義真之大掠長安，真所謂爲知己者痛，而爲仇讎者快也。

宋明帝泰始元年，右衛將軍劉道隆，爲廢帝所寵任，專典禁兵。興宗嘗與之俱從帝夜出，道隆過興宗車後，興宗曰：「劉君！比日思一閑寫。」道隆解其意，掐興宗手曰：「蔡公勿多言。」

注曰：廢昏立明，非常之謀也。蔡興宗建非常之謀，既以告沈慶之，又以告王玄謨，又以摘發劉道隆，而人不敢泄其言，何也？昏暴之朝，人不自保，「時日害喪，予及汝偕亡」，蓋人心之所同然也。一三〇

廿二史劄記九，言：「廢昏立明，本有故事，晉宋間去漢未遠，霍光廢昌邑之例，在人耳目，故少帝義符以失德爲徐羨之所弑，時論亦但以廢殺爲過，未嘗以廢立爲非。前廢帝子業無道，明帝結阮佃夫等弑之，時論亦未嘗以明帝爲非也。可見當時人意中，各有伊、霍故事，以爲理之當然」云。順人心而爲之，故非常之謀，有時亦可不敗。

泰始二年，興宗曰：「逆之與順，臣無以辨。今商旅斷絶，米甚豐賤，四方雲合，而人情更安。」

注曰：湘東篡位，非其本心，尋陽起兵，名正言順，故曰「逆之與順，臣無以辨」。「商旅斷絶，米甚豐賤」者，前朝之積也。「四方雲合，人情更安」者，積苦於狂暴，而驟樂寬政也。「天下嗷嗷，新主之資」，斯言豈不信哉！一三一

湘東即明帝。晉安王子勳稱帝尋陽，旋即覆滅，此内戰也。人心厭亂，明帝予以安集，故能坐享其成。

泰始五年，魏以慕容白曜爲都督青、齊、東徐三州諸軍事、青州刺史，進爵濟南王。白曜撫御有方，東人安之。

注曰：宋置冀州於歷城，魏既得之，改爲齊州，統東魏、東平原、東清河、廣川、濟南、東太原六郡；東徐州統東安、東莞二郡。淮北四州之民，未忘宋也，惟其撫御有方，民安其生，不復引領南望矣。書云「撫我則后，虐我則讎」，信哉！一三二

此言民族觀念之有時不可恃也。「撫御有方，民安其生」，則忘統治者之爲誰氏矣。南北朝能對峙二百餘年，亦以其政醜德齊，不足以相勝也。

齊武帝永明十年，上使太子家令沈約撰宋書，疑立袁粲傳，審之於上，上曰：「袁粲自是宋室忠臣。」

注曰：此人心之公是非不可泯者。一三七

身之蓋爲袁進士鏞言之也。鏞宋亡殉國事甚烈，深寧集有哭袁進士詩，而降元者諱言其事。明初徐一夔始豐稿十四，跋袁鏞家傳後云：「宋季鄞人袁鏞，嘗登咸淳辛未進士第，以憂未上官。元兵將陷宋都，鏞與寓公將作少監謝昌元、華文閣直學士趙孟傳，

共謀死國。已而游兵至鄞上，鏞先二人往覘敵，奮不顧身，爲敵所擒，罵不絕口而死。其妻孥一十七人，聞之亦同時赴水死，獨有僕護其一子。其事類齊王蠋，而又甚焉。蠋幸遇太史公，得書其事。鏞不幸不遇太史公，又其同志已叛盟事敵，亦諱道其事，故遂至于無聞。鏞死易代，其孫廷玉，有文學行誼，以國子生林右善叙事，請爲私傳，以補宋史之缺，亦孝事也，余因附其說」云。然袁鏞不特宋史無傳，元延祐間脩四明志亦無傳。鮚埼亭集廿三宋忠臣袁公祠堂碑銘云：「少時從天一閣范氏得見袁尚寶公所刻先進士忠義錄，其中有蔣教授景高所作傳，較詳於舊志。嗚呼！袁公之死，蓋見賣於趙孟傳、謝昌元，而清容作志，不立公傳，初意以爲五代史闕韓通之例，出於嫌諱，既而見其爲趙、謝二降臣皆有佳傳，乃知其黨於降元之徒也。蓋清容之父處州亦降元，故清容之紀先友也，凡降元者多稱之，而且作哀蘭操以弔崖山降將吴浚，可謂失其本心之言也已。夫抗元者不立傳，或有可原，降元者反傳之，豈非黨哉！著書而以顛倒是非爲事，將謂隻手可以障天耶！吾讀清容之文，未嘗不愛其才，而心竊薄之。嗚呼！千古之清議，夫豈一時之記載所能持，其愚甚矣。銘曰：『可憐石頭城，寧爲袁粲死，不作褚淵生。誰爲袁粲傳？沈約沉吟顔有汗。』」此身之所謂「人心之公是非不可泯者」也。因論民心，附識於此。

齊明帝建武二年，魏主欲於淮南置戍，高閭上表，言：「安土戀本，人之常情。昔彭城之役，既克大鎮，城戍已定，而不服思叛者，猶踰數萬。」

注曰：宋明帝泰始二年，魏得彭城，至高帝建元之初，淮北之民，猶不樂屬魏，思歸江南，遂有五固之役。一四〇

此外戰也。宋泰始二年丙午，至齊建元二年庚申，凡十五年，江南朝代已易，淮北之民，猶不樂屬魏而思叛。足見宋齊之相禪，民無所別擇，以爲執政者之轉移而已，惟對魏則視爲敵國，誰願爲敵國之民哉！

梁元帝承聖二年，齊宿預民東方白額以城降，江西州郡皆起兵應之。

注曰：江淮之民，苦於齊之虐政，欲相率而歸江南。一六五

此民族自決之表見也。齊無虐政，民且欲歸江南，況以齊文宣之暴戾乎！身之蓋爲當時之動亂言之。元史世祖紀：「至元二十六年正月，江西賊鍾明亮寇贛州，詔發江淮省及鄰郡戍兵往討。二月，玉呂魯奏江南盜賊凡四百餘起，宜選將討之。三月，台州賊楊鎮龍，聚衆寧海，稱大興國，寇東陽義烏，浙東大震。」袁清容師友淵源錄謂「身之釋通鑑，己丑寇作，以書藏窖中得免」，即此年也。窖當在寧海，全謝山以爲在鄞，非是。鎮龍亦作震龍。寧海爲身之邑里，此身之所親見，皆苦於元之虐政而動亂者也。

又元史一六七王惲傳，載：「惲至元二十六年爲福建閩海道提刑按察使，進言於朝曰：『福建平定以來，官吏貪殘，故山寇往往嘯聚，愚民因而蟻附。官兵致討，復蹂踐之，甚非朝廷一視同仁之意也。』時行省討劇賊鍾明亮無功，惲復條陳利害曰：『福建歸附之民户幾百萬，黄華一變，十去四五。今劇賊猖獗，又酷於華，其可以尋常草竊視之乎！』」秋澗言「官吏貪殘」，身之言「苦於齊之虐政」，其意一也。

陳文帝天嘉元年，周軍初至郢州，助防張世貴舉外城以應之，所失軍民三千餘口。周人起土山長梯，晝夜攻之，因風縱火，燒其内城南面五十餘樓。孫瑒兵不滿千人，身自撫循，行酒賦食，士卒皆爲之死戰，周人不能克。

注曰：史言千人一心，雖大敵不能克，郢人之死戰不下者，畏江陵之俘戮也。一六八

同一時代，兵器利鈍相等，嬰城拒守，惟恃人心。困學紀聞十三，言：「陳無淮，無荆襄，無蜀，而立國三十二年，江左猶有人也。」

陳宣帝太建十二年，周楊堅革宣帝苛酷之政，更爲寬大，删略舊律，作刑書要制，奏而行之，躬履節儉，中外悦之。

注曰：賈誼曰：「寒者利裋褐，飢者甘糟糠。天下嗷嗷，新主之資也。」古之得天下，必先有以得天下之心，雖姦雄挾數用術，不能外此也。一七四

楊堅之篡周，有類王莽之篡漢。躬履節儉，寬大爲懷，一反周之虐政，已可得天下之心，更有民族意識爲之援，堅之得國，所以比莽尤易也。

唐德宗興元元年，赦天下改元，制曰：「李希烈、田悦、王武俊、李納等，咸以勳舊，各守藩維，朕撫御乖方，致其疑懼。皆由上失其道，而下罹其災，朕實不君，人則何罪！」

注曰：此等言語，强藩悍將聞之，宜其感服易心。二二九

又，赦書既下，四方人心大悦。及上還長安，明年，李抱真入朝爲上言：「山東宣布赦書，士卒皆感泣。臣見人情如此，知賊不足平也。」

注曰：史究言興元赦書感動人心之效。二二九

以陸宣公任宣傳，宜其得人感泣也。

唐憲宗元和十二年，裴度以蔡卒爲牙兵，或諫曰：「蔡人反仄者尚多，不可不備。」度笑曰：「吾爲彰義節度使，元惡既擒，蔡人則吾人也，又何疑焉！」蔡人聞之感泣。

注曰：裴度平蔡，蔡人不復叛矣，識者知其所以然乎？二四〇

此惟内戰，可以收效如此。

唐穆宗長慶元年，田弘正遇害，起復前涇原節度使田布爲魏博節度使，令乘驛之鎮。布月俸千緡，一無所取，賣舊産得錢十餘萬緡，皆以頒士卒，舊將老者兄事之。

注曰：以田布所爲，宜可以得魏卒之心，而卒不濟者，人心已搖，而布之威略不振也。二四二

「財散則民聚」，本爲至理名言，而有時用之無效者，諺所謂「臨時抱佛脚」也。

唐昭宗景福元年，安仁義破孫儒五十餘寨，田頵擒儒於陳斬之，傳首京師，儒衆多降於行密。

注曰：光啓三年，孫儒始與行密交兵，至是而敗。孫儒以十倍之衆攻行密，其智勇亦無以大相過，而卒斃於行密者，儒專務殺掠，人心不附，又後無根本。行密雖爲儒所困，分遣張訓、李德誠略淮浙之地以自廣，又斥餘廩以飼飢民，既得人心，又有根本，所以勝也。二五九

飢者易爲食，不必其躬行仁義也，稍勝則人歸之矣。此其道甚淺，屢行之而有效者也。

後漢高祖天福十二年，帝在陜州，趙暉自御帝馬而入，至石壕，汴人有來迎者。

注曰：汴人越鄭洛而來迎，可以見其苦契丹之虐政，徯漢氏之來蘇，惜乎卒無以副其望也。二八七

民對契丹，有虐政之逼迫，又有民族之歧視，最易使其歸心也。於此而無以副其望，終使爲異域之民，漢之爲漢可知矣，蓋深傷中原之不復也。

後周太祖廣順二年，唐主謂馮延巳、孫晟曰：「楚人求息肩於我，我未有撫其瘡痍，而虐用其力，非所以副來蘇之望。」

〔注曰：言湖南之人，苦其主之虐政暴斂，望唐之休息，而唐又興兵役以疲之，非所以副其望。使唐主言而能行，不搖於衆口，烏有他日之敗乎！二九〇

楚與南唐接壤，民不堪其虐，而求息肩於唐，將以爲拯己於水火之中也。唐主能言而不能行，是亦楚耳，民何擇焉，所以同歸於盡也。

廣順三年，唐大旱，井泉涸，淮水可涉，饑民度淮北者相繼，濠、壽發兵禦之，民與兵鬬而北來。

〔注曰：觀民心之向背，唐之君臣可以岌岌矣。二九一

後周南唐之兼併，内戰也，内戰純恃得民，唐既無善政，又有天災，欲人心之不去得乎！若宋之與元，本有夷夏之防，足爲保障，而仍不免於滅，是可哀已。

釋老篇第十八

通鑑以「資治」爲名，釋老之事，載者較少，故嚴衍通鑑補凡例有「補二氏」一條，言：「通鑑如佛圖澄、寇謙之等，亦既因事而見矣，餘皆弗錄。然二氏之教，流傳既久，即不足垂訓，亦何必不存其説也。」又康熙間仁和張星曜撰通鑑紀事本末補後編五十卷，以袁氏本末未有專紀釋老亂國之篇，乃引正史所載，附以稗官雜記，及諸儒明辨之語，集爲一書，其稿本見莫友芝宋元舊本書經眼錄。其所輯尚有天教明辨，寫本二十厚册，吾嘗得之馬相伯先生。張蓋天主教徒，其書名補袁氏，實以闢佛老也。然信仰貴自由，佛老不當闢，猶之天主不當闢也。且孟子嘗距楊墨矣，楊墨何嘗熄，楊墨而熄，亦其有以自致，非由孟子之距之也。韓昌黎闢佛亦然，唐末五代禪宗之盛，反在昌黎闢佛以後，其效可覩矣。况隋唐以來，外來宗教如火祆、摩尼、回回、也里可温之屬，皆嘗盛極一時，其或衰滅，亦其教本身之不振，非人力有以摧殘之。吾國民族不一，信仰各殊，教争雖微，牽涉民族，則足以動搖國本，謀國者豈可不顧慮及此。孔子稱「攻其惡，無攻人之惡」，使孔子而知有異教，必以爲西方之聖而尊敬之。故吾人當法孔子之問禮老聃，不當法孟子之距楊墨也。胡身之注通鑑，於釋老掌故，類能疏通疑滯，間有所譏切，亦只就事論事，無闢異端習氣，與胡明仲讀史管見之攘臂而争者不同，足覘其學養之粹，識量之宏也。茲特撮其語爲一篇以示概。

漢獻帝初平二年，沛人張魯，自祖父陵以來，世爲五斗米道。

注曰：陵即今所謂天師者也。後魏寇謙之祖其道。卷六〇

讀此注第一句，當時天師之喧赫，可於言外見之矣。所謂天師，指張宗演也。元史釋老傳云：「正一天師三十六代宗演，當至元十三年，世祖已平江南，遣使召至，命廷臣郊勞，待以客禮。語之曰：『昔歲己未，朕次鄂渚，嘗令王一清往訪卿父，卿父使報朕曰：後二十年，天下當混一。神仙之言驗矣。』」據世祖紀，遣使召嗣漢四十代天師張宗演赴闕，在至元十二年四月。本紀編年，根據實錄，似不至誤，惟天師世次，則當以本傳爲準。時宗尚未亡，宗演已先趨附。宋景濂撰漢天師世家叙，亦云：「宗演父可大，當宋季，元世祖聞其神異，密遣間使訊之，可大授以靈詮，且謂使者曰：『善事爾主，後二十年，當混一天下。』」其言之徵驗，或後人故神其説，然其父子早與敵通，則無可爲諱。隱居通議十六載劉須溪撰宗演墓誌，亦謂：「乙亥、丙子間，金陵不守，信州未下，北使已先傳張天師召，錫冠劍，陟師號，寵光赫然，前代盛時所未有。」嗚呼！是

足以爲榮乎！

宋文帝元嘉二十九年，魏主親爲沙門師賢等五人下髮，以師賢爲道人統。

注曰：道人統猶宋之都僧錄，北人謂之僧總攝。魏書：「沙門師賢，本罽賓國王種人。少入道，東遊涼州，涼平赴代。罷佛法時，師賢假爲醫術還俗，而守道不改。於修復日，既反沙門，爲道人統。和平初，師賢卒，曇曜代之，更名沙門統。」一一二六

魏太武與司徒崔浩崇奉道士寇謙之，太平真君七年罷毁佛法，是爲宋元嘉廿三年。閱六年，魏文成帝即位，修復佛法，是爲宋元嘉廿九年。又閱八年，魏文成帝和平元年，曇曜繼爲沙門統，曇曜即今大同雲岡石窟寺創造之人也。青州失陷時，劉孝標母子被虜至北，曾爲僧尼於此，佐曇曜翻譯。道人統，沙門統，皆元魏僧官；都僧錄，趙宋僧官；僧總攝，則元時僧官也。元史世祖紀，至元十四年二月：「詔以僧亢吉、益怜真加、加瓦，並爲江南總攝，掌釋教，除僧租賦，禁擾寺宇者。」廿一年九月：「以江南總攝楊璉真加發宋陵冢所收金銀寶器修天衣寺。」楊璉真加即益怜真加之異譯。廿二年正月：「桑哥言楊璉真加云：會稽有泰寧寺，宋毁之以建寧宗等攢宫；錢唐有龍華寺，宋毁之以爲南郊，皆勝地也，宜復爲寺。」廿三年正月：「以江南廢寺田土爲人占據者，悉付總統楊璉真加修寺。」總統即總攝，釋老傳亦作總統，語本譯義，其實一也。廿

五年二月：「江淮總攝楊璉真加言，以宋宮室爲塔一，爲寺五。已成，詔以水陸地百五十頃養之。」或稱江南，或稱江淮，亦一語異譯。楊髡發陵事，萬季野、全謝山等曾詳考之。當身之注書山中之日，即楊髡橫行江浙之時，故以僧總攝釋道人統，取人易解也。

梁武帝普通元年，時上方崇釋氏，士民無不從風而靡，獨韋叡自以位居大臣，不欲與俗俯仰，所行略如平日。

注曰：史言韋叡於事佛之朝，矯之以正，幾於以道事君者。一四九

宋徽宗時，「道士林靈素作神霄籙，自公卿以下，羣造其廬拜受，獨李綱、傅崧卿、曾幾移疾不行。」見困學紀聞二十。亦庶幾韋叡之於事佛之朝也。

普通二年，置孤獨園於建康，以收養窮民。

注曰：古者鰥寡孤獨廢疾皆有養。帝非能法古也，祖釋氏須達多長者之爲耳。一四九

須達多乃舍衛國給孤獨長者之本名，亦云修達多，玄應音義三曰：「修達多，此云善與，故得給孤獨名也。」

梁武帝中大通三年，太子以侍讀東海徐摛爲家令。摛文體輕麗，春坊盡學之，時人謂之宮體。上聞之怒，召摛欲加誚責。及見，因問經史及釋教，摛商較從橫，應對如響，上甚加歎異。

〔注〕曰：上崇信釋氏，意謂徐摛業儒，但知經史而已，扣擊之餘，及於釋教，商較從橫，應對如響，遂加歎異。殊不思上有好者，下必有甚者焉，釋教盛行，可以媒富貴利達，江東人士孰不從風而靡乎。一五五

憑人主一時之好惡，以爲教之盛衰，識者不以此爲榮辱也。

梁武帝大同二年，上爲文帝作皇基寺以追福，命有司求良材。曲阿弘氏自湘州買巨材東下，南津校尉孟少卿欲求媚於上，誣弘氏爲劫而殺之，没其材以爲寺。

〔注〕曰：帝追尊考順之曰文皇帝。殺無罪之人，取其材以爲寺，福田利益果安在哉！一五七

可見當時官吏並不信佛，不過以此求富貴利達耳，如果信佛，何敢爲此乎！

大同十一年，帝口授勅書，謂「我自非公宴，不食國家之食，多歷年所，乃至宫人，亦不食國家之食。」

〔注〕曰：帝奄有東南，凡其所食，自其身以及六宫，不由佛營，不由神造，又不由西天竺國來，有不出於東南民力者乎？惟不出於公賦，遂以爲不食國家之食。誠如此，則國家者果誰之國家邪！一五九

又，上年老，厭於萬幾，專精佛戒，每斷重罪，則終日不懌。

注曰：梁武帝斷重罪則終日不懌，此好生惡殺之意也。夷考帝之終身，自襄陽舉兵，以至下建康，猶曰事關家國，伐罪救民。洛口之敗，死者凡幾何人？浮山之役，死者凡幾何人？寒山之敗，死者又幾何人？其間争城以戰，殺人盈城；争地以戰，殺人盈野，南北之人，交相爲死者，不可以數計也。至於侯景之亂，東極吳會，西抵江郢，死於兵死於饑者，自典午南渡之後，未始見也。驅無辜之人而就死地，不惟儒道之所不許，乃佛教之罪人，而斷一重罪，乃終日不懌，吾誰欺，欺天乎！一五九

此有感於元時之崇尚釋教，而殺人如麻也。耶律楚材傳言：「元初州郡長吏，生殺任情，燕薊留後長官尤貪暴，殺人盈市。近臣等以漢人無補於國，至欲悉空其人以爲牧地，楚材諫而止。」丘處機傳亦言：「國兵踐蹂中原，河南北尤甚，民罹俘戮，無所逃命。處機使其徒招求於戰伐之餘，濱死而得生者二三萬人。」廿二史劄記言：「世祖嗜利黷武，民不聊生。」又言：「元初諸將多掠人爲私户，遍地塗炭。」然考其時，正隆禮國師，凡毆西僧者截其手，詈之者斷其舌也。

梁武帝太清元年，四月丙子，羣臣奉贖。

注曰：自庚子捨身，至丙子奉贖，凡三十七日。萬機之事，不可一日曠廢，而荒於佛若是，帝忘天下矣。三十七日之間，天下不知爲無君，天下亦忘君矣。一六〇

離政治而言宗教，或以宗教爲個人之脩養，豈不甚善。梁武帝等之於宗教，弊在因宗教而廢政治，或與政治混而無别，遂以禍國，宗教不任其咎也。

太清二年，何敬容謂學士吴孜曰：「昔西晉祖尚玄虚，使中原淪於胡羯。今東宫復爾，江南亦將爲戎乎！」

注曰：何敬容雖不能優游於文義，其識則過於梁朝諸臣矣。一六一

梁敬帝紹泰元年，齊主洋以佛道二教不同，欲去其一，集二家論難，遂勑道士皆剃髮爲沙門，有不從者，殺四人，於是齊境皆無道士。

注曰：今道家有太霄琅書經云：「人行大道，號曰道士。士者何？理也事也。身心順理，唯道是從，從道爲事，故曰道士。」余按此説是道流借吾儒經解大義，以演繹「道士」二字。道家雖曰宗老子，而西漢以前，未嘗以道士自名，至東漢始有張道陵、于吉等，其實與佛教皆起於東漢之時。一六六

漢書郊祀志下，師古注引漢宫闕疏云：「神明臺高五十丈，上有九室，恒置九天道士百人。」困學紀聞二十據此，以爲道士蓋始自武帝。身之則以爲張道陵等以前，未嘗以道士自名。蓋道士之名古有之，而用以自名，則自道陵等始也。日知録一「姤」字條，引胡三省説，即出於此，其贊同胡説可知。特前輩引書，不著卷數，不易知其出於此耳。

陳武帝永定二年，上幸大莊嚴寺捨身。

注曰：前車覆矣，後車不知戒。耳目習於事佛，不知其非也。一六七

永定三年二月，齊主洋於甘露寺禪居深觀，唯軍國大事乃以聞。

注曰：據齊紀，甘露寺在遼陽。此鄙語所謂「獼猴坐禪」也。一六七

陳永定三年，即北齊天保十年。當時事佛風習，無間南北，蓋荒亂之極，精神無所寄託，相率而遁於玄虛，勢使然也。惟高洋在南北諸主中，最稱無道，一方事佛，一方殺人，直至死日，殘暴未改。北齊書文宣紀論，謂其「始則存心政事，風化肅然，其後縱酒肆欲，事極猖狂，昏邪殘暴，近世未有。」蓋實錄也。咸淳間浙僧志磐撰佛祖統紀法運通塞志，於「北齊天保十年」條下，乃爲之辨曰：「世謂文宣殘忍，果於刑戮，至比之桀紂。然觀其譯經修禪，受戒禁殺，尊禮國師，罷黜道教，其敬佛爲甚至。初年好殺，特其殘習之所爲耳，非如桀紂不遇佛法，行殺無悔者比也。」此則因其事佛而欲爲之解脱，其意甚美，奈事實先後倒置何。身之以「獼猴坐禪」譏之，允哉！

陳宣帝太建七年，齊主緯每有災異寇盜，不自貶損，唯多設齋以爲脩德。

注曰：後之有天下者可以鑒矣。一七二

此有慨於元時齋醮之盛，竭中華之物力以趨之也。

唐玄宗開元二十二年，上由是頗信神仙。

注曰：明皇改集仙爲集賢殿，是其初心不信神仙也，至是則頗信矣，又至晚年，則深信矣。史言正心爲難，漸入於邪而不自覺。二一四

開元二十九年，上夢玄元皇帝告云：「吾有像在京城西南百餘里，汝遣人求之，吾當與汝興慶宮相見。」

注曰：有宋大中祥符之事，皆唐明皇教之也。二一四

唐玄宗天寶四載，春正月，上謂宰相曰：「朕比以甲子日，於宮中爲壇，爲百姓祈福，朕自草黃素置案上，俄飛升天，聞空中語云：『聖壽延長。』又朕於嵩山鍊藥成，亦置壇上，及夜，左右欲收之，又聞空中語云：『藥未須收，此自守護。』達曙乃收之。」太子諸王宰相，皆上表賀。

注曰：史言唐之君誕妄而臣佞諛。二一五

大中祥符迭降天書之事，宋史真宗紀所載，不若續通鑑長編之詳；今長編經清人改編，又不若楊仲良長編紀事本末之古而尤便檢閱也。茲撮其起源於此，以見有宋君臣之誕妄佞諛，不減於唐明皇時也。長編紀事本末卷十七載：「大中祥符元年正月，天書降於左承天門屋之南角，其帛長二丈許。」大中祥符之改元，即由於此。卷二十又

載：「大中祥符五年十月，天尊降於延恩殿，自言：『吾人皇九人中一人也，是趙之始祖，再降乃軒轅皇帝，凡世所知少典之子，非也。後唐時七月一日下降，總治下方，主趙氏之族，今已百年』云。閏十月，上天尊號曰聖祖，詔聖祖名上曰玄，下曰朗，不得斥犯。以七月一日爲先天節，十月二十四日爲降聖節。」宋人避聖祖玄朗諱，及宋刻經籍遇「軒轅」二字輒缺筆，亦由於此。卷廿四又載天禧三年朱能獻天書事，當時臣下多以爲非，而不敢言，言之者唯孫奭、張詠、魯宗道等。宋史四三一儒林傳載孫奭四疏，其大中祥符六年疏有曰：「陛下事事慕效唐明皇，豈以明皇爲令德之主耶！明皇禍敗之跡，有足爲深戒者，非獨臣能知之，近臣不言者，懷姦以事陛下也。臣願陛下早自覺寤，斥遠邪佞，罷興土木，不襲危亂之跡，無爲明皇不及之悔，此天下之幸，社稷之福也」云云。然真宗之爲此，豈果不知其非哉，蓋自有作用耳。龍川別志上，載：「契丹既受盟，寇公每有自矜之色，王欽若深害之，從容言於上曰：『此春秋城下之盟也。諸侯猶且恥之，而陛下以爲功，臣竊不取。』真宗愀然不樂曰：『爲之奈何?』欽若度上厭兵，即謬曰：『陛下以兵取幽燕，乃可刷恥。』上曰：『河朔生靈，始免兵革，吾安能爲此，可思其次。』欽若曰：『惟有封禪泰山，可以鎮服海內，誇示夷狄。然自古封禪，當得天瑞，希世絕倫之事，然後可爲也。』既而又曰：『天瑞安可必得，前代蓋有以人力爲之者，惟人主深信而崇奉之，以明示天下，則與天瑞無異矣。』上意猶未決。晚幸祕閣，杜鎬方直宿，上驟問之曰：『古所謂河出圖，洛出書，果如何事耶？』鎬老儒，不測上旨，謾應曰：『此聖人以神道設教耳。』其意適與上會，上由此意決。」此條宋史二八二，採入王旦傳，所謂愚民之術也。宋人說部中如東軒筆錄、容齋三筆、甕牖閒評等，皆曾評議及此。宋史真宗紀論及明商輅蔗山筆塵，亦曾推論其隱。大中祥符之事，實與開元、天寶之事，同出一轍，故身之以爲唐明皇教之。

唐德宗建中四年，會夜，泚營於城東三里，擊柝張火，布滿原野，使西明寺僧法堅造攻具，毀佛寺以爲梯衝。

注曰：西明寺在長安城中延康坊，本隋楊素宅也。梯，雲梯。衝，衝車。代宗飯僧以護國，今朱泚乃用僧造攻具以攻奉天。二二八

此歎僧徒之受人驅迫也。夫人不得已而出家，仍不能遯逃世網，可哀已！元時亦有僧兵守城事，雖攻守不同，而其不能逃避世網則一。元閩僧大圭夢觀集一，有僧兵歎，二又有僧兵守城行云：「驅僧爲兵守城郭，不知此謀誰所作？但言官以爲盜防，盜在深山嘯叢薄。朝朝上城候點兵，羣操長干立槍槊，相看摩頭一驚笑，竹作兜鍪殊不惡。平生獨抱我家法，不殺爲律以自縛，那知今日墮卒伍，使守使攻受官約。謂僧非僧兵

非兵，未聞官以兵爲謔，一臨倉卒將何如，盜不來時猶綽綽。敵人日夜徂我城，示以假兵無乃弱，我官自有兵與民，願放諸僧臥雲壑。」嗚呼！暴令之來，豈得高臥雲壑哉！

唐德宗貞元三年，既而戍卒應募，願耕屯田者什五六。

注曰：自李泌爲相，觀其處置天下事，姚崇以來，未之有也。史臣謂其「出入中禁，事四君，數爲權倖所疾，常以智免。好縱横大言，時時讜議，能寤移人主意。然常持黄老鬼神説，故爲人所譏。」余謂泌以智免，信如史臣言矣，然其縱横大言，持黄老鬼神説，亦智也。泌處肅、代父子之間，其論興復形勢，言無不效；及張后、李輔國之間，所以保右代宗者，言無不行。元載之讒疾，卒能自免，可謂智矣。至其與德宗論天下事，若指諸掌。以肅、代之信泌，而泌不肯爲相；以德宗之猜忌，而泌夷然當之，亦智也。嗚呼！仕而得君，諫行言聽，則致身宰輔宜也。歷事三世，潔身遠害，筋力向衰，乃方入政事堂，與新貴人伍。所謂經濟之略，曏未能爲肅、代吐者，盡爲德宗吐之，豈德宗之度，弘於祖父邪！泌蓋量而後入耳。彼德宗之猜忌刻薄，直如蕭復、姜公輔，謂之輕己賣直；功如李晟、馬燧，忌而置之散地。而泌也恣言無憚。彼其心以泌爲祖父舊人，智略無方，弘濟中興，其敬信之也久矣。泌之所以敢當相位者，其自量亦審矣，庸非智乎！其持黄老鬼神説，則子房欲從赤松游之故智也，但子房功成後爲之，泌終始篤好之耳。二三二身之文集竹素園稿百卷不傳，此非好好一篇李泌論耶！李泌之篤好黄老，乃其個人之信仰與修養，於國家社會何損？必以此譏之，豈非不愛成人之美者乎！全謝山修宋元學案，自廿二卷晁景迂，至四十四卷張魏公，世所譏爲雜於異學者，什而四五，皆不能擯於學案之外也。其中如陳了齋、張横浦之倫，風節尤凛凛。學佛自是其個人修養，何負於國？李泌之於黄老，亦猶是耳。身之詳爲之辯，而獨以智許之，深得信仰自由之義，其識遠矣。

宋景濂題朱右新脩李鄴侯傳後曰：「李泌在唐，建謀猷，輕爵禄，髣髴漢之留侯。新舊史皆譏其好縱横大言，以鬼道媚人主，取宰相，何其悖耶！晉王府長史朱君讀而病焉，因據泌之子繁所錄家傳，參考羣書，倣前賢删正諸葛亮、陶潛二傳，芟繁摭華，重爲泌傳一通，泌之事始大白於天下後世。嗚呼！微朱君，泌不銜寃於九泉之下乎！」文見宋學士集卅三。朱右天台人，預脩元史，爲身之同里後學，此傳其受鑑注之啓示者歟！

唐敬宗寶曆二年，上幸興福寺，觀沙門文溆俗講。

注曰：釋氏講説，類談空有，而俗講者又不能演空有之義，徒以悦俗邀布施而已。二四三

文溆俗講最有名，日本僧圓仁入唐求法巡禮行記稱：「會昌元年正月，敕開俗講，文溆

法師講法花經，城中俗講計法師爲第一。」而趙璘因話録則頗詆毁之，謂：「文溆所言，無非淫穢鄙褻之事。」段安節樂府雜録則又盛稱：「文溆善吟經，能感動里人。」毁譽不同，愛憎各别耳。唐時有曲名「文溆子」，樂府雜録以爲樂工黄米飯撰，碧鷄漫志引盧氏雜説則以爲唐文宗製，蓋樂工奉上命依文溆聲調爲之，故名。

唐武宗會昌五年，羣臣上尊號曰「仁聖文武、章天成功、神德明道大孝皇帝」，尊號始無「道」字，中旨令加之。

注曰：是時帝崇信道士趙歸真等，至親受道籙，故旨令羣臣於尊號中加「道」字。而不知其所謂道者，非吾之所謂道也。二四八

會昌五年，即武宗毁佛之年。武宗之崇信趙歸真，與後來宋徽宗之崇信林靈素無異，故徽宗亦抑佛。宋史二十一徽宗紀，載：「政和七年四月，道籙院上章，册帝爲教主道君皇帝。」初，帝御筆諷道籙院曰：「朕乃上帝元子，爲太霄帝君，憫中華被金狄之教，遂懇上帝，願爲人主，令天下歸於正道。卿等可上表册朕爲教主道君皇帝。」於是道籙院上表册之。語詳通鑑長編紀事本末百二十七。帝惱金身之佛，目爲金狄之教，卒來金國之侵陵。又效真宗故智，託之帝君降臨，以爲是足以威海内而誇夷狄，幻想極矣。左莊三十二年傳，史嚚曰：「國將興，聽於民，將亡聽於神。」徽宗其將亡乎！其所謂

道，非吾所謂道也！

唐懿宗咸通三年，上奉佛太過，怠於政事。吏部侍郎蕭倣上疏，以爲「佛者棄位出家，割愛中之至難，取滅後之殊勝。」

注曰：人情莫不愛其親，莫不愛富貴。佛者棄父母之親，捨王子之貴而出家，是「割愛中之至難」。又釋氏爲宏闊勝大之言，以爲佛滅度後，諸天神王，供養莊嚴，皆人世所希有，後人又奉其法而尊事之，是「取滅後之殊勝」也。二五〇

身之於二氏之學，夙所通究，故注中無矯激之談。中庸言：「萬物並育而不相害，道並行而不相悖。」尊此者固不必以抑彼爲能也。

咸通十四年三月，上遣勑使詣法門寺迎佛骨，羣臣諫者甚衆，至有言憲宗迎佛骨，尋晏駕者。

注曰：事見憲宗紀元和十四年。死者人所甚諱也，況言之於人主之前乎！言之至此，人所難也。二五二

憲宗以元和十四年正月迎佛骨，十五年正月崩，懿宗以咸通十四年三月迎佛骨，七月崩。非佛骨能致禍福也，當其發願迎骨時，心力已虛，自審不能久住，故諫者之言遂中。然懿宗之患，不在奉佛，而在怠於政事，史已言之矣。

後晉高祖天福五年，閩主曦度民爲僧，民避重賦，多爲僧，凡度萬一千人。

注曰：嗚呼！使度僧而有福田利益，則閩國至今存可也。二八二

此有感於元時隆禮番僧，蠹國病民，而知其祚之不永也。

後漢高祖天福十二年，契丹遷晉主及其家人於封禪寺，遣大同節度使兼侍中崔廷勳以兵守之。時雨雪連旬，外無供億，上下凍餒，太后使人謂寺僧曰：「吾嘗於此飯僧數萬，今日獨無一人相念邪？」僧辭以「虜意難測，不敢獻食」。

注曰：噫！孰知緇黄變色，其徒所爲，有甚於不敢獻食者耶！有國有家者，崇奉釋氏以求福田利益，可以監矣。二八六

所謂「其徒所爲，有甚於不敢獻食者」，指發掘宋陵諸僧也。人皆知此事爲番僧所爲，而不知爲之倀者皆宋廷平日所飯之僧也。癸辛雜識續集上，載其徒互告狀一紙云：「至元二十二年八月，有會稽縣泰寧寺僧宗允、宗愷，盜斫陵木，與守陵人争訴，遂稱亡宋陵墓有金玉異寶，説誘楊總統，詐稱楊侍郎、汪安撫侵占寺地，將寧宗、楊后、理宗、度宗四陵發掘，盡取寶貨，又斷理宗頭，瀝取水銀含珠。十一月十一日，又將孟后、徽宗鄭后、高宗吴后、孝宗謝后、光宗等陵盡掘。其下本路文書，只言争寺地界，並不曾説開發墳墓。其宗愷與總統分贓不平，已受杖而死。宗允見爲寺主，多蓄寶貨，豪霸

一方。」雜識別集上，又載：「乙酉發陵事，起於天長寺僧福聞，成於剡僧演福寺允澤。初，天長乃魏憲靖王墳，聞欲媚楊髡，遂獻其寺。繼又發魏王之冢，多得金玉，以此遽起發陵之想，澤一力贊成之，遂俾泰寧寺僧宗愷、宗允等，部領人夫發掘。時有宋陵使中官羅銑者，守陵不去，與之力争，爲澤率凶徒痛箠，據地大哭。遂先發寧宗、理宗、度宗、楊后四陵，理宗之陵，所藏尤厚，倒懸其尸樹間，瀝取水銀，如此三日夜，竟失其首」云。身之所謂「甚於不敢獻食者」，此也。彼其平日所趨附者勢耳，勢既傾頹，趨附安得不隨之而轉，又豈獨僧衆爲然哉！

生死篇第十九

人生須有意義，死須有價值，平世猶不甚覺之，亂世不可不措意也。自孔子有「未知生焉知死」之言，人遂以爲儒家不談生死。不知「死生有命」，固儒家所恒言，即魯論一書，言生死者何限：曰「人之生也直，罔之生也幸而免」，此生須有意義之説也。曰「暴虎馮河，死而無悔者吾不與」，此死須有價值之説也。「齊景公有馬千駟，死之日民無德而稱焉」，此生之無意義也。「伯夷、叔齊餓死首陽之下，民到于今稱之」，此死之有價值者也。至於死之無價值者，「匹夫匹婦，自經溝瀆」是也。生之有意義者，「管仲相桓公，霸諸侯，一匡天下」是也。夫管仲之生，子路、子貢皆疑之，夫子獨仁之，何哉？桓公、子糾，兄弟爭國，内亂也；蠻夷猾夏，外患也，「微管仲吾其被髮左衽矣！」内外輕重生死之宜，剖析何等透澈，豈偷生者所能藉口哉！胡身之生亂世，頗措意於生死之際，故注中恒惜人不早死，以其生無意義也；又恒譏人不得其死，以其死無價值也。兹特表而出之。

秦莊襄王三年，信陵欲召縮高使攻管，縮高刎頸而死。信陵君聞之，縞素辟舍，使使者謝安陵君曰：「無忌小人也，困於思慮，失言於君，請再拜辭罪。」

注曰：安陵，受封於魏國者也，縮高，受廛於安陵者也。縮高之子，不爲魏民，逃歸秦，而臣於秦，爲秦守管。時秦加兵於魏，欲取大梁，安陵儻念魏爲宗國，縮高儻念其先爲魏民，見魏之危，安敢坐視而不救。公子無忌爲魏舉師以臨之，安陵君則陳太府之憲，縮高則陳大臣之義以拒之，雖死不避，反而求之，可謂得其死乎？無忌爲之縞素辟舍，以謝安陵，吾未知其何所處也。卷六

死貴得其所，身之此論甚精。縮高不爲宗國死，而爲宗國之讎死，可謂得其所乎？身之不取縮高，則凡不愛宗國，謂他人父，謂他人昆，而爲之出死力者，身之不取也。王積翁爲宋福建提刑招捕使，知南劍州，挾八郡圖籍降元，爲元出使日本，中途遇害而死。癸辛雜識別集上載其事甚醜，元人乃爲之立廟，賜謚忠愍，官其子都中，喧赫一時。黄溍爲撰祠堂碑，復爲都中撰墓誌，見金華集八及卅一，元史即據以爲積翁、都中傳。積翁曾宰富陽，都中兄昇中，又曾尹寧海，皆身之所親見者也。王深寧曰：「晉史忠義傳可削者三人：韋忠不見裴頠，辭張華之辟，初節亦足稱矣，而仕於劉聰，爲之討羌而死，非爲晉死也，謂之忠義可乎？王育仕於劉淵，劉敏元仕於劉曜，舍順從逆，皆失節者也，忠義安在哉？唐之修晉史也，許敬宗、李義府與秉筆焉，是惡知蘭艾鸞梟之

辨。」語見困學紀聞十三，足與身之此論相發明，此宋季浙東學說也。

漢宣帝甘露元年，呼韓邪諸大臣言，戰死，壯士所有也。

注曰：師古曰：「言人皆有此事耳。」余謂壯士健鬬，則戰死乃本分必有之事。卷二七

壯士戰死，死之有價值者也。

魏元帝景元元年，昭既弑高貴鄉公，收尚書王經付廷尉。經謝其母，母顏色不變，笑而應曰：「人誰不死，正恐不得其所，以此并命，何恨之有！」

注曰：非此母不生此子。卷七七

此與范滂、姜叙之母，先後同時，漢末風俗，何其厚也！然豈特漢末，宋史四五一忠義陳文龍傳：「文龍，咸淳五年廷對第一。德祐二年守興化，有諷其納款者，文龍曰：『諸軍特畏死耳，未知此生能不死乎？』被執不屈，指其腹曰：『此皆節義文章也，可相逼耶！』械送杭州，不食死。其母繫福州尼寺中，病甚無醫藥，左右視之泣下，母曰：『吾與吾兒同死，又何恨哉！』亦死。衆歎曰：『有斯母宜有是兒。』爲收葬之。」身之之言，蓋有感乎此。

晉惠帝永熙元年，楊濟慮傅咸以直致禍，咸復濟書曰：「衛公有言：『酒色殺人，甚於作直。』坐酒色死，人不爲悔，而逆畏以直致禍，此由心不能正，欲以苟且爲明哲耳。」

注曰：詩曰：「既明且哲，以保其身」，此言世人不能直言，特以苟且爲保身之計耳。卷八二

以苟且爲明哲，則凡偷生者皆可借「明哲」二字爲護符，此生之無意義者也。

晉明帝太寧三年，召欒廣之子謨爲郡中正、庾珉族人怡爲廷尉評，謨、怡各稱父命不就。卞壼奏曰：「人非無父而生，職非無事而立，有父必有命，居職必有悔。有家各私其子，則爲王者無民矣。欒廣、庾珉，受寵聖世，身非己有，況及後嗣而可專哉！若順夫羣心，則戰戍者之父母，皆當命子以不處也。」

注曰：言人莫不惡死，若各順其心，則有戰戍之事，爲父母者皆不欲使其子就死地也。卷九三

父母不欲其子就死地，私情也；爲國而至於死，公誼也。公誼所在，私情不得而撓之。孟子曰：「死亦我所惡，所惡有甚於死者，故患有所不避也。」

晉穆帝永和七年，冉閔襄國之敗，石璞、盧諶等並將士死者凡十餘萬人。

注曰：劉隗、盧諶，不能爲晉死，而卒死於兵。人誰不死，貴得其死所耳！卷九九

劉隗爲元帝所寵任，遭王敦之亂，攜妻子奔石勒，勒以爲太子太傅。盧諶早有聲譽，值中原喪亂，不得南渡，爲石氏所獲，以爲中書侍郎，屬冉閔誅石氏遇害。二人者不能爲

宗國死，而卒死於兵，其幸耶？其不幸耶？身之蓋深爲仕於敵者惜也。

宋明帝泰始二年，沈攸之諸軍至尋陽，斬晉安王子勛，傳首建康，時年十一。

注曰：晉安舉兵，實義舉也。鄧琬不足道，若袁顗、孔覬，豈可謂不得其死哉！世無以成敗論之。一三一

趙紹祖通鑑注商曰：「胡氏好以成敗論人，而忽作此議論，不自知其言之謬也。晉安舉兵，本求免死，不得謂之義舉。況湘東定亂以後，自可解甲就封，而羣小挾幼主，乃欲以犯上作亂之師，假起義勤王之説，從之者尚可謂得其死哉！」此趙君觀點之不同也。廢帝被弑，晉安以皇弟起兵，四方貢計咸歸焉，豈得謂非義舉！湘東以叔父臨制，諸藩幼弱，先後剪除，繼登大寶，是爲明帝。於是諸州起義勤王之舉，悉視爲犯上作亂之師。趙君之説，即本於此。而身之則以子勛比帝昺，以袁、孔比張、陸，尋陽比厓山，故曰死得其所，趙君烏知之哉！此表微之所以不得不作也。

齊高帝建元元年，宋順帝既下詔禪位，出居别宫。右光禄大夫王琨，在晉世已爲郎中，至是攀車獺尾慟哭曰：「人以壽爲歡，老臣以壽爲戚。既不能先驅螻蟻，乃復頻見此事。」

注曰：謂不能早死也。一三五

齊之篡宋，距宋之篡晉，才六十年，故年七八十者，皆可重預此事。然王琨所謂頻見此

事者，非獨指晉宋與宋齊間之易代而已，蓋有慨於宋世子孫屠戮之慘也。武帝子義符被廢，史稱爲少帝；孝武子子業被廢，史稱爲前廢帝；明帝子昱又被廢，史稱爲後廢帝，至順帝而禪於齊。六十年間，骨肉相夷，廢殺者三，卒篡於異姓，故曰頻見此事。所謂「鮮民之生，不如死之久矣」。

又，以褚淵爲司徒，賓客賀者滿座，褚炤歎曰：「彥回少立名行，何意披猖至此！門户不幸，乃復有今日之拜。使彥回作中書郎而死，不當爲一名士邪！名德不昌，乃復有期頤之壽。」

注曰：曲禮曰：「人生百年曰期頤。」鄭注云：「期要也，頤養也。不知衣服食味，孝子要盡養道而已。」一三五

炤爲淵從弟，淵卒年才四十八，炤言「乃復有期頤之壽」者，極言其不早死，而有百歲之壽也。秦檜之事亦然，當靖康之初，金人攻汴，求三鎮，檜上兵機四事，力闢和議。張邦昌之立，執政而下，無敢有異論，檜與馬伸獨抗議以爲不可，有「京師之民可服，天下之民不可服；京師之宗子可滅，天下之宗子不可滅」等語。當是時天下皆賢檜，大儒如游酢，目檜爲荀彧；胡安國力薦檜於諸公之前。故張溥謂：「假令檜死於靖康，忠直著聲，豈不與王莽之死於建平，謙恭流譽，同爲賢士大夫乎！」亦惜其不早死，而有期頤之壽也。

梁武帝中大通五年，魏賀拔岳司馬宇文泰，自請使晉陽，以觀歡之爲人。歡奇其狀貌曰：「此兒視瞻非常。」將留之，泰固求復命，歡既遣而悔之，發驛急追，至關不及而返。

注曰：項羽不殺沛公，曹操之遣劉備，桓玄之容劉裕，類如此耳。有天命者，固非人之所能圖也！一五六

凡人事所不及料者，委之天命，此自求慰安之一法也。孔子曰：「天生德於予，桓魋其如予何！」亦此意。

梁武帝太清元年，魏大將軍高澄，疑諮議温子昇知元瑾等謀，方使之作獻武王碑，既成，餓於晉陽獄，食弊襦而死，棄尸路隅，太尉長史宋遊道收葬之。澄謂遊道曰：「吾近論及朝士，以卿僻於朋黨，將爲一病。今乃知卿真是重故舊、尚節義之人。天下人代卿怖者，是不知吾心也。」

注曰：史言士之徇義者，固不計身之死亡，亦未必死也。一六〇

宋遊道可謂智勇兼全者矣。不計身之死亡，勇也；知其未必死，智也。

太清二年，世子方等有俊才，善騎射，每戰親犯矢石，以死節自任。

注曰：爲人臣子，固當以身許國，然存其身者，所以存國也。兩陳相向，勝負未分，危機交急，親犯矢石，以帥厲將士，可一用之耳，豈可以爲常哉！方等以死節自任，以親犯矢

石爲常，此其所以敗死於湘州也。若方等者，謂之必死之將可也，若論臣子大節，則全其身以全國家，斯得謂之忠孝矣。一六一

身之蓋有爲言之，如鄭所南盼望陳丞相宜中自占城至之意耳。苟活者不得以斯言爲藉口也。

太清三年，方等將行，謂所親曰：「是行也，吾必死之，死得其所，吾復奚恨！」

注曰：方等不死於救臺城之時，而死於伐湘州之日，可謂得其死乎？一六二

救臺城是禦外侮，伐湘州是同氣相殘，此生死之失其宜者也。方等之名，屢見於通鑑胡注，而楊慎謂：「佛氏有方等經，猶云平等世界也，故蕭氏取以爲名。方等嘗著三十國春秋。胡三省注通鑑，不知此義，蕭方下去一等字，似今人言某人等之等」云。語見升庵外集。四庫提要譏楊慎考證，往往不檢原書，致多疏舛，此亦其疏舛之一。蕭方下去「等」字，乃兩唐志及宋志「三十國春秋」條之誤，與通鑑胡注無涉，附正於此。

隋文帝開皇九年，監者言：「叔寶常醉，罕有醒時。」帝問：「飲酒幾何？」對曰：「與其子弟日飲一石。」帝大驚，使節其酒。既而曰：「任其性，不爾，何以過日。」

注曰：嗚呼！此陳叔寶所以得死於枕席也。一七七

人有精明可以殺身，糊塗可以自全者，陳叔寶之謂也。然死於枕席，又何足貴乎！

唐高祖武德四年，鄭頲不樂仕世充，謂其妻曰：「吾束髮從官，志慕名節。不幸遭遇亂世，側身猜忌之朝，智力淺薄，無以自全。人生會有死，早晚何殊，姑從吾所好，死亦無憾。」遂削髮被僧服。世充聞之，大怒曰：「爾以我爲必敗，欲苟免邪！」遂斬頲於市，頲言笑自若，觀者壯之。

注曰：鄭頲，李密之臣，爲世充所獲，疾其多詐，故不樂仕焉。一八八

唐初承南北朝喪亂之餘，豪傑之士，多棲心宗教，了澈生死。鄭頲疾王世充之多詐，不願爲之謀，從容而死，殆籌之有素者也。雖曰達觀，亦所遭之時爲之耳。

又，秦王世民坐閶闔門，蘇威請見，稱老病不能拜。世民遣人數之曰：「公隋室宰相，危不能扶，使君弒國亡。見李密、王世充，皆拜伏舞蹈。今既老病，無勞相見。」及至長安，又請見，不許，卒於家，年八十二。

注曰：史言蘇威之壽，不若早夭。一八九

方正學嘗論之，曰：「隋之亡也，非甲兵少而才用竭，朝廷無知義之士，而莫爲之死也。輔相舊臣，惟一蘇威，拜伏舞蹈，勸進頌美於羣盜，其辱甚於死，而威不悟。然人不至於死，不止也。與其恥辱而生，孰若速死之爲善乎！威事功殆亦有可取，使死得其所，固隋之名臣也。一陷於非義，身名俱喪，天下至今羞稱之。則其生也，適所以累，豈不

悲夫！」語見遜志齋集五。蘇威之不保晚節，已於出處篇詳之，兹復惜其不早夭者，蓋爲淮西閫帥夏貴言之也。夏貴德祐丙子降元，宣授中書左丞，時年八十矣。己卯薨，有人贈以詩云：「自古誰無死？惜公遲四年，聞公今死日，何似四年前！」又有人弔其墓云：「享年八十三，何不七十九。嗚呼夏相公！萬代名不朽。」語見三朝野史。古之人以不得早死爲憾者多矣。豈獨蘇威、夏貴哉！

唐睿宗景雲元年，鄭愔貌醜多須，既敗，梳髻著婦人服，匿車中，擒獲被鞫，股慄不能對。張靈均神氣自若，顧愔曰：「吾與此人舉事，宜其敗也。」初，愔附來俊臣得進；俊臣誅，附張易之；易之誅，附韋氏；韋氏敗，又附譙王重福，竟坐族誅。

注曰：史言張靈均雖幸禍好亂之人，猶能臨死不變。鄭愔者反覆於羣憸之間，冒利不顧，而畏死乃爾，烏足以權大事乎！二一〇

生死之宜，固可由脩養而得。彼以爲「自關性分，勇者如虎，怯者如鼠，勇怯不齊，同出天賦」者，未之思也。

唐德宗建中四年，樊系爲泚譔册，文既成，仰藥而死。

注曰：樊系距朱泚之命，不爲譔册，不過死耳。譔册而死，於義何居！二二八

樊系究爲知恥之人，特平日未有預備，臨事不能即決。與其受辱而後死，毋寧不受辱

而先死之爲得耳，身之蓋深惜之哉！

唐昭宗天祐元年，史太弑帝，又欲殺何后，后求哀於玄暉，乃釋之。

注曰：何后祈生於蔣玄暉，而卒以玄暉死。屈節以苟歲月之生，豈若以身殉昭宗之不失節也！二六五

唐昭宣帝天祐二年，何太后泣遣宫人阿虔、阿秋，達意玄暉，語以他日傳禪之後，求子母生全。

注曰：帝及德王裕，皆何太后子也。昭宗已弑，裕與諸弟稍長，相繼而死。事已至此，后之母子能獨全乎？后素號多智，臨難乃爾，蓋當時以能隨時上下以全生者爲智也。二六五

此有感於宋謝太后臣妾簽名之辱也。臣妾簽名，詳感慨篇。汪元量湖山類稿謝太后挽章云：「事去千年速，愁來一死遲。」與身之此條同一用意。

後梁太祖乾化元年，燕王守光將稱帝，將佐多竊議以爲不可，守光乃置斧質於庭曰：「敢諫者斬！」孫鶴曰：「滄州之破，鶴分當死，蒙王生全，今日敢愛死而忘恩乎！」

注曰：事見上卷開平四年，劉守光囚父殺兄，幽滄之人，義不與共戴天可也。孫鶴受劉守文委任，不能以死殉之，乃銜守光生全之恩，忠諫而死。是可以死而不能死，可以無死

而死也。二六八

凡此皆平日於生死之宜，未嘗勘透，而又不明大義，故可以死而不死，可以不死而死，生死都無是處也。

後唐明宗天成元年正月，朱友謙、郭崇韜皆及禍，成德節度使兼中書令李嗣源亦爲謠言所屬，帝遣朱守殷察之，守殷私謂嗣源曰：「令公勳業振主，宜自圖歸藩以遠禍。」嗣源曰：「吾心不負天地，禍福之來，無所可避，皆委之於命耳。」

注曰：李嗣源答朱守殷之言，安於死生禍福之際，英雄識度，自有不可及者。二七四

李嗣源即明宗，帝指莊宗。是年四月莊宗殂，嗣源乃即位改元，通鑑例取後元冠於前，故其文如此。明宗出於異族，爲人純質，嘗夜焚香仰天而祝曰：「臣本蕃人，豈足治天下，世亂久矣，願天早生聖人。」故歐史以爲五代之君有足稱者，明宗其一也。乃復能安於生死禍福之際，如素有所養者然，雖曰未學，吾必謂之學矣。廟號明宗，宜哉！

後周太祖顯德元年，北漢主遣王得中求救於契丹，爲周兵所留，問：「虜兵何時至？」得中太息曰：「吾食劉氏祿，有老母在圍中，若以實告周人，必發兵據險以拒之，如此家國兩亡，吾獨生何益！不若殺身以全家國，所得多矣。」帝以得中欺罔，縊殺之。

注曰：王得中之死，知所惡有甚於死者也。二九二

「家國兩亡，獨生何益」，名言也，蓋籌之稔矣，王得中不愧漢室忠臣。

後周世宗顯德四年，蜀李太后以典兵者多非其人，謂蜀主曰：「以吾觀之，惟高彦儔太原舊人，終不負汝，自餘無足任者。」蜀主不能從。

注曰：及孟氏之亡，僅高彦儔一人能以死殉國。至蜀主之死，其母亦不食而卒。婦人志節如此，丈夫多有愧焉者。二九三

此有感於宋楊太后之殉國也。新會厓山有大忠祠，祀宋丞相文天祥、陸秀夫、樞密使張世傑。又有全節廟，即慈元殿，祀楊太后。廟有陳白沙先生撰慈元廟碑，並書，文載白沙子集一。又有白沙弟子張詡撰全節廟碑云：「后度宗之淑妃也。當胡兵直擣臨安時，帝后王臣，盡爲俘虜，獨后負其子益王昰與廣王昺，航海奔閩。于是羣臣奉昰即帝位，册后爲太后，帝崩，復立昺，奔厓山，依二三大臣陸秀夫輩，臥薪嘗膽，爲宗社恢復圖。既而胡兵近逼厓山，陸秀夫知事不可爲，負帝昺赴海死。后聞之，撫膺大慟曰：『我間關至此者，爲趙氏一塊肉耳，今無望矣。』亦赴水死。惟宋三百年后妃之賢，前稱高、曹，後稱向、孟，亦皆可以爲難矣，然皆處常而能正者耳。至於流離患難，卓然能炳大義，一君亡，復立一君，而以身殉之，其死也爲社稷死，爲國家死，爲綱常死，爲謹内外辨華夷死，所謂死有重於泰山者也，其有功於世教也大矣。」文載道光新會志

四，蓋極力發揮后死之有價值者。全謝山慈元全節廟碑跋云：「宋楊太后殉厓山之難，至明弘治中，布政劉公大夏始爲之廟，陳先生獻章始爲之碑。陳先生書法最工，其書慈元廟碑尤加意，予謁祠下，搨其碑，而跋以詩曰：『高、曹、向、孟皆賢后，尚有芳魂殉落暉，一洗簽名臣妾辱，虞淵雙抱二王歸。』竊自以爲工，足附陳先生之碑以傳也。」跋見鮚埼亭集卅八。曹、高、向、孟，爲仁、英、神、哲四宗后。高、曹應作曹、高，謝山偶沿張詡碑而誤耳。楊太后之殉國，身之所謂「丈夫多有愧焉者」也。

貨利篇第二十

貨利者人之所同欲，而最能陷溺人者也，故昔人以利爲大戒。然雖戒之，人仍趨之，則以人之於貨利猶水火，得之則生，弗得則死，個人可以忍餓，不能置父母妻子不顧也。故魯褒有錢神之論，韓愈有送窮之文，天下攘攘，皆爲利往矣。雖然，人非水火不生活，水火而過剩，亦足爲災也。今天下攘攘者，果爲生活而已乎？抑尚有無厭之求乎？胡身之目擊當時好貨之習，不可嚮邇，故其注通鑑，於唐德宗及五代時事，寄慨特多，亦亂極思治之意也，故表微以是終焉。

晉海西公太和五年，燕太傅評，爲人貪鄙，鄣固山泉，鬻樵及水，積錢帛如丘陵，士卒怨憤，莫有鬬志。燕主暐懼，遣侍中蘭伊讓評曰：「王，高祖之子也，當以宗廟社稷爲憂，奈何不撫戰士，而專以貨殖爲心乎？府庫之積，朕與王共之，何憂於貧。若賊兵遂進，家國喪亡，王持錢帛欲安所置之！」

注曰：山者樵之所仰，泉者汲之所仰，障固山泉，使軍士不得樵汲，而鬻薪水以牟利。酈道元曰：「評鬻水與軍人，絹匹與水二石。」一〇二親貴牟利，不始於晉，前此者注所未及，故今託始於慕容評。評，廆之子，廆廟號高祖，故藺伊云然。酈道元語出水經注十「濁漳水」條引范亨燕書，此絶好史料，胡注能引之，晉書斠注慕容暐傳不能引，知其未嘗充分採用胡注也。水二石易絹一匹，利不可謂不厚，然國亡錢帛何用？宋季三朝政要載：「景定三年，京城大飢，馬光祖尹京，知榮王府積粟。一日往見，辭以故，次日往，亦如之，三日又往，卧於客次，榮王不得已見焉。馬厲聲曰：『天下誰不知儲君爲大王子，今民飢欲死，大王不以此時收人心乎？』王以廩虚爲辭，光祖探懷出片紙曰：『某倉幾十萬。』王辭塞，遂許三十萬石，活飢民甚衆。」事並載宋史光祖傳。榮王，度宗父。景定當元之中統，時宋家天下已岌岌，而榮王猶欲保存積粟，其庸憒不在慕容評下也。

宋明帝泰始二年，劉胡以南運米未至，軍士匱乏，就顗借襄陽之資，顗不許，曰：「都下兩宅未成，方應經理。」

注曰：兩敵相向，勝負之決，存亡係焉。袁顗乃欲留襄陽之資，以經理私宅，子勛既敗，都下兩宅，豈顗有哉！一三二

袁顗佐子勛舉義，殉節尋陽，嘗於生死篇論之。生命且不惜，何有田宅，顗尚未能免俗也。癸辛雜識續集下「張世傑忠死」條，言：「世傑蹈海後，所有寶玩及供軍金帛數十

船，盡爲敵所有，自在意中，豈復有留戀之價值哉！」

泰始六年，是時魏百官不給祿，少能以廉白自立者。

注曰：前言「魏主拔清節，黜貪汙，魏之牧守，始有以廉潔著聞者」。此言「魏之百官，少能以廉白自立」，蓋法行於州郡，未行於朝廷也。一三二

後魏百官無祿，惟取給於民，廿二史劄記十四詳言之。前言者，本卷泰始三年八月條也。因貪受罰，悉州郡小吏，在朝有力者則莫敢誰何，惡足以服天下之心耶！

梁武帝天監十四年，魏以司空澄領尚書令，澄奏「安定公宜出入禁中，參諮大務」，詔從之。

注曰：人之老也，戒之在得。任城王澄，血氣衰矣。一四八

安定公者胡國珍，靈太后父也。任城王澄歷事孝文、宣武，具謇諤之節，在後魏不失爲賢王。及靈太后臨朝，乃竟希旨取容，教猱升木，殆耄及之矣，人所以重晚節也。全謝山論陳同甫「始有不見曾覿之勇，不可謂不賢，及垂老對策，乃言不必一月四朝，以爲京邑之美觀，附和光宗不朝重華之惡，則喪其生平矣。」血氣既衰，戒之在得，注蓋爲同甫言之。

天監十八年，魏宗室權倖之臣，競爲豪侈。高陽王雍富貴冠一國，一食直錢數萬。河間王琛每欲與雍爭富，顧謂章武王融曰：「不恨我不見石崇，恨石崇不見我。」融素以富自負，歸

而惋歎三日。京兆王繼聞而省之，謂曰：「卿財貨不減於彼，何爲愧羨乃爾？」融曰：「始謂富於我者獨高陽耳，不意復有河間。」

注曰：物盛而衰，固其理也。史言魏君臣驕侈，乃其衰亂之漸。一四九

雍、琛、融三人鬬富，可謂無聊極矣。琛欲希蹤石崇，曾思崇臨終之言乎？崇之被收也，歎曰：「奴輩利吾財耳。」收者曰：「知財爲禍，何不早散之？」崇不能答。嗚呼！琛等頭腦齷齪如此，烏足延夷狄百年之運耶！後魏自太平真君元年，統一河北，與劉宋分立，至是凡八十年，果也九十五年而北朝復裂爲東西矣。

唐太宗貞觀三年，司空裴寂免官，上數之曰：「計公勳庸，安得至此？直以恩澤爲羣臣第一。武德之際，貨賂公行，紀綱紊亂，皆公之由也。」

注曰：上皇聞帝此言，其心爲如何？一九三

貨賂公行，乃亂世普通證狀，不獨武德爲然。天下澄清，惡習自戢，望治者不必徒抱悲觀也，可以貞觀之事證之。

唐玄宗開元十七年，宇文融性精敏，應對辯給，以治財賦得幸於上，始廣置諸使，競爲聚斂。由是百官浸失其職，而上心益侈，百姓皆怨苦之。

注曰：史言唐玄宗時，開利孔自宇文融始。二一三

宇文融、韋堅、楊慎矜、王鉷，皆玄宗時言利之臣，新、舊書並同卷，然始作俑者融也。四人皆不得其死。史以爲積怨之報，理或然哉。困學紀聞三箋三謂：「宋理宗時弊政，始於趙與簒、岳珂之聚斂，繼而爲史宅之、趙汝楳之履畝，又繼而爲賈似道之公田。」亦宇文融之儔也，注蓋有感言之。

唐代宗大曆十一年，馬璘家富有無筭，治第京師，甲於勳貴，中堂費二十萬緡，他室所減無幾。子孫無行，家貲尋盡。

注曰：史言殖貨無厭者，適以爲不肖子孫之資。二二二五

子孫賢者，不必藉父祖之財；子孫不肖，財適足爲造孽之具。語曰：「兒孫自有兒孫福，莫與兒孫作馬牛。」殖貨者可以少休矣。

唐德宗建中元年，代宗之世，每元日、冬至、端午、生日，州府於常賦之外，競爲貢獻，貢獻多者則悦之。武將姦吏，緣此侵漁下民。

注曰：自代宗迄于五代，正、至、端午、降誕，州府皆有貢獻，謂之四節進奉。二二二六

美其辭曰貢獻，曰進奉，直賄賂耳。以天子而開門納賂，唐政所以日衰也。始於代宗，盛於德宗，而極於五代。後世沿其陋習，納賄者猶以是爲名也。

建中三年，馬燧擊田悦軍，大敗之，悦悉出府庫所有，及斂富民之財，得百餘萬，以賞士卒，

衆心始定。

注曰：田悦善敗不亡，所謂盜亦有道。二二七

財聚則民散，財散則民聚，田悦蓋知此道乎！

建中四年，軍士揚言曰：「吾輩將死於敵，而食且不飽，安能以微命拒白刃邪！聞瓊林、大盈二庫，金帛盈溢，不如相與取之。」

注曰：玄宗時，王鉷爲户口色役使，徵剝財貨，每歲進錢百億，寶貨稱是，入百寶大盈庫，以供人主宴私賞賜之用。則玄宗時已有大盈庫。陸贄諫帝曰：「瓊林、大盈，自古悉無其制，傳諸耆舊之説，皆云創自開元，聚斂之臣，貪權飾巧求媚，乃言『郡國貢獻，所合區分，賦税當委於有司，以給經用；貢獻宜歸於天子，以奉私求。』玄宗悦之，新置是二庫，蕩心侈欲，萌禍於兹。迨乎失邦，終以餌寇。」則庫始於玄宗明矣。宋白曰：「大盈庫，内庫也，以中人主之。至德中，第五琦始悉以租賦進入大盈庫，天子以出納爲便，故不復出。」二二八

此有感於元初之姦臣日事封殖，府庫充盈也。至元二十五年八月，分萬億庫爲寶源、賦源、綺源、廣源四庫。九月從桑哥請，營五庫禁中，以貯幣帛，陞寶鈔總庫、永盈庫並爲從五品。二十六年五月，罷永盈庫，以所貯上供幣帛入太府監及萬億庫。二十七年

十二月，又立提舉富寧庫，秩從五品。凡此皆見元史本紀。固在禁中原有内藏、右藏、左藏三庫之外而特設者也，唐之瓊林、大盈，不足道矣。

又，朱泚至長安，據府庫之富，不愛金帛，以悦將士。公卿家屬在城者，皆給月俸，神策及六軍從車駕及哥舒曜、李晟者，泚皆給其家糧，加以繕完器械，日費甚廣。及長安平，府庫尚有餘蓄，見者皆追怨有司之暴斂焉。

注曰：以此觀之，趙贊輩不足責也，杜佑判度支，安能逃其罪乎！二二九

范祖禹曰：「德宗欲剗滅藩鎮，故聚天下之財，因師出爲名，而多殖貨利，以爲人主可欺天下而莫之知也。夫匹夫匹婦猶不可以家之有無欺其鄰里，況人主内有餘富，而可以不足欺天下乎！得財而失民，將誰與守矣，其失國宜哉！而向之所積，反爲盜資，貨悖而出，猶不能竭。先王不以利爲利，而以義爲利，蓋以此也。」語見唐鑑。唐鑑全部皆對當時君主立論，與胡注不同，故表微採者甚少。此條唐鑑責德宗，胡注責杜佑，亦不同。而譏其資盜糧則一，故特採以示例。

唐德宗貞元八年，竇參陰狡而愎，恃權而貪。每遷除多與族子給事中申議之，申招權受賂，時人謂之喜鵲。

注曰：竇參每遷除朝士，先與申議，申因先報其人，以招權納賂。時人謂之喜鵲者，以人

家有喜事，鵲必先噪於門庭以報之也。二三四

此有感於鄭清之之事也。清之端平初相宋理宗，聲譽翕然。及淳祐再相，政事多出其姪孫太原之手，公受賄賂，有作詩譏之者曰：「先生自號爲安晚，晚節胡爲不自安？」語見癸辛雜識别集下。宋史本傳亦謂其「暮年再相，政歸妻子，閒廢之人，或因緣以賄進，爲世所少」云。蓋常有本人負清名，而子弟招權納賄者矣，不知其果不知乎，抑知之而故縱之也。

貞元十年，裴延齡奏：「左藏庫司多有失落，近因檢閱使置簿書，乃於糞土之中，得銀十三萬兩，其匹段雜貨，百萬有餘。」

注曰：匹段雜貨，使在糞土之中，已應腐爛不可用，雖甚愚之人，亦知其妄誕也。德宗不加之罪，延齡復何所忌憚乎！二三五

姦臣之結主知，自有其術。元史姦臣傳，言：「萬億庫有舊牌條七千餘條，桑哥言歲久則腐，宜析而他用，世祖甚然之，其以小利結知如此」云。

貞元十三年，宫市抑買人物，率用直百錢物，買人直數千物。多以紅紫染故衣敗繒，尺寸裂而給之，仍索進奉門户及腳價錢。

注曰：進奉門户者，言進奉所經由門户，皆有費用，如漢靈帝時所謂導行費也。腳價謂

僦人負荷進奉物入內，有傭腳之費。二三五

導行費見後漢書宦者呂强傳。時靈帝多蓄私臧，收天下之珍，每郡國貢獻，先輸中署，名爲導行費。此後漢衰亡之政也，豈可尤而效之。然德宗時之宮市，則專以豪奪農工商賈爲事，不止與民爭利而已。

貞元十五年，宣武節度使董晉薨，以其行軍司馬陸長源爲節度使。長源性刻急，判官孟叔度，輕佻淫縱，軍中皆惡之。故事：主帥薨，給軍士布以制服。長源命給其直，叔度高鹽直，下布直，人不過得鹽三二斤。軍士怨怒，殺長源、叔度，臠食之，立盡。

注曰：史言陸長源之死，唐朝用違其才耳。若孟叔度，則死有餘罪。二三五

董晉寬柔，陸長源嚴刻，二人皆性有所偏。寬而以嚴繼之，自當出之以漸，結之以恩，示之以公，然後足以服衆，長源未知此道也。孟叔度少年新貴，輕佻淫縱，已足取死，況又與軍士爭利乎！孔子曰：「倣於利而行，多怨。」少年新貴其鑑諸！

貞元十六年，湖南觀察使河中呂渭，奏發永州刺史陽履贓賄。履表稱所斂物皆備進奉，上召詣長安，命三司使鞫之。上悅其進奉之言，釋之，但免官而已。

注曰：德宗之猜忌，如楊炎、竇參位居宰輔，皆以歸過於君，不置之地上。陽履以贓敗，而表稱進奉，謂非歸過於君可乎？德宗悅其進奉之言，而釋其罪。夫好貨非美名也，人

雖有好貨者，苟加以好貨之名，則必怫然而不受，德宗果何爲而安受此名也！余意陽履於贓賄既敗之後，必有所進以求免於罪，德宗不徒悦其言而已。二三五此誅心之論也。唐德宗斂財以進奉，元世祖斂財以籍没，二主可謂異曲同工，而籍没之名更美。試檢元史世祖紀，以贓敗籍没者纍纍，人心每爲之大快，甚矣天下人之易欺也！夫以大貪爲執政總其成，而佈滿貪吏於天下，民或不堪其虐，則籍没一二以悦之，若天下之勢仍洶洶，則並大貪戮之而不惜，天下於是歌頌聖明矣。曾不知其所籍没者並未還之民，而實悉歸内庫也，此何異禦盜而奪其所有，復得弭盜之名乎！世祖紀至元二十八年正月，載尚書省臣桑哥以罪罷，二月即徙萬億庫金銀入禁中富寧庫，五月復增置異珍、御帶二庫，并設提點使副各一員，其情可見矣。野諺所謂「宰肥鴨」者是也，而天下之人昧之，甚矣民之易欺也！然帝之於贓吏，猶時欲曲全之：二十八年七月，桑哥伏誅，十一月監察御史言：「沙不丁、納速剌丁、滅里、烏里兒、王巨濟等，皆桑哥黨與，受贓肆虐，使江淮之民，愁怨載路。今或繫獄，或釋之，此臣下所未喻。」帝曰：「桑哥已誅，納速剌丁、滅里在獄，唯沙不丁朕姑釋之耳。」此唐德宗釋陽履故智也。二十九年二月，月兒魯等又言：「納速剌丁、滅里、忻都、王巨濟，黨比桑哥，恣爲不法，銜命江南理算，皆嚴急輸期，民至嫁妻賣女，禍及親鄰。淮揚錢塘，受害最慘，無故而隕其生者五百餘人。其初士民猶疑事出國家，今乃知天子仁愛元元，而使民至此極者，實桑哥及其凶黨之爲。莫不願食其肉，乞依條論坐，以謝天下」云云。嗚呼！善則歸君，過則歸己，反於桑哥之徒見之，似與陽履之歸過於君者異矣，實則籍没之法比進奉之法爲巧耳。

又，刑部員外郎嚴綬，嘗以幕僚進奉記其名。

注曰：史言德宗好貨，惟進奉者則牢記其姓名。二三三五

注屢言德宗好貨，不啻爲元世祖言之也。世祖好貨，甚於德宗，而元史食貨志不見其痕跡。食貨志蓋悉取材於元人所撰之經世大典，於稗政芟夷殆盡，獨歲賜一項占一卷，微露其濫，猶可見其竭中華之物力，藏富於勳戚，以厚其根本。而於掊克暴斂之事，則以「元初取民未有定制，世祖立法一本於寬」等語塗飾之，所謂盗鈴而掩其耳者也。惟姦臣傳及世祖紀尚略存真相，可鈎稽而察見之。廿二史劄記三十，有「元世祖嗜利黷武」條，言：「世祖嗜利黷武之心，根於天性，終其身未嘗稍變。中統三年，即以財賦之任委阿合馬，專以掊克爲事，史天澤、安童等争之，崔斌等劾之，皆不能勝。以理算陷江淮行省平章阿里伯、右丞燕鐵木兒於死。有秦長卿者，欲發其奸，反爲所噬，斃於獄。以其子忽辛及抹速忽分據財賦重地，並援引奸黨郝禎等，征斂愈急，内通貨

賄，外示刑威，爲王著所擊殺，奸始上聞，而流毒海内已二十年矣。阿合馬既死，又用盧世榮，亦以增多歲入爲能。鹽鐵榷酤，商税田課，凡可以罔利者，益務搜括。奏用阿合馬黨，皆列要職。凡肆惡二年，御史大夫玉速帖木兒盡發其奸，始詔誅之。未幾又用桑哥，恃其得君，嘗拳毆參政楊居寬、郭佑及臺吏王良弼，皆誣奏至死，遂以丞相領尚書，奏遣忻都、阿散等十二人，理算六省錢穀，天下騷然。又奏笞監察御史四人，臺綱盡廢，由是以刑爵爲販賣。至元二十八年，爲也先帖木兒所劾，始伏誅。統計帝在位三十餘年，幾與此三人者相爲終始，此其嗜利貪得，牢固而不可破也。」明張溥論阿合馬、桑、盧之亂，亦云：「世祖至元十七年混一天下，十九年而戮阿合馬屍，二十二年而誅盧世榮，二十八年而誅桑哥。三凶速殄，中外鼓舞，然究其始用，莫非以利動也。世祖於利，直性好之，非以國勢爲緩急也。故一奸死，一奸入，凡至元一統之年，皆小人聚斂之日。古來人君好利，未有過於元世祖者也。」語見元史紀事本末七。元世祖黷貨之日，正胡身之注鑑之時也。

唐憲宗元和六年，上問李絳：「故事户部侍郎皆進羨餘，卿獨無進何也？」對曰：「守土之官，厚斂於人以市私恩，天下猶共非之。況户部所掌，皆陛下府庫之物，給納有籍，安得羨餘！若自左藏輸之内藏，以爲進奉，是猶東庫移之西庫，臣不敢踵此弊也。」

注曰：自玄宗時，王鉷歲進錢以供天子燕私，至裴延齡而其弊極矣。二三八

唐德宗之裴延齡，元世祖之桑哥也。舊唐書延齡傳，言：「延齡死，中外相賀，唯德宗悼惜不已。」羣臣請誅桑哥，元世祖遲遲不決，亦猶是也。

唐穆宗長慶二年，德州刺史王稷，承父鍔餘貲，家富厚。横海節度使李景略利其財，密教軍士殺稷，屠其家，納其女爲妾，以軍亂聞。

注曰：李景略當作李全略。又曰：象有齒而焚其身，賄也。王鍔僅能免其身，而禍鍾其子，君子是以知守富之難。二四二

王鍔曾刺史廣州，節度嶺南，擅市舶之利凡八年，家貲富於公藏，諺所謂「發洋財」者也。卒也以財賈禍，乃不於其身，而於其子，亦足爲積財以貽子孫者戒。

唐僖宗中和四年，義昌節度使王鐸，厚於奉養。過魏州，侍妾成列，服御鮮華，如承平之態。魏博節度使樂彦禎之子從訓，伏卒數百於漳南高雞泊，圍而殺之，及賓僚從者三百餘人，皆死，掠其資裝侍妾而還。

注曰：史言王鐸以承平之態處亂世，至於喪身亡家，誨盜誨淫，自取之也。二五六

唐自僖宗乾符以後，王仙芝、黄巢相繼而起，政府威嚴不復能保護特殊階級，身之所謂亂世也。王鐸以上台元老，功蓋羣后，驕侈自恣，一如平時，庸劣至此，死何足惜！兩

書悲之，綱目獨貶之，宜哉！舊書本傳謂鐸死於光啓四年，遇害者十餘人，今繫之中和四年，謂死者三百餘人，從本紀也。

唐僖宗文德元年，張守一與呂用之同歸楊行密，復爲諸將合仙丹，又欲干軍府之政，行密怒而殺之。

注曰：張守一之死宜哉，嗜利而招權，弗可改也已。二五七

嗜利由於貪，招權由於驕。驕之始念爲自尊，貪之始念爲進取，本美德也。人無自尊進取之心，則社會永無進化矣。然不有以節制之，則進取之極，必流於貪，自尊之極，必流於驕，美德遂變爲惡德，所謂習相遠也。至於嗜利而復招權，則適足以殺身而已。故君子對德性，貴有修養，節制即修養功夫之一也。

唐昭宗天復元年，車駕之在華州也，商賈輻湊，韓建重征之，二年得錢九百萬緡，至是全忠盡取之。

注曰：史言自古聚財者，率爲他人積。二六二

莊子言：「將爲胠篋探囊發匱之盜而爲守備，則必攝緘縢，固扃鐍，此世俗之所謂智也。然而巨盜至，則負匱揭篋擔囊而趨，唯恐緘縢扃鐍之不固也。然則鄉之所謂智者，不乃爲大盜積者也。」

後唐莊宗同光元年，康延孝帥百餘騎來奔，帝問延孝以梁事，對曰：「梁朝地不爲狹，兵不爲少，然跡其行事，終必敗亡。官之高下，唯視賂之多少。」

注曰：如温昭圖以納賂而得名藩，段凝以納賂而得大將之類。二七二

温昭圖即掘陵賊温韜，入梁後更名。賄賂公行，通五代如此，不獨一梁。蓋上有好者，下必有甚焉者也。

同光二年八月，以副使衛尉卿孔謙爲租庸使，謙自是得行其志，重斂急徵，以充帝欲，民不聊生。癸未，賜謙號豐財贍國功臣。

注曰：記曰：「與其有聚斂之臣，寧有盜臣。」而以是爲功臣之號，以寵孔謙，唐之君臣，不知其非也。民困軍怨，其能久乎！爲明宗誅謙張本。二七三

此爲桑哥言之也。至元二十五年，桑哥專政，諛佞之徒，諷都民爲桑哥立石頌德。世祖聞之曰：「民欲立則立之，仍以告桑哥，使其喜也。」於是翰林製文，題曰「王公輔政之碑」。二十八年三月，桑哥敗，乃仆之。語見元史姦臣傳。馮子振告詞臣撰碑，引諭失當，帝曰：「詞臣何罪，使以譽桑哥爲罪，則在廷諸臣，誰不譽之，朕亦嘗譽之矣。」語載世祖紀二十九年五月條。可見桑哥雖誅，世祖猶庇護之也。

又，帝及皇后如張全義第，全義大陳貢獻。酒酣，皇后奏稱：「妾幼失父母，見老者輒思之，

請父事全義。」帝許之。全義惶恐固辭，再三彊之，竟受皇后拜，復貢獻謝恩。

注曰：劉后利張全義之財，此如倡婢屈膝於人，志在求貨耳，惡可以母天下乎！二七三

五代時好貨之習，無間上下，身之以「倡婢」斥劉后，特欲爲婦女好貨者警耳！

後唐明宗天成元年，倉儲不足，軍士流言益甚，劉后出粧具及三銀盆曰：「人言宮中蓄積多，所餘止此耳，請鬻以贍軍。」

注曰：嗚呼！劉后囊金寶繫馬鞍之時，能盡將内庫所積而行乎！二七四

昔子張問從政，孔子告以「尊五美，屏四惡」。五美之首曰惠而不費，四惡之末曰出納之吝，劉后殆未聞此也。身之於此有感焉，元史世祖察必后傳，言：「至元十三年平宋，帝以宋府庫故物聚置殿庭上，召后視之，后曰：『宋人貯蓄以遺其子孫，子孫不能守而歸於我。妾聞自古無千歲之國，毋使吾子孫及此，幸矣！』」察必后與劉后度量之相越，抑何遠耶，此興亡所以異致乎！

又，帝乃出金帛給賜諸軍，樞密宣徽使及供奉内使景進等，皆獻金帛以助給賜。軍士負物而詬曰：「吾妻子已殍死，得此何爲！」

注曰：事已至此，帝及嬖倖始知財物之不可守。二七四

莊子外物篇，言車轍中有鮒，及時而救之，則斗升之水可以活；過時而救之，雖西江之

水無濟也。莊宗及嬖倖亦未聞此。

後唐潞王清泰二年，以房暠爲刑部尚書，充樞密使；劉延朗爲南院使，仍兼樞密副使。於是延朗等居中用事，暠隨勢可否。每幽、并遣使入奏，樞密諸人，環坐議之，暠多俛首而寐，比覺，則使者去矣。啓奏除授，一歸延朗。諸方鎮刺史自外入者，必先賂延朗，後議貢獻，賂厚者先得内地，賂薄者晚得邊陲，由是諸將帥皆怨憤。

注曰：爲劉延朗受誅於晉，房暠獲全張本。然二人皆帝之親臣也，延朗之好貨非也，暠之避事亦非矣。二七九

房暠與劉延朗爲清泰帝五臣之一，歐史附延朗傳，而目無名。延朗以好貨殺其身，而暠以消極免禍，可謂智矣，然不可謂之忠，故身之非之。有官守者不得其職則去；有言責者不得其言則去。暠既尸其位，而不能竭其忠，則應潔身而退，應退而不退，其有難言之隱乎！

後晉高祖天福元年，曹州刺史鄭阮貪暴，指揮使石重立因亂殺之。

注曰：因亂者，因中原之亂也。史言貪暴之人，不唯難免於治世，亦難免於亂世。二八〇

此爲阿合馬言之也。元初，阿合馬挾宰相權爲商賈，網羅天下大利，厚毒黎民，困無所訴。有益都千户王著者，素志疾惡，因人心憤怨，密以所鑄大銅鎚伺殺之，碎其腦，立

斃，挺身請囚。臨刑大呼曰：「王著爲天下除害，今死矣，異日必有爲我書其事者。」時至元十九年三月也。事見元史姦臣傳。如阿合馬者，治世不容有此人，亂世亦自有人治之，所謂「難免於治世，亦難免於亂世」也。

天福五年，太子太師致仕范延光，請歸河陽私第，重載而行。西京留守楊光遠兼領河陽，利其貨，且慮爲子孫之患，奏：「延光叛臣，不家汴洛而就外藩，恐其逃逸入敵國。」請勅居西京，從之。光遠使其子承貴，以甲士圍其第，逼令自殺。

注曰：嗚呼！財之累人如此！祕瓊以是而殺董温琪之家，范延光復以是而殺祕瓊，楊光遠又以是而殺范延光，而光遠亦卒不免。財之累人如此夫！二八二

劫殺取財之事，在五代時屢見，而人不之悟者，非不悟也，如傳染病然，其來勢兇者，不能以驟止，必歷若干時而後漸漸銷滅。罹病於其間者，皆時代之犧牲者耳！

又，李崧奏：「諸州倉糧，於計帳之外，所餘頗多。」

注曰：計帳謂歲計其數，造帳以申三司者。倉吏於受納之時，斛面取贏，俟出給之時，而私其利。此皆官吏相與爲弊，至今然也。必般量而後知其所餘，而般量之際，爲弊又多，竊意李崧亦因時人既言而奏之耳。二八二

「官吏相與爲弊，至今然」者，慨元世茲風未改也。

天福七年，閩主曦以侯官余廷英爲泉州刺史。廷英貪穢，獻買宴錢萬緡，曦悦，謂曰：「宴已買矣，皇后貢物安在？」廷英復獻錢於李后。自是諸州皆别貢皇后物。未幾，復召廷英爲相。

注曰：史言閩主曦之好貨甚於昶。二八三

中華民族淳朴，易爲姦豪所武斷，故極不宜分立諸小國，使竊據者得魚肉其人民，觀五代十國時君相之貪暴可證矣。大抵皆敲剥多數人之脂膏，以供少數人之享受者也，閩主曦叔姪之好貨其一例耳。

後晉齊王開運元年，朝廷因契丹入寇，國用愈竭，復遣使者三十六人分道括率民財。河南府出緡錢二十萬，景延廣率三十七萬，留守判官盧億言於延廣曰：「公位兼將相，富貴極矣。今國家不幸，府庫空竭，不得已取於民，公何忍復因而求利，爲子孫之累乎！」延廣慚而止。

注曰：景延廣增率十七萬，欲以入己。史言景延廣差愈於杜重威。二八四

景延廣雖粗暴輕率，然攘夷衛國之心，並不後人。其豪侈好利，特囿於時風衆勢，不能自拔耳，故一聞盧億之言，即抱慚而止。非若杜重威之頑鈍無恥，不知是非順逆，唯利是視者也。歐史以重威置雜傳，而延廣仍入晉臣，有以夫！

又，泰寧節度使安審信，以治樓堞爲名，率民財以實私藏。大理卿張仁愿爲括率使，至兖州，賦緡錢十萬。值審信不在，拘其守藏吏，指取錢一囷，已滿其數。

注曰：史言晉之藩鎮，利國有難，浚民以肥家。二八四

此諺所謂「發國難財」也。

開運二年，馮玉每善承迎帝意，由是益有寵。嘗有疾在家，帝謂諸宰相曰：「自刺史以上，俟馮玉出乃得除。」其倚任如此。玉乘勢弄權，四方賂遺，輻輳其門，由是朝政益壞。

注曰：竇廣德有賢行，漢文帝以其后弟，恐天下議其私，不敢相也。馮玉何人斯，晉出帝昌言於朝，以昭親任之意。臨亂之君，各賢其臣，其此謂乎！史言晉亡形已成。二八五

此爲賈似道言之也。宋史姦臣傳，言：「似道以貴妃弟，賜第葛嶺。雖深居，凡臺諫彈劾，諸司薦辟，一切事不關白不敢行。吏爭納賂求美職，其求爲帥閫監司郡守者，貢獻不可勝計。一時貪風大肆」云云。亡國君臣所爲，抑何相似也！

又，殿中監王欽祚權知恒州事，會乏軍儲，詔欽祚括糴民粟。杜威有粟十餘萬斛在恒州，欽祚舉籍以聞。威大怒，表稱：「臣有何罪，欽祚籍没臣粟。」朝廷爲之召欽祚還。

注曰：杜威恒州之粟，豈非前者表獻之數乎？使其出於表獻之外，亦掊克軍民所積者耳，舉而籍之，夫何過！朝廷之法，不行於貴近，第能虐貧下以供調度，國非其國

矣。二八五

杜威即杜重威，避晉主重貴名，去重名威，見避諱篇。威爲晉出帝姑夫，即石敬瑭妹壻，故曰貴近。此少數人者，大權在握，壟斷天下之貨利，日以殖產爲事，於是富者愈富，貧者愈貧，國非大亂不止。

後漢高祖天福十二年，帝還至晉陽，議率民財以賞將士，夫人李氏諫曰：「陛下因河東創大業，未有以惠澤其民，而先奪其生生之資，殆非新天子所以救民之意也。今宮中所有，請悉出之以勞軍，雖復不厚，人無怨言。」帝曰：「善。」即罷率民，傾內府蓄積以賜將士，中外聞之大悅。

注曰：婦人之智及此，異乎唐莊宗之劉后矣。鄙語有之：「福至心靈，禍來神昧。」二人者各居一焉。二八六

二后不同，在一能達觀，一不能達觀；一明大義，一不明大義。二人者蓋修養不同耳。

又，漢人嘗事麻答者，再榮皆拘之以取其財，恒人以其貪虐，謂之白麻答。

注曰：言其貪虐似麻答，特姓白耳。然再榮以貪虐殖財，郭威入汴，竟以多財殞其身。天道好還，蓋昭昭矣。二八七

麻答契丹帥，嘗蹂躪鎮州，民不堪其虐。白再榮與諸將共逐之，民方以爲重覩天日也，

而再榮之貪虐，不減於麻答。所謂以暴易暴，鎮民何貴有此「光復」耶！郭威入汴，軍士乃圍攻再榮於第，盡取其財而斬之。貪人之下場，往往如此，亦何益矣。

又，重威每出入，路人往往擲瓦礫詬之。

注曰：以其歷藩鎮則貪黷無厭，爲將則賣國殄民也。爲殺杜重威市人啖其肉張本。二八七

此在契丹入汴，重威降虜之後。得勢時耀武揚威，失勢時則垂頭喪氣，小人狀態類如是，不獨重威然也。

後漢高祖乾祐元年，初，高祖入大梁，太子太傅李崧在真定，高祖以崧第賜蘇逢吉。崧第中瘞藏之物，及洛陽別業，逢吉盡有之。及崧歸朝，常惕惕謙謹。而二弟嶼、嶬，與逢吉子弟俱爲朝士，時乘酒出怨言，云：「奪我居第家貲。」逢吉由是惡之。十一月下詔誅崧，兄弟家屬，皆陳尸於市。

注曰：蘇逢吉取李崧之家貲，又從而夷其家，曾未期年，逢吉亦身死而家破。天道不遠，人猶冒貨而不顧，可哀也哉！二八八

兩史蘇逢吉傳，言：「周太祖起兵，逢吉夜宿金祥殿東閣，謂司天王處訥曰：『昨夜未瞑，已見李崧在側，生人與死人接，無吉事也。』周太祖至北郊，逢吉自殺。及定京

師，梟其首，適當李崧被刑之所」云。册府元龜四九一採其事入殃報門，足爲好貨者當頭一棒也。

徵引書目略

温公修書前例
通鑑考異
通鑑釋文辨誤
通鑑綱目
續通鑑長編
通鑑長編紀事本末
通鑑地理通釋
通鑑前編
通鑑紀事本末補後編
宋元通鑑
王船山讀通鑑論
嚴衍通鑑補

陳景雲通鑑胡注舉正
錢大昕通鑑注辨正
趙紹祖通鑑注商
熊羅宿通鑑校記
章鈺通鑑校記
元刻本胡注通鑑殘帙（北平圖書館藏）
陳仁錫評本通鑑
史記
漢書
李鄴嗣西漢節義傳
後漢書
三國志

晉書
晉書斠注
宋書
南齊書
梁書
魏書
魏書考異
北齊書
周書
隋書
南史
北史
南北史表
舊唐書
唐國史補

新唐書
新唐書糾謬
唐六典
唐鑑
舊五代史
新五代史
五代史闕文
陸游南唐書
宋史
東都事略
南宋書
宋史新編
宋史紀事本末
宋史翼
建炎以來朝野雜記

三朝北盟會編
四朝聞見錄
宋季三朝政要
三朝野史
朝野類要
宋季忠義錄
宋遺民廣錄訂誤
宋詩紀事正續
宋會要輯稿
宋宦官參軍考
宋元學案
宋元學案補遺
契丹國志
金史
劉豫事跡

黑韃事略
元史
元名臣事略
元史續編
元史類編
元史紀事本末
元書
元祕書監志
元典章
元典章校補釋例
元文類
元詩選
明文衡
史通
讀史管見

世史正綱
讀史商語
讀史兵略
史諱舉例
廿二史劄記
十七史商榷
二十史朔閏表
新序
申鑒
飛燕外傳
皇甫謐高士傳
夏侯玄樂毅論
世説新語
水經注
洛陽伽藍記

通典
通志
文獻通考
王圻續文獻通考
藝文類聚
太平御覽
册府元龜
玉海
輿地紀勝
高麗史
高麗圖經
元豐九域志
浙江通志
赤城新志
道光新會志

光緒寧海志
開元釋教錄
一切經音義
崇文總目
郡齋讀書志
直齋書錄解題
焦竑國史經籍志
千頃堂書目
清河書畫舫
佩文齋書譜
玉虹鑒真帖
式古堂書考
四庫提要
張宗泰魯巖所學集
鐵琴銅劍樓書目

皕宋樓藏書志
儀顧堂題跋
宋元舊本書經眼錄
藏園羣書題記續集
古今姓氏書辨正
萬姓統譜
佛祖統紀
古今紀要逸編
台學統
寶祐四年登科錄
王深寧年譜
袁桷師友淵源錄
謝鐸尊鄉錄
入唐求法巡禮行記
因話錄

樂府雜錄
涑水紀聞
龍川別志
後山談叢
夢溪筆談
碧雞漫志
鐵圍山叢談
野客叢書
愛日齋叢鈔
習學記言
靖康緗素雜記
慶元黨禁
朱子語類
容齋隨筆
黄氏日鈔

學林
緯略
鼠璞
甕牖閒評
考古質疑
項氏家説
二老堂詩話
老學庵筆記
庶齋老學叢談
却掃編
泊宅編
鷄肋編
梁谿漫志
清溪寇軌
避戎夜話

鶴林玉露
玉照新志
東軒筆錄
山房隨筆
桯史
仇遠稗史
春明退朝錄
東京夢華錄
夢粱錄
癸辛雜識
遂昌雜錄
齊東野語
武林舊事
錢塘遺事
西臺慟哭記

冬青樹引
月泉吟社
困學紀聞
劉祁歸潛志
隱居通議
敬齋古今黈
玉堂嘉話
事林廣記
至正直記
輟耕錄
草木子
井觀瑣言
蕉山筆塵
日知錄
黄侃日知錄校記

羣書疑辨
羣書校補
十駕齋養新録
陔餘叢考
援鶉堂筆記
癸巳類稿
越縵堂日記
觀堂集林
韓昌黎集
柳子厚集
白居易集
温飛卿集
司空表聖集
司馬温公集
李綱梁溪集

胡寅斐然集
朱子文集
楊誠齋集
吴泳鶴林集
陳耆卿篔窗集
劉克莊後村集
元遺山集
中州集
王深寧集
陳著本堂集
舒閬風集
文文山指南録
謝疊山集
汪夢斗北遊集
汪元量湖山類稿

方回桐江續集
劉靜修集
姚牧庵集
袁清容集
道園學古録
王逢梧溪集
黄溍金華集
僧大圭夢觀集
宋濂學士集
王褘忠文集
徐一夔始豐稿

高啓鳧藻集
方孝孺遜志齋集
白沙子集
升庵外集
文徵明甫田集
紫柏集
曝書亭集
鮚埼亭集
潛研堂集
曾國藩奏稿

重印後記

通鑑胡注表微是抗日戰争時我在北京寫的。

南宋史學家胡三省，宋亡後，堅决不做元朝的官；他隱居山中，渡過極艱苦的生活，在圖書很難得的情况下，完成了二百九十四卷通鑑的注解。像通鑑這樣一部包括一千多年歷史的編年鉅著，要給它做注解，無疑是一項艱辛的工作。雖説前四史有舊注，但不是都可採用；至於晉到五代各史，本來都没有注。胡三省能夠有這樣驚人的成就，實在值得敬佩。胡注不僅對閲讀通鑑有很大的幫助，而且對研究晉、宋以來諸史也有很多啓發。所以説胡注和通鑑同樣是我國珍貴的文化遺産。

胡三省（一二三〇——一三〇二）是浙東寧海人，字身之。他生當我國歷史上民族鬭争非常激烈的時期。他出生以前，中國北部已經被金佔領；還在幼年，元又滅金侵宋；以後他就在宋元長期戰争的環境裡長大。據他兒子幼文寫的墓誌，他最初做吉州泰和縣尉，調慶元慈谿縣尉，由陸秀夫同中進士。寶祐四年（一二五六），他廿七歲，和文天祥、謝枋得、于剛直，得罪了慶元郡守厲文翁，罷了官。此後，他做過揚州江都丞、江陵縣令、懷寧縣令。

咸淳三年（一二六七）做壽春府府學教授，佐淮東幕府。當時主管兩淮制置司事的是李庭芝，他可能就是在李的幕下。咸淳六年（一二七〇）李庭芝調京湖制置，他回杭州。咸淳十年（一二七四），他主管沿江制置司機宜文字，當時制置使是汪立信。先是元軍集中兵力圍攻襄陽，汪立信曾獻禦敵三策，宰相賈似道置之不理。禦敵三策可能就是胡三省所擬。襄陽失守，胡三省感到非常痛心，在通鑑注裡幾次表示他的憤慨。

襄陽失守後，長江中下游很快就被元軍佔領。德祐二年（一二七六），臨安失陷，帝后投降。再三年，文天祥在戰鬬中被俘，張世傑覆舟犧牲，陸秀夫背負帝昺投海，胡三省那時正五十歲，他在悲憤之餘，就把全部精神寄託在他還没有完成的通鑑注上。到一二八五年，他五十六歲，這部書才脱稿，但修改工夫，一直繼續到他七十三歲死的那一年。

胡三省親眼看到宋朝在異族的嚴重壓迫下，政治還是那麼腐敗，又眼見宋朝覆滅，元朝的殘酷統治，精神不斷受到劇烈的打擊。他要揭露宋朝招致滅亡的原因，斥責那些賣國投降的敗類，申訴元朝横暴統治的難以容忍，以及自己身受亡國慘痛的心情，因此，在通鑑注裡，他充分表現了民族氣節和愛國熱情。

但是，這樣一位愛國史學家是在長時期裡被埋没着，從來就没有人給他寫過傳記。到清朝，有人認爲他擅長地理，有人認爲他擅長考據，才偶然提到他。至於他究竟爲什麼注通鑑？用意何在？從没有人注意，更没有人研究。相反的，有些人著書專攻擊胡注，但是談到的都是注中的小毛病，無關宏旨。

我寫胡注表微的時候，正當敵人統治着北京；人民在極端黑暗中過活，漢奸更依阿苟容，助紂爲虐。同人同學屢次遭受迫害，我自己更是時時受到威脅，精神異常痛苦，閱讀胡注，體會了他當日的心情，慨歎彼此的遭遇，忍不住流淚，甚至痛哭。因此決心對胡三省的生平、處境，以及他爲什麽注通鑑和用什麽方法來表達他自己的意志等，作了全面的研究，用三年時間寫成通鑑胡注表微二十篇。

近來好些朋友勸我重印這本書。我想，這是舊作，是没有學習過馬克思列寧主義時舊作，限於當時的思想認識，自然有不少幼稚及迂闊的言論，但是作爲對胡三省的研究，特别是他隱藏在文字裡的思想的探索，我是用了相當力量的。而且這本書對理解通鑑和通鑑注，可能是有幫助的。因此同意重印，並借此向大家請教。全書除稍删動個别字句外，仍按原稿不動，以爲我學識的記里碑。至於標點符號，勘對原書和徵引書目等等，多靠劉迺龢同志，特此附記。

陳　垣　一九五七年四月十五日

〔前十篇發表於輔仁學誌第十三卷第一、二合期（一九四五年十二月），後十篇發表於該誌第十四卷第一、二合期（一九四六年十二月）。科學出版社一九五八年第一版，中華書局一九六二年第一版。此據中華版。〕